KB176181

임동석중국사상100

당시삼백수

唐詩三百首

孫洙 編 / 林東錫 譯註

杜甫(子美)

象犀珠玉玲怪之物　有悅於人之耳目而
不適於用　而適於用之則弊耶而不　取之則竭　悅於人之耳
目而適於用　用之而不弊　取之而不竭　賢不肖之所得　各因其才
仁智之所見　各隨其分　而求無不獲者　惟書乎

丁亥菊秋錄東坡李氏山房藏書記　丘堂呂元九

"상아, 물소 뿔, 진주, 옥. 진괴한 이런 물건들은 사람의 이목은 즐겁게 하지만 쓰임에는 적절하지 않다. 그런가 하면 금석이나 초목, 실, 삼베, 오곡, 육재는 쓰임에는 적절하나 이를 사용하면 닳아지고 취하면 고갈된다. 그렇다면 사람의 이목을 즐겁게 하면서 이를 사용하기에도 적절하며, 써도 닳지 아니하고 취하여도 고갈되지 않고, 똑똑한 자나 불초한 자라도 그를 통해 얻는 바가 각기 그 자신의 재능에 따라주고, 어진 사람이나 지혜로운 사람이나 그를 통해 보는 바가 각기 그 자신의 분수에 따라주되 무엇이든지 구하여 얻지 못할 것이 없는 것은 오직 책뿐이로다!"

《소동파전집》(34) 〈이씨산방장서기〉에서 구당(丘堂) 여원구(呂元九) 선생의 글씨

책머리에

옛날 어린 시절 《오언당음五言唐音》과 《칠언당음七言唐音》, 《백련초해百聯
抄解》를 읽으며, 중국 시인들은 참으로 아름다운 말을 많이 한다고 여겼었다.
그것이 시라는 독특한 형식의 그릇에 말을 담았기 때문이라는 것도 모르고
그저 짧은 말로 신기하게 표현하였다고 보았던 것이다. 그리고 다시 조선시대
고판본 《당시선唐詩選》을 읽으며, 가 볼 수도 없는 중국 대륙과 옛 화려했던
당나라 제국, 그리고 거짓말같이 과장된 중국의 자연 풍경 읊은 것을 읽을
때면, 내 생애에 그러한 곳을 가 볼 수 있을까 하는 기대도 가졌었다. 청년이
되어 우전雨田 선생님께 《두시杜詩》를 배울 때는 감탄과 가슴 저미는 내용,
나아가 맛깔스럽게 해석을 놓치지 않는 선생님의 우리말 표현에 흠뻑 빠져
들었다. 특히 〈모옥위추풍소파가茅屋爲秋風所破歌〉며 〈객지客至〉는 내 머리에
그대로 그림이 그려지도록 설명해 주셨던 기억이 지금도 새롭다. 그리하여
비록 그 뒤에 시를 전공하는 학문의 길로 들어서지는 않았지만 두보杜甫
관련 원전이며, 당시 관련 전집들을 모아놓고 언젠가는 은일과 한적함을
주된 생활방식으로 삼을 때, 아무런 부담 없이 펼쳐보리라 생각했다. 그리
하여 지금도 때때로 망중한을 즐길 때면 다른 책이 손에 잡히지 않으며,
나도 모르게 이런 책들을 들고 고침앙와高枕仰臥 자세로 온갖 상상의 중국
여행을 즐기곤 한다.

  그리하여 내친김에 우선 《당재자전唐才子傳》에 손을 대어 보았고, 《천가시
千家詩》를 역주해 보았으며, 이제 드디어 《당시삼백수唐詩三百首》를 들여다
보게 되었다. 이 《당시삼백수》는 중국 역사로 보면 비교적 늦은 청나라 말에

형당퇴사衡塘退士 손수(孫洙: 1711~1778)가 편집한 아동용 당시唐詩 학습 교재였다. 당시 "당시 300수만 숙독하면 시를 모르더라도 저절로 읊게 된다"라는 속담에 따라 책이름을 《당시삼백수》라 한 것이며, 각 시체詩體별로 300여 수를 골라 읽고 감상하며 배우고 지을 수 있도록 서당 교재로 꾸민 것이다. 내용이 평이하고 통속적이어서, 다른 전문 학자의 당시에 대한 전문 서적을 제치고 즉시 민간에 널리 퍼져 나가게 된 것이다. 따라서 시기적으로 우리나라 조선시대에는 이러한 책이 없어, 당연히 《당시선》이나 나아가 전문 학자라면 《당시품휘唐詩品彙》 등 다른 책으로 읽어 왔다. 아마 일찍 출현하였다면 우리에게도 필독서가 되었을 것이다.

중국의 많은 문학 장르 중에 당시는 최고의 발명품이다. 양과 질로 보아 창작 문학으로는 정수이며 압권이다. 나아가 지금까지 중국문학 연구서로서 당시만큼 많은 양을 차지하는 부분도 없을 것이다. 그럼에도 초학용 당시 관련 교재가 없는 지금, 이 책은 매우 유용한 가치를 발휘하게 될 것이다. 아울러 중국인이라면 거의 일생 교재로 읽고 있는 이 책을, 우리도 읽고 내용을 알고 있음으로 해서 세계 속의 동양 문화 공유에 큰 도움이 될 것임을 기대할 수 있다.

친구들과 몇몇 스님, 그리고 후배, 동료 교수들과 중국 테마 여행을 다닌 지 꽤 여러 차례 되었다. 그 덕분에 오지며 역사적 주요 지역을 방학 때마다 고행처럼 다닌 기억은 늘 나를 흥분하게 하였다. 넓은 대륙을 샅샅이 보고 이해한다는 것은 불가능하지만 그래도 몇 개 성을 제외하고는 거의 훑어 본 셈이다. 가는 곳마다 각기 보는 눈이 다르고 감회가 다르겠지만,

나는 '당시 여행'(唐詩之旅)의 기분을 느끼지 않은 곳이 없었다. 하서회랑河西回廊 四郡(武威, 張掖, 酒泉, 敦煌)을 거쳐 저 신강新疆 끝까지 가면서는 '西出陽關無故人'이며, '春風不度玉門關', 나아가 '葡萄美酒夜光杯'를 직접 보았고, 티베트 접경 지역에 이르러서는 '歸馬識殘旗'를 읊어보았으며, 삼협三峽 백마성白馬城에 이르러서는 이백李白의 '千里江陵一日還'이며, 구당협瞿塘峽에서는 두보의 '不盡長江滾滾來'를, 성도成都 무후사武侯祠에서는 두보처럼 '丞相祠堂何處尋'을 중얼거리며 찾아가기도 하였다. 두보 초당草堂에서는 "곳 떠러뎟는 길흘 일즉 소늬 젼츠로 쓰디 아니ᄒᆞ다니, 다봇 門을 오ᄂᆞᆯ 비르서 그듸를 爲ᄒᆞ야 여노라(花徑不曾緣客掃, 蓬門今始爲君開)"의 구절을, 옛 《두시언해》로 읊으며 찾았다가 너무 잘 정비되어진 넓은 공원임을 보고는 일면 실망하기도 하였다. 서안西安 화청지華淸池에서는 '在天願作比翼鳥, 在地願爲連理枝'의 양귀비 고사를 떠올리며 〈장한가長恨歌〉 긴 구절을 외어 보기도 하였다.

남경南京 금릉金陵에서는 남조시대 화려했던 오의항烏衣巷 제비를 보고 감상에 젖었고, 낙양洛陽이라면 온통 당시의 배경이 묻어 있는 곳, 그 화려했던 삼채도용三彩陶俑의 동도東都가 지금은 '白頭宮女在, 閑坐說玄宗'의 쓸쓸함이 보이기도 하였으며, 산서山西 행화촌杏花村에서는 '借問酒家何處有, 牧童遙指杏花村'의 풍경은 사라지고, 온통 향내 짙은 도시 구석의 분주汾酒 제조공장을 찾아가 졸졸 떨어지는 원액 90도의 뜨거운 주정 한 모금 얻어 마시고 어질어질 취하여 나오기도 했다. 북경北京은 당나라 때까지만 해도 그저 동북지역 방어지 변방이었다. 북경 밖 사마대司馬臺며 팔달령八達嶺, 거용관居庸關에 이르러서는 '念天地之悠悠, 獨愴然而涕下'를 두고 아련한 변새시邊塞詩를, 나아가 원정 남편을 기다리는 애틋한 '啼時驚妾夢, 不得到遼西'를, 그리고 지금은 중국 영내가 되었지만 만리장성이 지금도 당시 변방

국경선이라 생각하며 아득히 북쪽 황막한 막새漠塞의 가을 풍경을 바라보며 역사의 감회와 회고의 상상에 젖어보기도 하였다.

동쪽 태산泰山에서는 '造化鍾神秀'의 붉은 글씨로 바위에 크게 새긴 구절에 눈을 떼지 못하였고, 소주蘇州 한산사寒山寺에서는 직접 야반夜半이 아닌 대낮에 종을 두드려 보기도 하였다. 내몽고 후허호트呼和浩特 남쪽에서는 왕소군王昭君의 청총靑冢을 보았고, 山西 永濟의 鸛雀樓에서는 '欲窮千里目, 更上一層樓'를 그대로 똑같이 재현해 보기도 하였다. 남쪽 등왕각滕王閣이며 악양루岳陽樓, 항주 서호, 소흥 회계산, 당시 풍토병이 많아 유배지로 여겼던 복건이며 광동 여러 지역, 가는 곳마다 당시唐詩의 숨결이 스며지지 않은 곳이란 없었다. 그리고 그들이 읊은 시들이 하나같이 과장이 아니며 사실 그대로였고, 시인도 나처럼 두 눈으로 본 광경이었으며, 코로 숨 쉬고 입으로 감탄을 자아냈던 곳이기도 했다. 삶의 평온을 이루지 못한 자는 시를 토해낼 수밖에 없었고, 시대가 수용하지 못하던 천재들은 시로써 울분을 삭일 수밖에 없었던 곳이다. 감정이 폭발하면 울어야 했고, 분위기에 휩싸이면 술로 달래야 했던 곳들이다. 그렇게 유한한 삶을 살면서도 천고千古에 절창絶唱되는 이런 구절들을 남겼으니, 한참 뒷세상에 이를 찾아온 타관의 이방인이 어찌 그들 흉회胸懷를 모두 이해할 수 있겠는가? 그러나 시는 이해의 대상이 아니기에 그저 고맙게 따라 읽으며 행복감에 젖었으며, 그럼에도 시간은 공유할 수 없으나 공간은 공유할 수 있음에 또한 서러움과 역려逆旅로서의 일순간 지나가는 여정을 재촉할 뿐이었다.

나이가 들면서 딱딱한 이론서보다는 그저 불구심해不求甚解하며 눈 닿은 대로 읽을 수 있는 시가 더욱 늘 가까운 친구가 되어가고 있다. 그리하여

긴 여정을 마치고 돌아와서는 다시 《당시집》을 뒤적거리며 다녀온 곳에 관련된 시 구절을 찾으면서 상상에 젖는 것도 하나의 마음 비우는 일상이 되곤 한다.

이제 독자들도 혹 중국 여행을 갈 기회가 되면 이 《당시삼백수》 하나쯤은 가방에 넣은 채, 유서 깊은 곳을 갈 때마다 펼쳐보며 1500년 전 당나라 시인들 심정으로 되돌아간다면 의미 깊고 아름다운 여정이 될 것임을 안내한다.

사포莎浦 임동석林東錫이 취벽헌翠碧軒에서 적다.

일러두기

1. 이 책은 《당시삼백수唐詩三百首》 여러 책을 비교·참조하여 작가77명, 제목 294편, 320수 전체를 완역한 것이다.
2. 현대 백화어 역주본도 수집하여 참고하였으며 큰 도움을 받았다. 특히 《당시삼백수전해唐詩三百首全解》(趙昌平), 《신역당시삼백수新譯唐詩三百首》 (邱燮友), 《당시삼백수전역唐詩三百首全譯》(謝靈娜, 何年) 등은 구체적인 주석과 번역에 많은 참고 내용을 제공해 주었음을 밝힌다.
3. 매 편의 시는 제목별로 일련번호를 부여하고 동일 제목의 연시聯詩는 하위분류하였다.
4. 번역문은 한 구절씩으로 하여 먼저 제시하고, 원시는 구도에 맞게 2구씩 묶어 실었다.
5. 가능한 한 직역을 위주로 하였으나, 일부 의미 전달을 원활히 하기 위하여 의역한 곳도 있다.
6. 인명, 지명, 어휘, 표현구절, 역사적 배경 등은 일일이 표제로 뽑아 주석을 가하였으며 혹, 제목이나 시인의 이름, 시대 등 차이와 오류 등에 대해서는 일일이 주석에 밝혔다.
7. 시인의 약력은 처음 출현하는 곳의 참고란 뒤에 싣되《당재자전唐才子傳》, 《전당시全唐詩》, 《당시기사唐詩紀事》 등의 간단한 기록을 곁들여 이해에 도움이 되도록 하였다.
8. 참고 및 관련 자료란을 설정하여 관련 사항과 후대 시화詩話나 비평서 등에서의 기록 등을 원문으로 전재하여 이해에 도움이 되도록 하였다.
9. 두보 시의 경우 우리나라 조선시대 《두시언해杜詩諺解》를 실어 감상과 이해에 도움이 되도록 하였다.

10. 《천가시千家詩》에도 실려 있을 경우, 왕상王相의 주를 함께 실었다.
11. 삽화는 명대 《삼재도회三才圖會》 등 자료와 현대 작가까지 관련된 것을 실어 감상에 도움이 되도록 하였다.
12. 이 책의 역주에 참고한 주요 문헌은 다음과 같다.

❋ 참고문헌

1. 《唐詩三百首全解》趙昌平(解), 復旦大學出版社, 2007. 上海.
2. 《新譯唐詩三百首》邱燮友, 三民書局, 1976. 臺北.
3. 《唐詩三百首全譯》謝靈娜(譯詩), 何年(註釋), 貴州人民出版社, 1990. 貴陽.
4. 《唐詩三百首》臺灣力行書局, 1955. 臺北.
5. 《唐詩三百首》綜合出版社, 1976. 臺南.
6. 《唐詩三百首》中華書局, 1959. 北京.
7. 《唐詩三百首詳析》喩守眞, 中華書局, 1957. 北京.
8. 《新注唐詩三百首析》周大可(校注), 上海文化出版社, 1957. 上海.
9. 《唐詩三百首新譯》(英漢) 許淵冲(外), 商務印書館, 1992. 홍콩.
10. 《唐詩三百首四體書法藝術》(25冊) 周侗(主編), 黑龍江朝鮮民族出版社, 1989. 哈爾濱.
11. 《韓譯唐詩三百首》安秉烈(譯), 啓明大學出版部, 1991. 大邱.
12. 《全唐詩》淸 聖祖(御定) 900권, 明倫出版社(活字本), 1970. 臺北.
13. 《古唐詩合解》淸 王翼雲(箋註), 問政出版社, 宣統元年 石印本, 1970. 臺北.
14. 《唐詩大觀》蕭滌非(外), 商務印書館, 1986. 홍콩.
15. 《唐詩一千首》金聖嘆(批註), 天南逸叟(校訂), 五洲出版社, 1980. 臺北.

16. 《唐人萬首絶句選》清 王士禎, 藝文印書館(印本), 1981. 臺北.

17. 箋注《唐詩選》李樊龍(撰), 新文豐出版社(印本), 1978. 臺北.

18. 《唐詩選》李樊龍(撰), 早稻田大學出版部, 1910. 東京.

19. 《唐詩選》馬茂元, 人民文學出版社, 1960. 北京.

20. 增注《三體詩》漢文大系本, 新文豐出版社(印本), 1078. 臺北.

21. 《絶句三百首》葛杰(撰), 上海古籍出版社, 1980. 上海.

22. 《唐人絶句五百首》房開江, 潘中心(編), 貴州人民出版社, 1983. 貴陽.

23. 《唐詩二十講》張愛華, 新世界出版社, 2004. 北京.

24. 《四部叢刊》各 詩人 詩集〈書同文〉, 電子版, 北京.

25. 《歷代詩話》清 何文煥, 木鐸出版社(活字本), 1982. 臺北.

26. 《唐詩紀事》四部叢刊 初編, 上海書店 影印本, 1926(常務印書館印本). 上海.

27. 《唐詩紀事》宋 計有功, 木鐸出版社(活字本), 1982. 臺北.

28. 《唐詩別裁》清 沈德潛, 臺灣商務印書館, 1978. 臺北.

29. 《宋詩別裁》張景星, 臺灣商務印書館, 1978. 臺北.

30. 《元詩別裁》張景星, 臺灣商務印書館, 1978. 臺北.

31. 《明詩別裁》清 沈德潛, 臺灣商務印書館, 1978. 臺北.

32. 《淸詩別裁》清 沈德潛, 臺灣商務印書館, 1978. 臺北.

33. 《唐詩品彙》明 高棅, 上海古籍出版社(印本), 1981. 上海.

34. 《詩人玉屑》魏慶之, 臺灣商務印書館, 1980. 臺北.

35. 《初唐四傑集》四部備要本, 臺灣中華書局(印本), 1970. 臺北.

36. 《李太白文集》(宋本) 學生書局(印本), 1967. 臺北.

37. 《分類杜工部詩諺解》(重刊本) 제22권 筆者所藏.

38. 《杜詩諺解》大提閣(印本), 1976. 서울.

39. 《杜詩諺解澤風堂批解》震友會, 1997. 서울.

40. 《杜詩鏡銓》淸 楊倫, 漢京文化事業公司(印本), 1980. 臺北.

41. 《杜詩鏡銓》(活字本) 華正書局, 1981. 臺北.

42. 《杜詩詳註》仇兆鰲, 大正印書館(印本), 1974. 臺北.

43. 《杜詩雜說》曹慕樊, 四川人民出版社, 1984. 成都.

44. 《杜詩諺解鈔》李丙疇(編校), 集文堂, 1982. 서울.

45. 《孟浩然集箋注》游信利, 臺灣學生書局, 1979. 臺北.

46. 《白居易詩》傅東華, 臺灣商務印書館, 1981. 臺北.

47. 《柳宗元集》四部刊要本, 漢京文化事業公司(印本), 1981. 臺北.

48. 《唐摭言》五代 王定保, 四庫全書 子部(12), 小說家類.

49. 《文選》梁 蕭統, 李善(注), 上海古籍出版社(活字本), 1986. 上海.

50. 《玉臺新詠》徐陵, 文光圖書(印本), 1972. 臺北.

51. 《楚辭注六種》世界書局(印本), 1977. 臺北.

52. 《文鏡秘府論》王利器(校註), 中華書店, 1983. 北京.

53. 《樂府詩集》宋 郭茂倩, 中華書局(活字本), 1979. 北京.

54. 《唐才子傳》元 辛文房(撰), 林東錫 譯註本.

55. 《唐才子傳校箋》傅璇琮, 中華書局, 1987. 北京.

56. 《唐宋詩擧要》高步瀛, 宏業書局(活字本), 1977. 臺北.

57. 《唐宋文擧要》高步瀛, 藝文印書館(印本), 1972. 臺北.

58. 《十八家詩抄》淸 曾國藩, 世界書局, 1974. 臺北.

59. 《十四家詩抄》淸 朱自淸, 上海古籍出版社, 1981. 上海.

60. 《古詩十九首集釋》普天出版社, 1970. 臺中.

61. 《文體明辨序說》徐師曾, 太平書店, 1977. 홍콩.

62. 《中國歷代詩選》丁嬰, 宏業書局, 1983. 臺北.

63. 《中國歷代詩歌選》源流出版社, 1982. 臺北.

64. 《古詩文名句錄》張冠湘(外), 湖南人民出版社, 1984. 長沙.

65. 《唐人軼事彙編》(4책) 周勛初, 上海古籍出版社, 1995. 上海.

66. 《中國歷代詩人選集》(屈原 외) 三聯書局, 1983. 홍콩.

67. 《中國詩歌選》池榮在, 乙酉文化社, 1986. 서울.

68. 《中國詩歌史》張敬文, 幼獅文化社, 1970. 臺北.

69. 《中國詩歌發展史》民文出版社, 1979. 臺北.

70. 《李白杜甫白居易》許愼知, 大夏出版社, 1981. 臺南.

71. 《滄浪詩話校釋》郭紹虞, 東昇出版社, 1980. 臺北.

72. 《唐詩研究》胡雲, 宏業書局, 1972, 臺北,

73. 《全唐詩典故辭典》范之麟(外), 湖北辭書出版社, 1989. 武漢.

74. 《中學古詩文辭典》張文學(外), 黑龍江教育出版社, 1988. 哈爾濱.

75. 《唐宋名詩索引》孫公望(編), 湖南人民出版社, 1985. 長沙.

76. 《唐詩論叢》陳貽焮, 湖南人民出版社, 1981. 長沙.

77. 《當代詩人叢考》傅璇琮, 中華書局, 1981. 北京.

78. 《宋詩話考》郭紹虞, 中華書局, 1985. 北京.

79. 《古詩佳話》梁昂, 新華書店, 1983. 上海.

80. 《五言唐音》世昌書館, 1956. 서울.

81. 《七言唐音》世昌書館, 1956. 서울.

82. 《唐詩正音輯註》(5책) 조선시대 간본, 필자소장.

83. 《唐詩鈔略》조선시대 필사본, 필자소장.

84. 《百聯抄解》조선시대 간본, 大邱大學 國語國文學會(印本), 1960. 大邱.

85. 《唐詩故事》陸家驥(著), 正中書局, 1986. 臺北.

86. 《唐詩百首淺釋》曄芝(注), 萬里書店, 1983. 홍콩.

87. 《古詩佳話》少年兒童出版社, 1983. 上海.

88. 《歷代詩詞名句析賞探源》(初編, 續編) 呂自揚, 河畔出版社, 1981. 臺北.

89. 《全國唐詩討論會論文選》霍松林, 陝西人民出版社, 1984. 西安.

90. 《中國詩說》鍾蓮英, 立峯彩色印刷社, 1971. 臺北.

91. 《唐代詩人列傳》馮作民, 星光出版社, 1980. 臺北.

92. 《唐詩之旅》愛書人雜誌社(編), 1981. 臺北.

93. 《唐詩植物圖鑑》潘富俊(著), 上海書店出版社, 2003. 上海.

94. 《古典詩歌名篇心解》陳祖美(著), 山東敎育出版社, 1988. 濟南.

95. 《中國歷代詩歌名篇賞析》弘征, 湖南人民出版社, 1983. 長沙.

96. 《中國文學發展史》劉大杰, 華正書局, 1976. 臺北.

97. 《三才圖會》(印本3책) 明 王圻·王思義(編集), 上海古籍出版社, 2005. 上海.

98. 《唐詩》(6책) 朝鮮時代 간행본, 本人所藏.

99. 《古文眞寶》世昌書館, 1983. 서울.

100. 《中國名詩鑑賞》이석호, 이원규, 위주온, 2007. 서울.

101. 《中韓朝唐代友好詩歌選粹》李充陽, 中國書籍出版社, 2005. 北京.

102. 《唐詩學의 理解》陳伯海(著), 李鍾振(譯) 사람과 책, 2001. 서울.

103. 《中國詩와 詩人》이병한(외), 사람과 책, 2001. 서울.

104.《中國歷史紀年表》華世出版社, 1978. 臺北.

105.《中國地圖集》中國地圖出版社, 1980. 北京.

106.《古今文選》齊鐵恨(主編), 國語日報社, 1981. 臺北.

107.《詩韻集成》文化圖書公司, 1976. 臺北.

《十三經》《史記》《漢書》《後漢書》《三國志》《晉書》《宋書》《南齊書》《梁書》《陳書》《隋書》《北史》《南史》《舊唐書》《新唐書》《舊五代史》《韓詩外傳》《說苑》《新序》《老子》《莊子》《列子》《淮南子》《穆天子傳》《山海經》《水經注》《博物志》《西京雜記》《搜神記》《漢武內傳》《陶淵明集》《詩品》《古詩源》《千家詩》《世說新語》《文心雕龍》《藝文類聚》《太平御覽》《蒙求》《初學記》《唐傳奇小說集》《晚笑堂畫傳》等 기타 工具書 및 개별 시인 시집 등 일부 자료는 기재를 생략함.

해제

《당시삼백수》는 청말淸末 손수(孫洙: 1711~1778)가 당시唐詩를 초보적인 장르에 따라 분류·수집하여 편집한 책이다. 손수는 자가 임서(臨西, 혹 苓西)이며 호는 형당퇴사(蘅塘退士, 蘅堂退士)로 금궤(金匱: 지금의 江蘇 無錫) 사람이며 흔히 '형당퇴사'로 더 널리 알려져 있다. 건륭乾隆 16년(1751) 진사에 올라 상원현上元縣 교유教諭를 지냈으며, 본 《당시삼백수》 외에 저서로는 《형당만록蘅塘漫錄》·《형당존고蘅塘存稿》·《이문록異聞錄》 등을 남겼다.

책 이름은 자신의 〈서문〉에 "당시 300수만 숙독하면 시를 모르더라도 저절로 읊게 된다(熟讀唐詩三百首, 不會吟詩也會吟)"라는 속담을 인용한 것으로 보아, 당시 민간 속담에 300수의 당시만 외우면 저절로 시를 읊고 지을 수 있다는 말이 있었던 것으로, 그리하여 그 속담 구절을 서명書名으로 택한 것일 테다. 이 책은 건륭 29년(1764) 손수 나이 54세 때쯤에 완성되었다.

그리고 뒤를 이어 도광(道光: 宣宗 1821~1850) 연간 상원上元 출신의 진완준陳婉俊이라는 여인이 처음 〈보주補註〉를 가하였으며, 이는 〈사등음사본四藤吟社本〉으로 지금 전해지고 있다. 이 책은 다시 1956년 7월 문학고적간행사文學古籍刊行社에서 청 광서光緒 11년(1855)본을 근거로 출판·간행되었으며, 1959년 9월에는 중화서국中華書局을 통해 신판新版으로 세상에 널리 알려지게 되었다. 이 책은 8권으로 분권되어 있다.

한편 이 책은 광서(德宗: 1875~1908) 연간 건덕建德 사람 장섭章燮에 의해 〈주소註疏〉가 이루어졌으며, 이것이 지금의 〈상주완위산장본常州宛委山莊本〉이다. 이 책은 1957년 2월 동해문예출판사東海文藝出版社에서 영언당永言堂 목각본을 근거로 출간되어 전해오고 있다. 이 장섭 〈주소본〉은 내용은 큰 차이가 없고 다만 일부 배열순서가 다르다. 그러나 수록 시는 원래 310수에서 장구령의 〈감우感遇〉 2수, 이백의 〈자야사시가子夜四時歌〉 3수, 이백의 〈장간행長干行〉 1수, 이백의 〈행로난行路難〉 2수, 두보의 〈영회고적詠懷古跡〉

3수 등 11수를 더하여 모두 321수로 하였다. 그러나 이는 원래의 연시聯詩에서 더 증보한 것일 뿐 새로운 시를 추가한 것은 아니다. 더구나 〈장간행〉이라 하여 〈억첩심규리憶妾深閨裏〉라는 시를 추가하였으나, 이는 이백의 시가아니므로 이를 제거하면 결국 320수가 된다. 이 책은 6권으로 분권되어 있다.

두 〈보주본〉과 〈주소본〉은 각기 분권이 달라, 이 때문에 지금 중국과대만의 주석본은 각기 근거한 판본에 따라 약간씩 차이가 난다. 그러나지금은 320수로 역주된 현대 백화본이 많으며, 그 외 317수·310수·302수등 여러 모습을 보이고 있으나 실제 310수를 원래 편수로 보고 있으며, 뒷사람들이 추가하거나 일부 동일한 제목의 시를 합하여 그 계산에 차이가나는 것일 뿐이다. 본 역주본도 이에 따라 294제목의 320수를 싣고 주해하였음을 밝힌다. 본 책의 320수를 분류하면 다음과 같다.

1. 장르별 통계표

순서	분류	시수	제목 수	일련번호	비고
1	五言古詩	35	31	001-031	권1
2	五古樂府	10	7	032-038	〃
3	七言古詩	28	28	039-066	권2/권3
4	七古樂府	16	13	067-079	권4
5	五言律詩	80	80	080-159	권5
6	七言律詩	53	45	160-204	권6
7	七律樂府	1	1	205	〃
8	五言絶句	29	29	206-234	권7
9	五絶樂府	8	4	235-238	〃
10	七言絶句	51	49	239-287	권8
11	七絶樂府	9	7	288-294	〃
계	11장르	320	294	294	

2. 《당시삼백수唐詩三百首》 작자 및 수록 작품 수

(77명, 제목 294편, 320수)

No	인명	출처	작품수	No	인명	출처	작품수	No	인명	출처	작품수
1	張九齡	001	5(2)	27	王 灣	087	1	53	秦韜玉	204	1
2	李 白	002	34(26)	28	劉長卿	123	11	54	裴 迪	211	1
3	杜 甫	005	39(34)	29	錢 起	128	3	55	王之渙	218	2
4	王 維	009	29	30	韓 翃	132	3	56	李 端	223	1
5	孟浩然	014	15	31	劉脊許	133	1	57	王 建	224	1
6	王昌齡	017	8	32	戴叔倫	134	1	58	權德輿	225	1
7	邱 爲	018	1	33	盧 綸	135	6(3)	59	張 祐	229	5(4)
8	綦毋潛	019	1	34	李 益	136	3	60	賈 島	231	1
9	常 建	020	2	35	司空曙	137	3	61	李 頻	232	1
10	岑 參	021	7	36	劉禹錫	140	4	62	金昌緒	233	1
11	元 結	022	2	37	張 籍	141	1	63	西鄙人	234	1
12	韋應物	023	12	38	杜 牧	143	10(9)	64	賀知章	239	1
13	柳宗元	030	5	39	許 渾	144	2	65	張 旭	240	1
14	孟 郊	037	2	40	溫庭筠	151	4	66	王 翰	245	1
15	陳子昂	039	1	41	馬 戴	152	2	67	張 繼	251	1
16	李 頎	040	7	42	張 喬	154	1	68	劉方平	253	2
17	韓 愈	059	4	43	崔 塗	155	2	69	柳中庸	255	1
18	白居易	064	6	44	杜荀鶴	157	1	70	顧 況	256	1
19	李商隱	066	24(22)	45	韋 莊	158	2	71	朱慶餘	264	2
20	高 適	067	2	46	皎 然	159	1	72	鄭 畋	282	1
21	唐玄宗	080	1	47	崔 顥	160	4(3)	73	韓 偓	283	1
22	王 勃	082	1	48	祖 詠	162	2	74	陳 陶	285	1
23	駱賓王	083	1	49	崔 曙	164	1	75	張 泌	286	1
24	杜審言	084	1	50	皇甫冉	187	1	76	無名氏	287	1
25	沈佺期	085	2	51	元 稹	191	4(2)	77	杜秋娘	294	1
26	宋之問	086	1	52	薛 逢	203	1				320

※ 출처는 해당 작가의 첫 출현 위치 일련번호를 뜻하며, ( ) 안은 제목만의 숫자임.

선집한 시는 《전당시全唐詩》 4만 8900여 수에 비하면 약 160분의 1 정도이며, 선록한 작자는 77명무명씨 포함으로 《전당시》 2200여 명에 비하면 아주 일부이지만, 이들 작자들은 제왕, 사대부, 승려, 가녀, 무명씨 등 고르게 분포하고 있어 당대 주요 시인들은 대략 짚어 볼 수 있을 정도이다. 제목만으로 계산하면 294편, 낱개의 시로 계산하면 320수가 실려 있어 대략 300여 편을 기준으로 하여 책제목을 삼은 것이다.

순서는 크게 오언고시→오언고체악부→칠언고시→칠언고체악부→오언율시→칠언율시→칠률악부→오언절구→오절악부→칠언절구→칠률악부 등 11가지로 나누었으며, 고시古詩와 근체시近體詩 그리고 악부樂府로 대별할 수 있다. 전체 배분은 치우친 감이 있어 그중 두보·이백·왕유·이상은에 치우쳐 있으며, 특히 남아 있는 시가 지극히 적은 왕지환王之渙의 시가 들어 있으며, 칠절七絶에는 이상은李商隱과 두목杜牧의 시가 성당盛唐 시인의 시보다 많다.

내용은 아주 광범위하여 서사敍事·서정抒情·염정艷情·궁중宮中·변새邊塞·회고懷古·영회詠懷·기행紀行·민가民歌·풍물風物·송별送別·증답贈答·규원閨怨·영물詠物·유선游仙·영사詠史·은일隱逸·전원田園 등 아주 고르게 분포하고 있으며, 작품성보다는 각 장르의 대표작이라 여겼던 시들로 안배하는 기준에 따라 선정한 것으로 볼 수 있다. 따라서 당대 사회생활의 면모를 고루 살필 수 있는 점에서는 매우 유용하지만, 작품의 완성도나 시학을 연구할 목적으로 활용하기에는 미진함이 있다. 따라서 시 선정에 완정한 것이 아니어서 뒷사람들은 이 책에 선정되지 못한 작품들, 이를테면 두보의 〈북정北征〉·〈자경부봉선현영회오백자自京赴奉先縣詠懷五百字〉·〈삼리삼별三離三別〉·〈모옥위추풍소파가

茅屋爲秋風所破歌》며 백거이의 수준 높은 신악부新樂府 시들, 그리고 피일휴皮日休 등 주요 시인들의 시는 아예 선록되지 못한 점을 두고 못내 아쉬운 부분이기도 하다.

당시에 대한 선집 작업은 역대 이래 꾸준히 이어져 왔다. 즉《당시가唐詩歌》(唐, 令狐楚),《하악영령집河嶽英靈集》(唐, 殷璠),《중흥한기집中興閒氣集》(唐, 高仲武),《재조집才調集》(唐, 韋縠),《당백가시선唐百家詩選》(宋, 王安石),《만수당인절구선萬首唐人絶句選》(宋, 洪邁),《당시정음唐詩正音》(元, 楊士弘),《당시고취전주唐詩鼓吹箋注》(元, 郝天挺),《당시선唐詩選》(明, 李攀龍),《당시휘해唐詩彙解》(明, 李攀龍),《당십이가시唐十二家詩》(明, 楊一統),《당시품휘唐詩品彙》(明, 高棅),《당시경唐詩鏡》(明, 陸時雍),《당현삼매집唐賢三昧集》(淸, 王士禎),《당인절구만수선唐人絶句萬首選》(淸, 王士禎),《십종당시선十種唐詩選》(淸, 王士禎),《당시해唐詩解》(淸, 唐汝詢),《당인백가시唐人百家詩》(淸, 席啓寓),《당인선당시唐人選唐詩》,《고당시합해古唐詩合解》,《전당시록全唐詩錄》(淸, 徐焯)을 거쳐 서수의《당시삼백수》를 지나《당시별재집唐詩別裁集》(淸, 沈德潛)과 근대에 이르러 고보영高步瀛의《당송시거요唐宋詩擧要》, 허문우許文雨의《당시집해唐詩集解》등 이루 헤아릴 수 없이 많이 쏟아져 나왔다.

그럼에도 역대 많은 이들의 당시선집을 뛰어넘어 이《당시삼백수》가 민간에 널리 퍼진 것은 그럴 만한 이유가 있다. 즉 그 이전의 많은 당시 관련 선집들은 주로 전문적이며, 학술적 가치를 목적으로 한 학자용이었다. 그런데 이 책은 그 이전 몽학용蒙學用《천가시千家詩》에 착안하여 순수하게 아동용 학습교재로 목적을 두고 편찬된 데에 그 이유가 있다.

송대에 유극장(劉克莊: 1187~1269)을 거쳐 사방득(謝枋得: 1226~1289)에 의해 완성된 《천가시》가 아동들에게 쉽게 접근하기 위해 단지 절구絶句와 율시律詩만 실었고, 당송의 시를 혼합하였으며, 공졸工拙의 구분이 없이 편집되었음에도 일반에게 그토록 성행하여, 학당과 사숙에 널리 읽힐 뿐 아니라 수없는 아류의 책들까지 유행하는 것을 보고, 좀 더 체계적인 당시唐詩만을 위주로 한 교재를 마련할 의도를 갖게 되었던 것이다. 이에 그의 아내 서란영徐蘭英과 함께 이에 몰두하여 이 《당시삼백수》를 완성하게 된 것이다. 결국 《천가시》는 그야말로 포전인옥抛磚引玉의 역할을 한 셈이다. 더구나 청 강희 때 만들어진 전당시에는 무려 4만 8900여 수에 2200명이나 되는 엄청난 분량의 당시를 모두 읽을 수도 없을뿐더러 그러한 책을 누구나 소장할 수도 없는 것이었다. 이에 보편적이며 초보적이고 통속적인 당시 선집 교재가 요구되던 때에 이 선집이 출현하게 됨으로써 교수와 학습에 광범위하게 중시하게 되었던 것이다. 즉 양이 적당하고 작자를 보편적으로 분포시키고 있으며, 나아가 각 시를 장르별로 고르게 갖추고 있어 아동들이 초보적이며 개론적으로 이를 수용할 수 있도록 배려함으로써 교재로써는 환영받을 수 있었던 것이다. 그 뒤 주자청이 〈당시삼백수독법지도〉라는 글을 발표함으로써 일반인들은 누구나 자신감을 가지고 읽을 수 있게 되었으며, 이름 그대로 가숙家塾의 과본課本의 당시唐詩 학습교재로 부담 없이 선정하게 된 것이다. 더구나 서수의 〈자서〉에 "오로지 당시 가운데 인구에 회자하는 작품으로써 그중에서도 요긴한 것을 택하였다(專就唐詩中膾炙人口之作, 擇其尤要者)"라 하여 노유老幼를 막론하고 '의宜'와 '아雅'를 믿고 무도 적합하다고 여기게 되었던 것이다.

그러나 이 책 역시 문제점을 지적받기도 하였다. 선정 기준이 협소하고 사회 모순에 대해 편협한 시각을 가지고 있으며, 궁원시가 너무 많은 점, 그리고 팔고문八股文처럼 과시용科試用의 경향을 가지고 있는 점 등에 대한 비판이다. 그러나 당시를 압축하여 양과 질에 있어서 정리한 면은 역시 그 업적을 인정해 주어야 할 것이다.

청 말 민국 초의 근대에 이르러 유수진喩守眞의 《당시삼백수상석唐詩三百首詳析》과 김성요金性堯의 《당시삼백수신주唐詩三百首新注》, 그리고 우경원于慶元의 《당시삼백수속선唐詩三百首續選》 등이 뒤이어 연구와 활용에 도움을 주었으며, 우리나라에는 고판본이 전하지 아니하고 다만 우경원의 《당시삼백수속선》 중국 목판본이 국립도서관에 소장되어 있을 뿐이다.

형당퇴사蘅塘退士 〈원서原序〉

  지금 세상 습속에 아이들이 배움에 나아가면 곧바로 《천가시》를 주어 가르치는데, 이는 이 책이 쉽게 외울 수 있는 점을 취한 것이다. 그 때문에 이 책은 유전되어 없어지지 않고 있는 것이다. 그러나 이 책에 수록된 시들은 손에 닿는 대로 주워 모은 것들로서 시의 완성도나 졸렬함은 변별되지 않는 것들이다. 게다가 단지 칠언율시와 절구 등 두 가지 시체詩體에 그치고 있으며, 당송 시인들이 그 속에 뒤섞여 있어 그 체제가 심하게 어그러져 있다. 이 때문에 나는 오로지 당시 중에서 사람의 입에 회자膾炙되는 작품만을 근거로 하되, 그중 특히 중요한 것들로서 매 시체마다 수십 수씩을 택하여 모두 300여 수 모아 기록하여 한 편을 완성하여 가숙家塾의 과본課本으로 삼도록 하였다. 이로써 아동들로 하여금 이를 익히도록 하며, 백발의 노인들도 역시 능히 이를 폐기하지 않도록 하노니 《천가시》에 비교하면 낫지 않겠는가? 속담에 "당시 300수만 숙독하면 시를 모르더라도 저절로 읊게 된다"라 하였으니 청컨대 이 책으로 한번 시험해 보기 바라노라.

  世俗兒童就學, 卽授《千家詩》, 取其易於成誦, 故流傳不廢. 但其詩隨手掇拾, 工拙莫辨. 且止七言律絶二體, 而唐宋人又雜出其間. 殊乖體製. 因專就唐詩中膾炙人口之作擇其尤要者, 每體得數十首, 共三百餘首, 錄成一編, 爲家塾課本. 俾童而習之, 白首亦莫能廢, 較《千家詩》不遠勝耶? 諺云: 「熟讀唐詩三百首, 不會吟詩也會吟」 請以是編驗之.

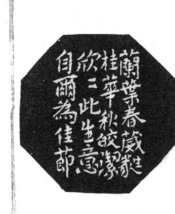

唐詩三百首

蘭葉春葳蕤
桂華秋皎潔
欣欣此生意
自爾為佳節

孤鴻海上來
池潢不敢顧
側見雙翠鳥
巢在三珠樹

張九齡

石刻本《唐詩三百首》

吳郡王堯衢翼雲註

門人李楨宏達
門人李楨廣心同校

五言古

述懷

魏徵

中原還逐鹿，投筆事戎軒。縱橫計不就，慷慨志猶存。

杖策謁天子，驅馬出關門。請纓繫南越，憑軾下東藩。

鬱紆陟高岫，出沒望平原。古木鳴寒鳥，空山啼夜猿。

既傷千里目，還驚九折魂。豈不憚艱險，深懷國士恩。

季布無二諾，侯嬴重一言。人生感意氣，功名誰復論。

薊丘覽古　贈盧居士藏用

南登碣石館，遙望黃金臺。邱陵盡喬木，昭王安在哉。霸圖悵已矣，驅馬復歸來。

陳子昂

《古唐詩合解》(王翼雲)

襄城楊士弘　伯謙編次　新淦張震　文亮輯註

五言律詩　<small>臨川吳氏曰律雖始於唐然深遠蕭散不離於古為得非促句工語工字工而可也不</small>

暉上人獨坐山亭　<small>上人又憎一經云古師云内有知德外有勝行在人名之上人又呼佛景子為上人又云行阿耨多羅三藐三菩提心不敢一亂</small>

陳伯玉

鐘梵經行慶　杳林坐入禪　巖亭交雜樹　石瀨瀉鳴泉　水月心
<small>梵浮屠書云清淨又寂靜云清淨正言寂靜</small>

方寂雲霞思獨玄寧知人代裏疲病得攀緣
<small>淨禪有五禪若頓悟自心即佛依本自具足此心即佛依</small>

<small>云西域鐘彌禪說文浮屠說靜也又禪有五禪若頓悟自心即佛依</small>

<small>流此也而修者是最上乘禪石定月定說故云文慧</small>

<small>云心上來清淨元無煩惱無漏智性本自具足此心即佛依</small>

春日登九華觀　<small>其未詳</small>

《唐詩正音輯註》 조선시대 판본

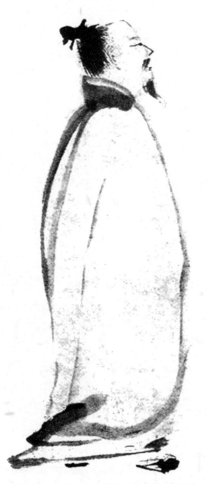

〈李白行吟圖〉宋, 梁楷 그림 도쿄박물관소장

白居易(樂天)

翰林院編修臣仇兆鰲輯註

冬至〔鶴注〕此當是大曆二年作。〔玉燭寶典云〕至有三義：一者陰極之至，二者陽氣始至，三者日行南至。

年年至日長為客，忽忽窮愁泥殺人。〔乃計殺人切〕江上形容吾獨老，天涯〔一作邊〕風俗自相親。杖藜雪後臨丹壑，鳴玉〔一作朝〕朝來散紫宸。心折此時無一寸，路迷何處是三秦。〔一作見上四〕

三秦言旅居冬至，下憶長安冬至也。惟客途久滯，故自傷泥殺，形容獨老，告窮愁所致。風俗自親於為客，無興身臨丹壑，而意想紫宸。故有心折路迷之慨，心折則窮愁轉甚，路迷則久客難歸矣。〔鮑照詩〕去親為客〔阮籍詩〕忽忽至夕窮

杜詩詳註　二十一　一

李太白文集卷第一

草堂集序

宣州當塗縣令李陽冰

李白字太白隴西成紀人涼武昭王暠九世孫蟬聯
珪組世為顯著中葉非罪謫居條支易姓為名然自
窮蟬至舜七世為庶累世不大曜亦可數焉神龍之
始逃歸于蜀復指李樹而生伯陽鵞之夕長庚入
夢故生而名白以太白字之世稱太白之精得之矣
不讀非聖之書恥為鄭衛之作故其言多似天仙之
辭凡所著述言多諷興自三代已來風騷之後馳驅
屈宋鞭撻楊馬千載獨步唯公一人故王公趨風列
岳結軌連鑣賢儁雲集如鳥歸鳳盧黃門云陳拾遺橫制

唐才子傳卷第一

西域　辛　文房　撰

魏帝著論稱文章經國之大業不朽之盛事年壽有
時而盡求若文章之無窮詩文而音者也唐興尚文
衣冠兼化無慮不可勝計擅美於詩當復千家歲月
茌苒遷逝淪落亦且多矣況乃浮沈畏途匪勉躬官
存沒相半不亦難乎崇事奕葉苦思積年心神游穹
厚之倪耳目及晏曠之際幸成著述更或凋零兵火
相仍名逮於此談何容易哉夫詩所以動天地感鬼
神厚人倫移風俗也發乎其情止乎禮義非苟尚辭

《唐才子傳》元,辛文房

新寧高棅廷禮編
新安汪宗尼原校

正始上
太宗皇帝

幸武功慶善宮賦

壽丘唯舊跡豐邑乃前基
粵予承累聖懸弧亦在茲
弱齡逢運改提劍鬱匡時
指麾八荒定懷柔萬國夷
梯山咸入欵駕海亦來思
單于陪武帳日逐衛文襜

端扆朝四嶽無為任百司
霜節明秋景輕冰結水湄
芸黃遍原隰禾穎積京坻
共樂還譙譙歡此大風詩

正日臨朝

條風開獻節灰律動初陽
百蠻奉遐壽萬國朝未央
雖無舜禹跡幸欽天地康
車軌同八表書文混四方
赫奕儼冠蓋紛綸盛服章
羽旄飛馳道鐘鼓振巖廊
組練輝霞色霜戈耀朝光
晨宵懷至理終愧撫遐荒

春日玄武門宴群臣

韶光開令序淑氣動芳年
駐輦華林側高宴柏梁前
紫庭文樹滿丹墀袞綬連
九夷簉瑤席五狄列瓊筵

娛賓歌湛露廣樂奏鈞天
盈尊浮綠醑雅曲韻朱絃
粵余君萬國還慚撫八埏
庶保貞固虛已屬求賢

經破薛舉戰地

昔年懷壯氣提戈初仗節
心隨朗日高志與秋霜潔
移鋒驚電起轉戰長河決
營碎落星沈陣卷橫雲裂
一揮氛沴靜再舉鯨鯢滅
於茲撫舊原屬目駐華軒
沈沙無故跡減竈有殘痕
浪霰宵分凝霜寒水津峰霧抱連昏
世途亟流易人事殊今昔長想眺前蹤撫躬聊自適

飲馬長城行

塞外悲風切交河水已結
瀚海百重波陰山千里雪
迥戍危烽火層巒引高節
悠悠卷旆旌飲馬出長城
寒沙連騎跡朔吹斷邊聲
胡塵清玉塞羌笛韻金鉦
絕漠干戈戢車徒振原隰
都尉反龍堆將軍旋馬邑
揚麾氛霧靜紀石功名立
荒裔一戎衣雲臺凱歌入

虞世南

從軍行

《唐詩品彙》

《杜詩諺解》(杜詩分類) 중간본 표지 필자 소장

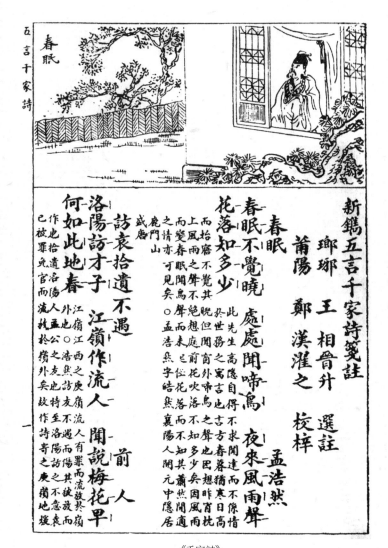

新鐫五言千家詩箋註

瑯琊　王相晉升　選註
莆陽　鄭漢濯之　校梓

春眠　　孟浩然

春眠不覺曉　處處聞啼鳥　夜來風雨聲

花落知多少

此先生高隱自得不求聞達而不係情於春蓉猶寒日高眠因昨宵風雨適然聞適而起位而不知多少矣蕭然聞適元中隱居而上起想聞窗外啼鳥之聲忽想庭前花吹落而未知其多少矣○盛唐鹿門山之情亦可見矣○孟浩然字皓然襄陽人開元

訪袁拾遺不遇　　前人

洛陽訪才子　江嶺作流人　聞說梅花早

何如此地春

江嶺江西之庾嶺也○公之友袁拾遺至洛陽訪友人不遇而訪其不意袁被謫其罪官而流人杭於嶺外矣故作詩寄之庾嶺地暖梅花早發袁被謫已作此拾遺洛陽流人杭於嶺外矣故特作詩寄之

《千家詩》

途中寒食　宋之問

馬上逢寒食　可憐江浦望
途中屬暮春　不見洛橋人

寒食은自冬至로一百五日之佳節也오暮春은三月也니라自洛城으로乘馬下鄕ᄒ야適値寒食ᄒ니乃三月之候也라此時에思家之懷가尤切故로乃於江浦에逢遠望之則不見洛橋之人ᄒ야是以悵歎之不已也러라

別　杜審言言

臥病人事絕　河橋不相送
嗟君萬里行　江樹遠含情

審言이가作萬里之行ᄒ야固當送別于河橋之外로ᄃᆡ臥在病席ᄒ야未得送君則怊悵中에怊悵이百倍於病中ᄒ야不可堪抑이오只是江邊之樹가知我兩人之懷緒ᄒ야能含情而繫之以別離戀戀之衷ᄒ니

《五言唐音》世昌書館

增訂 註解 七言唐音

○采蓮曲　賀知章

稽山罷霧鬱嵯峨
鏡水無風也自波
莫言春度芳菲盡
別有中流采芰荷

采蓮曲之見於絶句及律詩와長篇이有ᄒ니不爲不多而詞各不同ᄒ니此는言峨嵯之稽山이出於半天ᄒ니高大之象을可觀이오下有鏡水ᄒ야無風而自波ᄒ니浩蕩平穩之勢ᅵ亦可玩이라乃言三春紅綠之景이已盡謝ᄒ고炎夏之節이方將屆出ᄒ니莫言芳菲盡也ᄒ라芰荷滿於綠水則其采之事ᅵ別作淸致耳라ᄒ○先言山水之勝ᄒ고後言采蓮之事ᄒ니吳姬越女ᅵ相與語曰春色之盡을何足道哉아見今江湖之上에蓮花ᅵ盛開則牽花憐共蔕ᄒ고折藕愛蓮絲면豈非可樂者耶아

○回鄉偶書

少小離鄉老大回
鄉音無改鬢毛衰
兒童相見不相識
笑問客從何處來

《七言唐音》世昌書館

차 례

唐詩三百首 ≡

《唐詩三百首》卷一

五言古詩

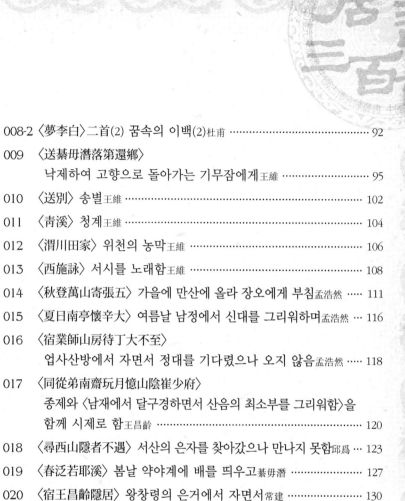

五古・樂府

《唐詩三百首》卷二

七言古詩

《唐詩三百首》卷三

七言古詩

唐詩三百首 들

《唐詩三百首》卷四

七古·樂府

《唐詩三百首》卷五

五言律詩

唐詩三百首 들

《唐詩三百首》卷六

七言律詩

七律・樂府

《唐詩三百首》卷七

五言絶句

五絶·樂府

《唐詩三百首》卷八

七言絶句

七絶·樂府

卷一：五言古詩

001-1

〈感遇〉四首(1) ·· 張九齡

세상살이에 대한 느낌(1)

한 마리 큰고니 바다로부터 날아와,
진흙 못 따위에는 감히 뜻을 두지도 않는다.
곁눈질로 두 마리 비취새 보았더니,
삼주수三珠樹에다 둥지 틀었구나.
진귀한 좋은 나무 꼭대기 차지했지만,
그렇다고 총알 맞을 걱정이 없을쏘냐!
아름다운 옷 자랑하다가 남의 손가락질 두렵고,
높은 지위는 귀신도 질시하는 법.
지금 나는 이렇게 드넓은 하늘 유유히 날고 있으니,
아무리 잘난 사냥꾼인들 나에게 무슨 짓 할 수 있으랴!

孤鴻海上來, 池潢不敢顧.
側見雙翠鳥, 巢在三珠樹.
矯矯珍木巔, 得無金丸懼!
美服患人指, 高明逼神惡.
今我游冥冥, 弋者何所慕!

【孤鴻】 한 마리의 큰고니. 작자 자신의 고고함을 비유한 것임.

【池潢】 연못. 池塘과 같음. 진흙 못.

【翠鳥】 翡翠새. 물총새, 파랑새. 魚狗라고도 함. 雙翠鳥는 對翠鳥라고도 하며, 물고기를 잘 잡고 등에는 푸른빛의 깃털이 있음. 여기서는 당시 임금의 총애를 믿고 권력을 휘두르던 李林甫와 牛仙客 두 사람을 비유한 것임.

【三珠樹】 고대 신화 속의 나무 이름.《山海經》海外南經에는 '三株樹'로 되어 있으며, "三株樹在厭火北, 生赤水上, 其爲樹如柏, 葉皆爲珠. 一日其爲樹若彗"라 함. 郝懿行은 "《初學記》(27)引此經作'珠',《淮南》地形訓及《博物志》同"이라 하였고, 袁珂는 "作'珠'是也. 陶潛〈讀山海經詩〉云: 粲粲三珠樹, 寄生赤水陰. 字正作'珠'"라 함. 郝懿行은 다시 "《莊子》天地篇云: 皇帝游乎赤水之北, 遺其玄珠. 蓋本此爲說也"라 함. 郭璞《圖讚》에는 "三珠所生, 赤水之. 葉柏, 美若彗. 濯彩丹波, 自相霞映"이라 함.

【矯矯】 강하고 굳세며 높은 나무의 모습을 뜻하는 疊語.

【金丸】 새를 잡는 탄환. 쇠붙이로 만든 총알.《西京雜記》(4)에 "韓嫣好彈, 常以金爲丸. 所失者日有十餘. 長安爲之語曰:「苦飢寒, 逐金丸.」京師兒童每聞嫣出彈, 輒隨之, 望丸之所落, 輒拾焉"이라 함.

【美服患人指】 아름다운 복장을 한 자는 남의 손가락질을 걱정함.

【高明逼神惡】 벼슬이 높으면 귀신의 질시를 받음. 두 구절은 속담에 "千人所指, 無病而死; 高明之家, 鬼瞰其室"의 뜻을 비유한 것임.

【冥冥】 광막하고 무궁한 하늘. 자유자재로 살고 있음을 말함. 남의 눈에 띄지 않으며 고고하게 은둔함을 뜻함.

【弋者】 새를 잡는 사람.

【慕】 혹 판본에 따라 '纂'이라고도 하나 압운으로 보아 '慕'가 맞음. '何所慕'는 '나에게 총을 쏠 수 있으랴. 나를 어쩌지 못할 것'이라는 뜻.

참고 및 관련 자료

1.《全唐詩》(47)에 張九齡의〈感遇詩〉12수가 실려 있으며, 이는 그 네 번째 시임.

2.《唐詩三百首》다른 판본에는 이 시가 실려 있지 않으며, 다음의 '蘭葉春葳蕤'부터 시작되며 뒤이어 '江南有丹橘'등 2수만 싣고 있음.

3. 〈感遇〉라는 제목은 初唐 陳子昂의 〈感遇〉 38수가 최초이며, 사물에 감응하여 그 정서를 읊은 것임.

4. 唐 玄宗 開元 25년(737) 李林甫의 편훼로 張九齡이 荊州長史로 좌천되었을 때, 그 울분과 세태의 賤俗함을 읊은 것임.

5. 張九齡이 李林甫의 참훼를 입어 재상직에 물러나자,《資治通鑑》에는 "九齡旣得罪, 自是朝廷之士, 皆容身保位, 無復直言"이라 함.

6. 淸 黃子高의《粵詩搜逸》에 "昔時選粵詩, 有《嶺南文獻》·《續嶺南文獻》·《廣東文選》, 然三書不皆專於詩也. 專於詩者,《嶺南五朝詩選》·《廣東詩粹》·《廣東詩海》, 大抵以廣收並蓄, 表揚前哲爲主. 顧每觀各選, 俱首曲江, 一似曲江以前無詩者"라 함.

7. 韻脚은 顧·樹·懼·오(惡)·慕.

❀ 장구령(張九齡: 673~740, 678?~740)

1. 자는 子壽, 일명 博物. 韶州 曲江(지금의 廣東 韶關) 사람으로 則天武后 때 진사에 올랐으며 玄宗 때 制擧에 登第하여 同中書門下平章事에 오름. 당 玄宗 때 張說의 추천으로 集賢院學士에 오름. 開元 21년(733) 中書令을 거쳐 右丞相이 됨. 開元 賢相으로서 현종에게 직간을 하다가 李林甫의 참소로 荊州長史로 폄직되자, 〈感遇詩〉를 지어 자신의 심정으로 토로하였음. 開元 26년(738) 향년 68세로 임지에서 생을 마침. 뒤에 사람들은 그를 '曲江公'이라 불렀으며, 그의 문집을 정리하여《曲江張先生文集》(20권)이라 함. 그의 시는 張說과 더불어 初唐과 盛唐을 잇는 가교역할을 한 것으로 평가받고 있음.《舊唐書》(99)와《新唐書》(126)에 전이 실려 있음.

2.《全唐詩》(47) 張九齡

張九齡, 字子壽, 韶州曲江人. 七歲知屬文. 擢進士, 始調校書郎. 以道侔伊呂科爲左拾遺. 進中書舍人, 出爲冀州刺史, 以母不肯去鄕里, 表換洪州都督, 徙桂州兼嶺南按察選補使. 以張說薦爲集賢院學士, 俄拜中書侍郎, 同平章事. 遷中書令, 爲李林甫所忮, 改尙書右丞相. 罷政事, 貶荊州長史, 請歸還殿幕, 卒. 謚文獻. 九齡風度醞藉, 在相位, 有謇諤匪躬之誠, 以直道黜, 不戚戚嬰望, 惟文史自娛, 嘗識安祿山必反, 請誅, 不許. 後明皇在蜀思其言, 遣使致祭, 卹其家. 集二十卷, 今編詩三卷.

3.《唐詩紀事》(15) 張九齡

九齡, 字子壽, 曲江人. 輔明皇爲賢宰相, 旣卒, 明皇每用人, 必曰:「風度能若九齡乎?」張說論其文曰:「如輕縑素練, 實濟時用, 而窘邊幅.」……九齡在相位, 有謇諤匪躬之誠, 明皇旣在位久, 稍怠庶政, 每見帝, 極言得失. 林甫時方同列, 陰欲中之. 將加朔方節度使牛仙客實封, 九齡稱其不可, 甚不叶帝旨. 他日, 林甫請見, 屢陳九齡頗懷誹謗. 于時方秋, 帝命高力士持白羽扇以賜, 將寄意焉. 九齡惶恐, 因作賦以獻. 又爲〈燕詩〉以貽林甫曰:『海燕何微眇, 乘春亦暫來. 豈知泥滓賤, 只見玉堂開. 繡戶時雙入, 華軒日幾廻? 無心與物競, 鷹隼莫相猜!」林甫覽之, 知其必退, 恚怒稍解.

長九齡(子壽)《三才圖會》

001-2

<感遇> 四首(2) ·· 張九齡

세상살이에 대한 느낌(2)

난초 잎은 봄이면 늘어진 모습,
계수나무 꽃은 가을에 교결하지요.
신이 나서 이렇게 살아 있음을 자랑하니,
이로부터 좋은 계절을 만들어 내네.
누가 알겠는가? 이렇게 자연에 묻혀,
바람소리 들으며 앉아서 서로 기꺼워하는 모습을.
초목도 본래 자신의 마음을 가진 것이니,
어찌 미인이 꺾어주어 대접받기를 바라리오?

蘭葉春葳蕤, 桂華秋皎潔.
欣欣此生意, 自爾爲佳節.
誰知林棲者, 聞風坐相悅.
草木有本心, 何求美人折?

【蘭】난초. 春蘭. 혹 일설에는 澤蘭이라고도 함. 깨끗한 隱者, 君子에 비유함.

【桂華】'華'는 '花'와 같음. 가을에 黃白色으로 피며 高潔함을 상징함.

【葳蕤】꽃이나 풀잎 따위가 늘어뜨려져 무성하게 핀 모습. '위유'로 읽으며 疊韻連綿語.

【桂華】桂花. 계수나무 꽃. 가을에 핀다 함.

【皎潔】아주 깨끗함을 뜻하는 雙聲連綿語.

【自爾】自然스럽게 그렇게 됨.

【林棲】자연에 묻혀 사는 隱者를 뜻함.

【本心】堅決하며 그윽한 정취를 그대로 지닌 본질.

【美人折】꽃이 미인의 눈에 띠어 꺾어 그 가치를 인정받음. 여기서 '미인'은 당시의 권력자를 비유함. '折'은 그들에게 추천되어 靑雲의 官路에 오름을 말함. 屈原《離騷》에 "恐美人之遲暮"라 하여 楚 懷王을 뜻하였음. 한편 《孔子家語》在厄篇에 "芝蘭生於深林, 不以無人而不芳; 君子修道立德, 不謂窮困而改節"이라 함.

참고 및 관련 자료

1. 이는 張九齡〈感遇〉12수 중 첫째 수임.

2. 난초와 계수나무 꽃에 자신을 비유하여 고고하고 깨끗한 은자와 군자의 지조를 노래함으로써 울분을 대신한 것임.

3. 韻脚은 潔·節·悅·折.

001-3

〈感遇〉 四首(3) ·················· 張九齡

세상살이에 대한 느낌(3)

그윽함을 숲으로 돌아와 홀로 누웠더니,
쌓이고 맺힌 울분 씻겨나가고 고청孤淸한 사람이 되는구나.
이런 정취로써 저 고관대작에게 사의를 표하며,
이로써 고원한 정취를 전해 주노라.
낮이나 저녁이나 이렇게 마음을 비우니,
누가 나의 이런 지극한 정성에 감동이나 할 수 있겠는가?
높은 벼슬과 초야의 은자는 이치로 보아 그 거리가 서로 현격한 것,
어찌 나의 이 성심을 자신들의 위안으로나마 삼을 수 있겠는가?

幽林歸獨臥, 滯慮洗孤淸.
持此謝高鳥, 因之傳遠情.
日夕懷空意, 人誰感至精?
飛沈理自隔, 何所慰吾誠?

【幽林】그윽한 자연 속. 다시 자연으로 돌아옴을 말함.

【獨臥】홀로 은거함을 뜻함.

【滯慮】울적함이 쌓여 풀 수 없는 고통. 坊間本에는 모두 '滯慮'로 되어 있으나 〈四部叢刊〉本《曲江張先生文集》에는 '滯虛'로 되어 있음. 이 경우 '오랫동안 虛靜한 가운데에 머물다'의 뜻.

【孤淸】孤寂하면서 淸雅함.

【高鳥】높은 지위를 얻어 날고 있는 새. 요행으로 높은 직위를 얻은 자를 비유함. 고관대작.

【飛沈】'飛'는 높은 지위를 가진 자. '沈'은 草野에 묻혀 제대로 기를 펴지 못하는 사람. 혹은 '세상살이의 昇降'을 뜻하는 말로 보기도 함.

⬚ 참고 및 관련 자료 ⬚

1. 이는 〈感遇詩〉 12수 중 두 번째 시이며 隱逸한 다음 자신의 심경을 읊은 것.

2. 韻脚은 淸·情·精·誠.

001-4

〈感遇〉四首(4) ······································· 張九齡

세상살이에 대한 느낌(4)

강남이라 발갛게 물든 귤,
겨울을 지나면서 오히려 푸른 숲을 이루었네.
어찌 그곳의 땅 기운이 따뜻해서 그렇겠는가?
스스로 한겨울 버티는 의지가 있기에 그렇지.
단귤은 가히 좋은 손님 대접에 쓰일 것이건만,
소인배들의 저지가 어찌 그리도 심하단 말인가!
운명이란 오직 어떤 이를 만나는가에 달린 것이니,
천도의 순환은 더 이상 찾을 길도 없구나.
한갓 말로만 복숭아, 오얏을 심으면 도움이 된다고 하는데,
이 나무라고 어찌 그늘이 없을쏘냐?

江南有丹橘, 經冬猶綠林.
豈伊地氣暖? 自有歲寒心.
可以薦嘉客, 奈何阻重深!
運命惟所遇, 循環不可尋.
徒言樹桃李, 此木豈無陰?

【江南】長江 이남 지역. 중국 남방 문화의 중심지. 동진과 남조(宋齊梁陳)가 이어왔던 지역. 지금의 江蘇·浙江·湖南·湖北·安徽·江西 등 일컫는 말. 張九齡의 임지인 荊州는 湖北에 있었음.

【丹橘】강남의 특산물로 붉은색이 나는 귤.

【伊】'其'와 같음. 그곳. 강남을 가리킴.

【歲寒心】겨울에도 추위를 견뎌내는 군건한 의지.《論語》子罕篇의 "子曰:「歲寒, 然後知松柏之後彫也.」"를 상징함.

【薦】추천됨. 그러나 '進'의 뜻으로 새김.《尙書》禹貢에 의하면 원래 강남의 귤은 조정의 貢品이었음. 古詩〈橘柚垂華實〉에 "委身玉盤中, 歷年冀見食"이라 함.

【嘉客】아름다운 손님. 여기서는 임금을 가리킴.

【重深】깊은 그늘에 숨은 小人. 임금 곁에서 佞幸을 일삼는 권력자들.

【循環】끊임없이 왕복함. 天道를 가리킴. 謝靈運의 시에 "四時循環轉, 寒暑自相承"이라 하였고,〈古詩〉에 "四時更變化, 歲暮一何速? 晨風懷苦心, 蟋蟀傷局促. 蕩滌放情志, 何爲自結束?"이라 함.

【不可尋】찾을 수 없음.

【桃李】봄에는 화려한 꽃을 자랑하며 여름에는 그늘이 있고, 가을에는 과실을 맺어 계절마다 쓸모가 있음을 말함.《韓詩外傳》(7)에 "魏文侯之時, 子質仕而獲罪焉. 去而北遊, 謂簡主曰:「從今已後, 吾不復樹德於人矣.」簡主曰:「何以也?」質曰:「吾所樹堂上之士半; 吾所樹朝廷之大夫半; 吾所樹邊境之人亦半. 今堂上之士惡我以法; 邊境之人劫我以兵. 是以不樹德於人也.」簡主曰:「噫! 子之言過矣. 夫春樹桃李, 夏得陰其下, 秋得食其實. 春樹蒺藜, 夏不可採其葉, 秋得其刺焉. 由此觀之, 在所樹也. 今子所樹, 非其人也. 故君子先擇而後種也.」"라 한 고사를 가리킴. 혹《漢書》蘇武傳에 "諺曰:「桃李不言, 下自成蹊.」"의 뜻을 말한 것이기도 함.

【此木】丹橘을 가리킴.

【無陰】'이 귤나무라고 그늘이 없을 수 있다는 것이냐?'의 뜻. 이는《韓詩外傳》의 고사를 원용한 것이며, 여기서 그늘이란 '이익이나 소용됨'을 뜻함.

1. 이는 〈感遇〉 12수 중 제7번째임.

2. 屈原의 〈橘頌〉에 "受命不遷, 生南國兮. 深固難徙, 更壹志兮. ……蘇世獨立, 橫而不流"라 한 고고한 품격을 본받고자 한 것임.

3. 韻脚은 林·心·深·尋·陰.

002

〈下終南山過斛斯山人宿置酒〉 ⋯⋯⋯⋯⋯⋯⋯⋯⋯⋯ 李白

종남산에서 내려와 곡사산인의 집을 들러
유숙하면서 가진 술자리

어스름녘 푸른 산으로부터 내려오노라니,
달이 나를 따라 함께 돌아오는구나.
뒤돌아 내가 온 길 살펴보았더니,
푸르고 푸른 나무 산허리에 비껴 희미하구나.
서로 손을 잡고 그 집 농막에 이르렀더니,
어린아이 사립문 열고 맞이해 주네.
푸른 대숲은 그윽한 오솔길로 나를 이끌고,
길섶 청라덩굴 내 옷깃을 당기누나.
즐거운 담소로 쉴 곳을 얻고 나서,
좋은 술 애오라지 술잔을 함께 하노라.
긴 파람 송풍곡松風曲을 한 곡조 읊어대고,
노랫소리 다하니 은하수가 희미하다.
내 이렇게 취하였고 그대 또한 즐거워하니,
도연陶然히 함께 세상의 기심機心을 잊었노라.

暮從碧山下, 山月隨人歸,
卻顧所來徑, 蒼蒼橫翠微.
相攜及田家, 童稚開荊扉.
綠竹入幽徑, 青蘿拂行衣.
歡言得所憩, 美酒聊共揮.
長歌吟松風, 曲盡河星稀.
我醉君復樂, 陶然共忘機.

【終南山】 산 이름. 당시 서울 長安 남쪽에 우뚝 솟아 있던 산. 지금의 陝西省
西安市 남쪽에 있으며, 혹 南山이라고도 함. 秦嶺山脈의 주봉. 혹 太一山
(太乙山), 中南山, 周南山 등으로 불렸음.

【斛斯山人】 斛斯融. 斛斯는 複姓. 山人은 은자를 일컫는 칭호. 당시의 隱者
이며 李白과 교유가 있었던 친구로 보임. 구체적인 생애는 알려져 있지 않음.

【過】 '방문하다'의 뜻.

【卻顧】 머리를 돌려 돌아온 길을 뒤돌아 봄.

【翠微】 저녁 어스름에 산의 희미한 청색.

【荊扉】 가시나무 따위로 대강 만든 대문.

【幽徑】 그윽한 오솔길.

【青蘿】 松蘿. 푸른 댕댕이나 새삼 넌출 따위의 덩굴식물.

【揮】 술을 마심을 뜻함. 술잔 밑에 남은 것까지 마심.

【復樂】 흥이 다하지 않아 다시 또 즐기고자 함.

【陶然】 '시원스럽다'의 뜻.

【忘機】 機는 機心. 세상을 살아가기 위한 온갖 술수나 대처 방법 등으로
고민하는 괴로움을 뜻함. 《莊子》 天地篇에 "機心存於胸中則純白不備. ……功利
機巧, 必忘乎人之心"이라 함.

1. 이는 이백이 장안에서 翰林으로 있을 때 지은 것으로, 종남산에서 내려와 친구를 만나며 즐긴 내용을 아름답게 읊은 것임.

2. 明 王夫之의 《唐詩評選》(2)에 "淸曠中無英氣不可效陶"라 함.

3. 韻脚은 歸·微·扉·衣·揮·稀·機.

🐷 이백(李白: 701~762)

1. 자는 太白. 호는 靑蓮居士. 그의 출신지에 대해서는 이설이 많음. 흔히 錦州 昌明(지금의 四川 曲江) 사람이라 하며, 任俠과 道家的 성격을 띠고 있었음. 어머니의 태몽에 長庚星을 품고 낳았다 함. 西漢 李廣의 후손이라 하며, 대대로 隴西 成紀에 살다가 뒤에 四川 廣漢으로 옮겨 살았다 함. 25세에 고향을 떠나 江南을 유람하였으며, 재상 許圉의 손녀를 아내로 삼았고, 幷州에서 장수 郭子儀를 알게 되어 山東 任城으로 옮겨서는 공소보(孔巢父) 등과 徂徠山 竹溪에 은거하기도 하였음. 天寶 초 다시 浙江 嵊縣으로 옮겨가 吳筠과 알게 되었으며, 얼마 뒤 오균이 장안으로 가자 그를 따라 장안에 이르렀음. 그곳에서 賀知章이 그의 시를 보고 처음으로 직선이라 칭하면서 玄宗에게 추천, 비로소 翰林學士의 직위를 얻게 되었음. 天寶 14년(755) 安祿山의 난이 발발하자 廬山으로 피난하였으며, 永王(李璘)이 반란을 일으켰을 때 그를 도왔으며, 이린이 형 李亨(뒤에 肅宗이 됨)과의 제위 쟁탈에 실패하자, 이백도 그에 연루되어 멀리 夜郎으로 유배를 가게 되었으나 도중에 사면받아 풀려나게 되었음. 그는 만년에 當塗에서 李陽冰에게 의지하였으나 代宗 寶應 원년(762) 62세로 병사하였음. 중국 당대 최고 시인으로 杜甫와 함께 盛唐을 대표하며 杜甫를 詩聖, 이백을 詩仙이라 불러 李杜로 병칭됨. 그의 시집은 《新唐書》(藝文志, 4)에 《草堂集》20卷이 著錄되어 있으며, 《全唐詩》에는 25卷(161~185)이 실려 있고, 《全唐詩外編》및 《全唐詩續拾》에 시 36首와 斷句 10句가 補入되어 있음. 《舊唐書》(190, 下)와 《新唐書》(202)에 전이 실려 있음.

2. 《唐詩紀事》(18)

○ 又《南部新書》云:「李白, 山東人, 父爲任城尉, 因家焉. 少與魯人隱徂徠山,

號竹溪六逸.」天寶初, 遊會稽, 與吳筠隱剡中. 俗稱蜀人, 非也. 今任城令廳有白
之詞尚存. 唐范傳正誌其墓曰:「白, 涼武昭王九世孫. 昭王隴西人, 隋末, 子孫以
罪徙碎葉. 神龍時, 白父客, 自西城逃居綿之巴西, 而白生焉.」唐魏顥·李陽冰
序其文, 劉全白撰其墓碣, 皆曰廣漢人. 故論白者, 或曰隴西, 或曰山東, 或曰蜀.
陽冰云:「李翰林浪跡縱酒, 以自昏穢, 詠歌之際, 屢稱東山李白. 亦云以張垍
讒逐, 遊海岱間, 子美所謂汝與山東李白好, 蓋白自號也.」〈蜀道難〉, 或曰作
於天寶初, 或曰作於天寶末, 二說皆出於後世, 以意逆之, 曰此爲房·杜危之也.
陸暢去白未遠, 作〈蜀道易〉以美韋臯, 傳之當時. 而〈蜀道難〉之詞曰:『錦城雖
云樂, 不如早還家』. 其意必有所屬, 房·杜之說, 蓋近之矣.

○ 白, 本末, 傳記所載不同. 唐史稱白興聖皇帝九世孫, 隋末以罪徙西域, 神龍
初遁還, 客巴西. 旣長, 隱岷山, 蘇頲爲益州長史, 見白異之. 更客任城, 與孔巢父·
韓準·裴政·張叔明·陶沔居徂徠山, 日沉飲, 號竹溪六逸. 天寶初, 南入會稽,
與吳筠善; 筠被召, 故白亦至長安. 往見賀知章, 賀知章見其文, 歎曰:「子, 謫仙
人也!」

3.《全唐詩》(161)

李白, 字太白, 隴西成紀人. 涼武昭王暠九世孫, 或曰山東人. 白少有逸才, 志氣
宏放, 飄然有超世之心. 初隱岷山, 益州長史蘇頲見而異之曰:「是子天才英特,
可比相如.」天寶初, 至長安, 往見賀知章. 知章見其文, 歎曰:「子謫仙人也.」
言於明皇, 召見金鑾殿, 奏頌一篇. 帝賜食, 親爲調羹. 有詔供奉翰林, 白猶與
酒徒飲於市, 帝坐沈香亭子. 意有所感, 欲得白爲樂章. 召入, 而白已醉. 左右以
水頮面, 稍解, 援筆成文, 婉麗精切, 帝愛其才, 數宴見. 白常侍帝, 醉. 使高力
士脫靴, 力士素貴, 恥之. 摘其詩以激楊貴妃, 帝欲官白, 妃輒沮止. 白自知不
爲親近所容, 懇求還山. 帝賜金放還, 乃浪跡江湖, 終日沈飲. 永王璘都督江陵,
辟爲僚佐, 璘謀亂. 兵敗, 白坐長流夜郎, 會赦得還. 族人陽冰爲當塗令, 白往
依之. 代宗立, 以左拾遺召, 而白已卒. 文宗時, 詔以白歌詩·裴旻劍舞·張旭草
書爲三絶云, 集三十卷, 今編詩二十五卷.

4.《唐才子傳》(2) 李白

白, 字太白, 山東人. 母夢長庚星而誕, 因以命之. 十歲通五經. 自夢筆頭生花,
後天才贍逸. 喜縱橫, 擊劍爲任俠, 輕財好施. 更客任城, 與孔巢父·韓準·裴政·
張叔明·陶沔居徂徠山中, 日沈飲, 號「竹溪六逸」. 天寶初, 自蜀至長安, 道未振,
以所業投賀知章, 讀至〈蜀道難〉, 歎曰:「子, 謫仙人也.」乃解金龜換酒, 終日
相樂, 遂薦於玄宗. 召見金鑾殿, 論時事, 因奏頌一篇, 帝喜, 賜食, 親爲調羹,

詔供奉翰林. 嘗大醉上前, 草詔, 使高力士脫靴. 力士恥之, 摘其〈清平調〉中飛
燕事, 以激怒貴妃, 帝每欲與官, 妃輒沮之. 白益傲放, 與賀知章・李適之・汝陽
王璡・崔宗之・蘇晉・張旭・焦遂爲「飲酒八仙人」. 懇求還山, 賜黃金, 詔放歸. 白浮
遊四方, 欲登華山, 乘醉跨驢經縣治, 宰不知, 怒, 引至庭下曰:「汝何人, 敢無禮!」
白供狀不書姓名, 曰:「曾令龍巾拭吐, 御手調羹, 貴妃捧硯, 力士脫靴. 天子門前,
尚容走馬; 華陰縣裏, 不得騎驢?」宰驚愧, 拜謝曰:「不知翰林至此.」白長笑
而去. 嘗乘舟, 與崔宗之自采石至金陵, 著宮錦袍坐, 傍若無人. 祿山反, 明皇
在蜀, 永王璘節度東南, 白時臥廬山, 辟爲僚佐. 璘起兵反, 白逃還彭澤. 璘敗,
累繫潯陽獄. 初, 白遊并州, 見郭子儀, 奇之, 曾救其死罪. 至是, 郭子儀請官以贖,
詔長流夜郎. 白晚節好黃・老, 度牛渚磯, 乘酒捉月, 沈水中. 初, 悅謝家靑山, 今墓
在焉. 有文集二十卷, 行世. 或云:「白, 涼武昭王暠九世孫也.」

李太白《三才圖會》

003

〈月下獨酌〉 ·································· 李白

달 아래 홀로 술을 마시며

꽃떨기 사이 술 한 병 놓고,
홀로 마시노니 짝할 사람이 없구나.
잔 들고 밝은 달을 마주하니,
그림자 합하여 세 사람이 되었구나.
달이야 술 마실 줄 모른다 쳐도,
그림자야 한갓 나 모습만 따라 하누나.
잠시나마 달을 짝하고 그림자 거느리니,
즐거울 때 모름지기 봄맛을 느껴야지.
내 노래에 달은 배회하고,
나의 춤에 그림자도 산란하다.
깨어서는 함께 어울려 기뻐하고,
취한 뒤엔 각각 제 갈 길 가겠지.
영원히 망정忘情의 친구가 되어,
저 아득한 은하수에서 서로 만나길.

花間一壺酒, 獨酌無相親.
擧杯邀明月, 對影成三人.

月旣不解飮, 影徒隨我身.

暫伴月將影, 行樂須及春.

我歌月徘徊, 我舞影零亂.

醒時同交歡, 醉後各分散.

永結無情游, 相期邈雲漢.

【對影成三人】홀로 술잔을 들어 하늘의 달, 달에 의해 비친 자신의 그림자를 합해 모두 세 사람이 되었음을 말함.

【暫伴月將影】잠시 달이 그림자를 함께하여 나의 반려가 되어 줌.

【徘徊】머뭇거림. 疊韻連綿語.

【零亂】산란히 어지럽게 흔들림. 雙聲連綿語.

【無情】'忘情'과 같음. 그리움 따위조차 잊고 胸懷를 豁然히 털어 버림. 정 따위에 연연하지 않음.

【邈】'아득하다, 멀다'의 뜻. 음은 '막.'

【雲漢】은하수. 銀漢. 天河. 미리내. 《詩經》大雅 雲漢에 "倬彼雲漢, 昭回于天"이라 하였고, 鄭箋에 "雲漢, 謂天河也"라 함.

참고 및 관련 자료

1. 李白이 長安에 있을 때 아무런 실권도 없는 翰林供奉이라는 벼슬을 얻자, 만족하지 못하고 '彷徨庭闕下, 嘆息光陰逝'(〈答高山人兼呈權顧二侯〉)라 하였음. 이때 그 고심을 읊은 것이 바로 이 시이며 모두 4수. 이는 그 첫 수임.

2. 淸 沈德潛의 《唐詩別裁》에 "脫口而出, 純乎天籟, 此種詩, 人不易學"이라 함.

3. 韻脚은 親·人·身·春으로 시작하여 亂·散·漢으로 換韻하였음.

004

〈春思〉 .... 李白

봄날의 애끊는 그리움

연 땅 풀은 푸른 실같이 가늘고,
진나라 뽕나무는 푸른색 가지를 낮게 드리웠네.
그대 이제 집으로 돌아갈 날이라 여기겠지만,
이때 바로 저의 창자는 그리움에 끊어지고 있다오.
봄바람은 이런 내 마음 알지도 못하면서,
어쩌자고 나의 비단 장막으로 불어오는가?

燕草如碧絲, 秦桑低綠枝.
當君懷歸日, 是妾斷腸時.
春風不相識, 何事入羅幃?

【燕草如碧絲】 燕은 지금의 하북·북경·요녕 일대를 말함. 춘추전국시대 연나라
　가 있었음. 북쪽 지역이라 이제 풀이 가늘게 막 돋아 오름을 표현한 것.
【秦桑低綠枝】 秦은 지금의 섬서 서안 일대. 비교적 남쪽이라 이미 뽕나무가
　무성하게 자라 그 줄기와 잎이 늘어졌음을 말함.
【懷歸日】 돌아갈 날짜가 되어 매우 설렘.

【妾】古詩나 文學작품에서 여인이 자신을 낮추어 부르는 말.

【斷腸】애간장(창자)이 끊어질 듯 아픈 상황이나 심정.《搜神記》(20)에 “臨川 東興, 有人入山, 得猿子, 便將歸. 猿母自後逐至家. 此人縛猿子於庭中樹上, 以示之. 其母便搏頰向人, 若哀乞狀. 直是口不能言耳. 此人既不能放, 竟擊殺之. 猿母悲喚, 自擲而死. 此人破腸視之, 寸寸斷裂. 未半年, 其家疫死, 滅門”이라 하였고,《世說新語》黜免篇에는 “桓公入蜀, 至三峽中, 部伍中有得猨子者, 其母緣岸哀號, 行百餘里不去; 遂跳上船, 至便即絕; 破視其腹中, 腸皆寸寸斷. 公聞之, 怒, 命黜其人”라는 고사가 실려 있음.

【羅幃】비단으로 만든 휘장. 여인의 閨房을 뜻함.《樂府雜曲》傷歌行에 “微風吹閨闥, 羅幃自飄揚”이라 함.

참고 및 관련 자료

1. 〈春思〉는 봄의 그리움을 읊은 것이며 멀리간 아내를 그리워하는 여인의 심정을 대신 읊은 것임.

2. 淸 吳喬의《圍爐詩話》에 “春風不相識, 何事入羅幃. 思無邪而詞淸麗, 妙絶 可法”이라 함.

3. 韻脚은 絲·枝·時·幃.

005

〈望岳〉 ……………………………………………… 杜甫

태산에서의 조망

태산은 무릇 그 어떠한고?
제나라 노나라 지역으로 푸르게 끝없이 이어졌구나.
조화옹께서 신기하고 빼어난 것을 모두 모아놓았고,
밝고 어두운 모습 밤낮처럼 분명하게 나뉘었네.
시원하게 트인 풍경에 층층구름 피어오르고,
눈을 크게 뜨니 돌아오는 새 시야에 들어오누나.
내 마땅히 저 꼭대기에 올라,
그 아래 작은 산들 한번 훑어보리라.

岱宗夫如何? 齊魯靑未了.
造化鍾神秀, 陰陽割昏曉.
湯胸生層雲, 決眦入歸鳥,
會當凌絶頂, 一覽衆山小.

【岱宗】岱는 泰山의 별칭. 宗은 五嶽의 종주가 됨을 말함. 태산은 五嶽 중의 東嶽으로 지금의 山東 泰安市 동쪽에 있으며 그 아래에 岱廟가 있음. 역대 이래 많은 군주가 封禪을 하였고, 고대 齊나라와 魯나라 땅에 가까움. 참고로 五嶽은 東嶽(泰山), 南嶽(衡山), 西嶽(華山), 北嶽(恒山)과 中嶽(嵩山)을 말하며 대대로 封禪을 치렀음.

【齊魯】태산 북쪽과 서쪽은 고대 제나라 땅이었으며 그 남쪽은 魯나라 曲阜로써 산동지역을 흔히 齊魯라 함.

【靑未了】푸른 기색이 끝없이 펼쳐져 있음. '未了'는 끝이 없음을 말함.

【造化】造化翁. 天地를 창조한 造物主.

【鍾神秀】鍾은 '모으다'의 동사. 神秀는 신기한 것과 빼어난 것. 태산의 뛰어난 산세와 암석 등은 조화옹이 모두 모아놓은 것이라는 뜻.

【昏曉】저녁 캄캄함과 새벽의 밝음. 태산의 그림자에 의해 햇살이 비치는 곳은 밝고, 그 그림자가 드리운 곳은 어둠을 말함. 그 차이가 분명함을 표현한 것.

【盪胸】가슴을 시원하게 열어 줌.

【層雲】저 아래로부터 머리 위까지 층층이 높이가 다르게 떠 있는 구름.

【決眥】눈을 크게 떠 모든 것이 눈에 들어옴.

【絶頂】山의 가장 높은 곳.

> 참고 및 관련 자료

1. 이 시는 開元 23년(735) 杜甫가 洛陽에서 진사시험에 낙방하고, 趙齊(河南·河北·山東) 일대를 유람하다가 泰山에 이르러 지은 것임.

2. '會當凌絶頂, 一覽衆小山'은 자신의 낙방한 심경에 위안을 삼고자 한 말로, 《孟子》盡心(上)의 "孟子曰:「孔子登東山而小魯, 登太山而小天下. 故觀於海者難爲水, 遊於聖人之門者難爲言. 觀水有術, 必觀其瀾. 日月有明, 容光必照焉. 流水之爲物也, 不盈科不行; 君子之志於道也, 不成章不達.」"의 의미를 간접적으로 표현한 것임.

3. 淸 仇兆鰲의 《杜詩詳註》에 "少陵以前, 題詠泰山者, 有謝靈運·李白之詩. 謝詩八句, 上半古秀而下却平淺; 李詩六章, 中有佳句, 而意多重複. 此詩遒勁

峭刻, 可以俯視兩家矣"라 함.

4. 韻脚은 了·曉·鳥·小.

5. 《杜詩諺解》重刊本(13)

岱宗은 엇졔라

齊와 魯ㅅ 짜해 흐른 비치 뭇디 아니 하엿느니오

造化ㅣ 神秀 호믈 뫼햇고

陰과 陽괘 어두우며 볼고믈 눈홧도다

層層히 나는 구루메 가ᄉᆞᆷᆯ 훤히 ᄒᆞ고

뇟 시우를 ᄲᅥ여 디게 ᄠᅥ 가는 새게 드리 ᄇᆞ라노라

모로매 노픈 그테 올아

뭀 뫼히 져고믈 ᄒᆞᆫ번 보리라

☀ 두보(杜甫: 712~770)

1. 唐代 대표적인 시인. 자는 子美, 자칭 '少陵野老', 혹 '杜陵野客'이라 함. 唐 睿宗 太極 원년에 태어나 代宗 大曆 5년에 향년 59세로 생을 마침. 그의 선대는 京兆 杜陵에 살았으며, 뒤에 襄陽으로 이주하였다가 다시 鞏縣으로 옮겨 두보는 그곳에서 태어났음. 杜審言이 바로 그의 조부이며, 家學을 이어 淵博한 지식을 쌓았음. 원대한 포부를 가지고 있었으나 시대를 제대로 만나지 못하였다 자탄하기도 함. 당시 李白(이태백)과 친밀한 관계를 맺었으며, 그 시풍에 따라 이백을 詩仙, 두보를 詩聖으로 추앙하였고, 이 두 사람은 '李杜'라 불렸음. 天寶 초 진사에 낙방하여 10여 년간 長安을 떠돌았음. 安祿山의 난을 만나자 鳳翔으로 피하였다가 그곳에서 肅宗을 뵙고 처음으로 左拾遺의 벼슬을 얻게 되었음. 장안이 수복되자 숙종을 따라 환도하였다가 직언으로 숙종의 미움을 받아 華州司空參軍으로 밀려나기도 함. 얼마 뒤 벼슬을 버리고 蜀으로 들어가 劍南節度使 嚴武에게 몸을 맡겨 成都 浣花溪에 草堂을 짓고 살았으며, 엄무가 그를 儉校工部員外郞이라는 벼슬을 주어 세칭 '杜工部'라 불림. 엄무가 죽은 뒤 다시 촉에서 湘으로 들어가다가 장마를 만나 병으로 죽고 말았다 함. 그의 시는 무려 1450수에 이르며 당시 사회상은 물론 백성의 고통을 잘 표현하여 '詩史'라 불리기도 함. 古體와 五律에 뛰어났으며, 언어가 정밀하고 풍격이 침울하여 《詩經》의 風과 《楚辭》의 騷를 이어받고, 初唐 沈佺期, 宋之問의

풍모를 뛰어넘게 되었음. 宋明 이래 그의 시는 천하에 존숭을 받아 많은 평이
쏟아졌으며, 지금 《杜工部集》20권과 《補遺》1권이 있음. 특히 우리나라에서도
지대한 영향을 미쳐 朝鮮 초 이를 모두 언해하여 《杜詩諺解》를 편찬하기도
하였음. 그의 文集은 《新唐書》杜甫傳에 文集 60卷이 전한다고 하였으나 元代
에 이미 일부가 散逸되었다 하며, 《全唐詩》에는 그의 詩 19卷(216~234)이
편집되어 있으며, 《全唐詩外編》 및 《全唐詩續拾》에 2首와 斷句 4句가 補入
되어 있음. 《舊唐書》(190, 下)와 《新唐書》(201)에 전이 있음.

2. 《唐詩紀事》(18)

睿宗先天元年癸丑, 是歲甫生. 明皇開元三年丙辰, 於郾城觀公孫大娘舞劍器.
(是年才四歲, 必有悟.) 天寶元年癸未, 有〈南曹小司寇爲山〉之作, 時年三十一,
天寶十一年癸巳, 上韋相詩, 有龍飛四十春, 帝卽位四十年. 時有〈兵車行〉·
〈麗人行〉. 十三年乙未, 上〈三大禮賦〉, 甫年四十三. (召試文章, 授河西尉, 不行,
改右衛率府冑曹.) 十四年丙申, 是年十一月, 初自京赴奉先, 有〈詠懷〉詩. 是月
祿山亂. (以家避亂鄜州, 獨陷賊中) 天寶十五載丁酉六月, 帝西狩, 有〈哀王孫〉詩.
七月, 肅宗卽位, 改元至德. 是年避寇馮翊, 有〈白水高齋三州觀漲〉詩. 至德二年,
自賊中竄歸鳳翔, 拜左拾遺. 八月, 墨制放往鄜州迎家, 有〈北征〉詩. 明年乾元
元年, 收京, 扈從還長安. 上疏論救房琯, 帝怒, 黜甫華州司功, 有〈新安吏〉·
〈石壕吏〉·〈新婚別〉·〈垂老別〉·〈留花門〉·〈洗兵馬〉詩. 明年, 關輔飢亂, 棄官之
秦州, 乃適同谷, 乃入蜀, 有〈遣興〉三首. 上元元年辛丑, 在蜀. 二年, 嚴武鎭蜀,
甫自閬往依焉. 明年寶應元年癸巳, 有元年建巳月詩. 代宗廣德元年甲辰, 有〈祭房
相國文〉. 武再鎭蜀, 表甫參謀檢校工部員外, 作〈傷春〉五首. 永泰元年丙午, 武卒,
崔旴殺郭英乂, 楊子琳·柏正節擧兵攻旴, 蜀亂, 甫遊東川. 除京兆功曹, 不赴.
大曆元年丁未, 移居夔州. 三年, 出峽之荊渚, 至湘潭, 寓居耒陽. 五年辛亥,
有〈追高適人日作〉. 夏, 甫還襄漢. 卒於岳陽.

3. 《全唐詩》(216)

杜甫, 字子美. 其先襄陽人, 曾祖依藝爲鞏令, 因居鞏. 前天寶初應進士, 不第,
後獻三大禮賦. 明皇奇之, 召試文章, 授京兆府兵曹參軍. 安祿山陷京師, 肅宗卽位
靈武, 甫自賊中遯赴行在, 拜左拾遺, 以論救房琯. 出爲華州司功參軍, 關輔饑亂,
寓居同州同谷縣, 身自負薪采梠, 餔糒不給. 久之, 召補京兆府功曹, 道阻不赴,
嚴武鎭成都, 奏爲參謀·檢校工部員外郎. 賜緋, 武與甫世舊, 待遇甚厚. 乃於成都
浣花里種竹植樹, 枕江結廬, 縱酒嘯歌其中. 武卒, 甫無所依, 乃之東蜀就高適,
旣至而適卒. 是歲, 蜀帥相功殺, 蜀大擾, 甫攜家避亂荊楚, 扁舟下峽. 未維舟而

江陵亦亂, 乃泝沿湘流, 遊衡山. 寓居耒陽, 卒年五十九. 元和中, 歸葬偃師首陽山,
元稹志其墓, 天寶間, 甫與李白齊名, 時稱李杜. 然元稹之言曰:「李白壯浪縱恣,
擺去拘束, 誠亦差肩子美矣. 至若鋪陳終始, 排比聲韻. 大或千言, 次猶數百,
詞氣豪邁, 而風調清深. 屬對律切, 而脫棄凡近, 則李尚不能歷其藩翰, 況堂奧乎!」
白居易亦云:「杜詩貫穿古今, 盡工盡善, 殆過於李」元·白之論如此, 蓋其出處
勞佚, 喜樂悲憤, 好賢惡惡, 一見之於詩, 而又以忠君憂國. 傷時念亂爲本旨,
讀其詩, 可以知其世. 故當時謂之詩史, 舊集詩文共六十卷, 今編詩十九卷.

4.《唐才子傳》(2) 杜甫

甫, 字子美, 京兆人. 審言生閑, 閑生甫. 貧少不自振, 客吳·越·齊·趙間, 李邕奇
其材, 先往見之. 擧進士不中第, 困長安. 天寶三載, 玄宗朝獻太清宮·饗廟及郊,
甫奏賦三篇. 帝奇之, 使待詔集賢院, 命宰相試文章. 擢河西尉, 不拜, 改右衛
率府冑曹參軍. 數上賦頌, 高自稱道, 且言:「先臣恕·預以來, 承儒守官十一世,
迨審言, 以文章顯. 臣賴緒業, 自七歲屬辭, 且四十年, 然衣不蓋體, 常寄食
於人. 竊恐轉死溝壑, 伏惟天子哀憐之. 若令執先臣故事, 拔泥塗久辱, 則臣
之述作, 雖不足鼓吹六經, 先鳴數子, 至沈鬱頓挫, 隨時敏給, 揚雄·枚皐, 可企
及也. 有臣如此, 陛下其忽棄之!」會祿山亂, 天子入蜀, 甫避走三川. 肅宗立,
自鄜州羸服欲奔行在, 爲賊所得. 至德二年, 亡走鳳翔, 上謁, 拜左拾遺. 與房
琯爲布衣交, 琯時敗兵, 又以琴客董廷蘭之故罷相, 甫上疏言:「罪細不宜免
大臣.」帝怒, 詔三司雜問. 宰相張鎬曰:「甫若抵罪, 絶言者路.」帝解, 不復問.
時所在寇奪, 甫家寓鄜, 彌年艱窶, 孺弱至餓死, 因許甫自往省視. 從還京師,
出爲華州司功參軍. 關輔饑, 輒弃官去. 客秦州, 負薪拾橡栗自給. 流落劍南,
營草堂成都西郭浣花溪. 召補京兆功曹參軍, 不至. 會嚴武節度劍南西川,
往依焉. 武再帥劍南, 表爲參謀·撿校工部員外郎. 武以世舊, 待甫甚善, 親詣
其家, 甫見之, 或時不巾. 而性褊躁傲誕, 常醉登武牀, 瞪視曰:「嚴挺之乃有
此兒!」武中銜之. 一日, 欲殺甫, 集吏於門, 武將出, 冠鉤於簾者三, 左右走報
其母, 力救得止. 崔旰等亂, 甫往來梓·夔間. 大曆中, 出瞿塘, 泝沅·湘以登衡山.
因客耒陽, 遊嶽祠, 大水暴至, 涉旬不得食, 縣令具舟迎之, 乃得還, 爲設牛炙
白酒, 大醉, 一昔卒, 年五十九. 甫放曠不自撿, 好論天下大事, 高而不切也. 與李白
齊名, 時號「李杜」. 數嘗寇亂, 挺節無所汙. 爲歌詩, 傷時撓弱, 情不忘君, 人皆
憐之. 墳在岳陽. 有集六十卷, 及潤州刺史樊晃纂《小集》, 今傳.

◎ 能言者未必能行, 能行者未必能言. 觀李·杜二公, 踦䟀板蕩之際, 語語王覇,
襃貶得失, 忠孝之心, 驚動千古, 騷雅之妙, 雙振當時. 兼衆善於無今, 集大成於

往作, 歷世之下, 想見風塵. 惜乎! 長轡未騁, 奇才並屈, 竹帛少色, 徒列空言, 嗚呼哀哉! 昔謂杜之典重, 李之飄逸, 神聖之際, 二公造焉.「觀於海者, 難爲水; 遊李·杜之門, 者難爲詩」斯言信哉!

006

〈贈衛八處士〉 ··· 杜甫

위팔처사에게

사람 살아가면서 서로 만나지 못함이,
헤어지고 나서는 마치 삼성과 상성 같구려.
오늘 저녁은 다시 어떤 저녁인고?
이렇게 등불을 함께 하고 있다니.
어리고 건장할 때가 그 얼마나 되리오.
머리카락 각각 이미 푸른빛이 되었구려!
친구들 찾아보면 반은 이미 죽어 귀신이 되어 있어,
놀라 소리지르며 애간장이 뜨겁다오.
어찌 알았으리 20년 세월 흘러,
다시금 이렇게 그대 집에 오를 수 있을 줄을.
옛날 헤어질 때 그대는 장가도 들지 않았었는데,
지금 아들딸이 갑자기 이렇게 줄을 설 정도라니.
즐거운 모습으로 나를 아비 대접하듯 하며,
어디서 오신 분이냐고 나에게 묻는구려.
서로 사정을 묻는 인사 미처 끝나지도 않았는데,
아이들 몰아 어서 술상 차리라 재촉하네.
밤비 머금은 봄 부추를 잘라 오고,
좁쌀 섞인 밥을 새롭게 지어내어,
주인 된 그대는 만나기 어렵다 말하면서,

연거푸 열 잔을 들어 나에게 권하네.
열 잔에도 역시 취기가 오르지 않소이다.
그대 옛정을 이토록 길이 간직함에 고맙소이다.
내일 다시 산악을 사이에 두고 헤어지고 나면,
세상일에 그대 다시 만날 수 있을지 둘 모두 망망하긴 마찬가지.

人生不相見, 動如參與商.
今夕復何夕? 共此燈燭光.
少壯能幾時? 鬢髮各已蒼!
訪舊半爲鬼, 驚呼熱中腸.
焉知二十載, 重上君子堂.
昔別君未婚, 兒女忽成行.
怡然敬父執, 問我來何方.
問答乃未已, 驅兒羅酒漿.
夜雨剪春韭, 新炊間黃粱.
主稱會面難, 一擧累十觴.
十觴亦不醉, 感子故意長.
明日隔山嶽, 世事兩茫茫.

【衛八處士】《唐拾遺記》에 의하면 杜甫는 李白·高適·衛賓 등과 가까웠으며,
그중 衛賓이 가장 어렸다 함. 여기서 '衛八'은 위빈을 가리키며 '八'은
그 집안의 排行에 의해 서로 부르던 당나라 때 호칭 방법의 하나. 處士는
재덕을 갖추었으나 벼슬길에 나서지 아니하고 은거하며 학덕을 쌓은 자를
높이 부르던 칭호.

【人生】사람이 태어나서 살아감. 사람의 생활.

【參, 商】參星과 商星. 둘 모두 黃道 28수의 성수(星宿) 이름. 參星은 西方 白虎 7수의 하나이며, 商星은 심수(心宿)에 속하며 東方 蒼龍 7수의 하나로, 서로 180도 차이가 있어, 뜨고 질 때 동시에 나타나 보이는 경우가 없음.

【蒼】검던 머리카락이 이미 희푸른색으로 변하여 늙음이 찾아왔음을 말함.

【成行】항렬을 이루었음. 줄을 설 정도로 많음. '行'은 '항'으로 읽음.

【怡然】유쾌하고 편안한 모습으로 대함.

【父執】父親을 대하는 예로써 맞이함을 말함.

【乃未已】서로 안부를 묻기가 미처 끝나지 않음.

【黃粱】노란색의 기장을 섞어 지은 밥을 말함. 가난한 집안이지만 가장 좋은 밥을 지어내었음을 뜻함.

【山嶽】西嶽 華山을 가리킴. 두보가 洛陽으로부터 華州로 가는 길은 華山을 지나야 함. 華州는 華山의 서쪽에 있었음.

【茫茫】망망함. 아득함.

> ### 참고 및 관련 자료

1. 이 시는 杜甫가 肅宗 乾元 2년(759) 봄 洛陽으로 돌아와 房琯을 구제하려 상소를 올렸다가 미움을 입어 左拾遺에서 華州司功參軍으로 좌천되어 華州로 가는 길에 20여 년 만에 친구 衛賓을 만나 그 감회를 아주 逼切하게 읊은 것임.

2. 淸 朱鶴齡의 《杜詩箋注》에 "唐有隱逸衛大經居蒲州. 衛八亦稱處士, 或其族子. 蒲至華, 止一百四十里. 恐是乾元二年春, 在華州時至其家作"이라 함.

3. 韻脚은 商·光·蒼·腸·堂·行·方·漿·粱·觴·長·茫.

4. 《杜詩諺解》初刊本(19)

人生애 서르 보디 몯ᄒᆞᆫ다 마다
參星과 다뭇 商星ᄀᆞᆮ도다
오늜 나조ᄒᆞᆫ ᄯᅩ 엇던 나조코
이 븘비츨 다뭇 ᄒᆞ라
져므믄 能히 몃맛 ᄢᅵ니오
구믿터리 제여곰 ᄒᆞ마 희도다
녯 버들 무로니 半만 鬼ㅣ ᄃᆞ외도소니

놀라 블러 애를 데요라

스믈 힛 마내

다시 그딋 지븨 올올 고들 어느 알리·오

녜 여흴 저긘 그듸 婚姻 아니ᄒ얫더니

오ᄂᆞᆯ 아들 ᄯᆞ리 忽然히 行列이 이럿도다

怡然히 아비 버들 恭敬ᄒ야

날 더브러 무로ᄃᆡ 어느 싸ᄒᆞ로셔 온다 ᄒᆞᄂᆞ다

무러늘 對答 ᄆᆞ초믈 밋디 몯 ᄒ야셔

아들 ᄯᆞ리 술와 漿水를 버리ᄂᆞ다

밠비예 보믿 염규를 뷔오

새밥 지소매 누른 조홀 섯놋다

主人이 ᄂᆞ출 相會호미 어려우니라 닐어

ᄒᆞᆫ번 드러슈메 열 잔을 굴포 머구라

열 잔애도 ᄯᅩ 醉티 아니호믄

그듸이 녯 ᄠᅳ디 기로믈 感動ᄒ얘니라

ᄂᆡᆯ싨 나래 山岳을 즈음처 가면

世事애 둘히 다 아ᅀᆞ라ᄒᆞ리라

杜甫(子美) 《三才圖會》

007

〈佳人〉 ·· 杜甫

가인

세상에 더 이상 없을 아름다운 여인,
빈 골짜기에 묻혀 살고 있다네.
스스로 말하기를 "자신은 양가의 딸이었으나,
이렇게 몰락하여 초목에 의지하여 살고 있다오.
지난날 관중이 함락되는 난리 통에,
오빠와 아우들은 모두 죽음을 당하였다오.
관직이 높으면 무슨 소용이 있겠소.
골육도 제대로 거두어 주지 못하는 걸.
세상 물정이란 몰락한 집안은 거들떠 보지도 않는 법,
인간 만사란 바람 따라 휘둘리는 촛불 같은 것.
남편은 경박한 사내였다오.
새로 맞은 신첩은 옥 같은 미인.
합환초도 밤이면 함께 할 줄 알고,
원앙새도 밤이면 홀로 자지 못하건만,
다만 신첩의 웃음소리만 들릴 뿐,
어찌 옛 아내의 울음소리 들리기나 했겠소!
물이란 산의 샘에 있을 때는 맑고 깨끗하지만,
산 샘을 벗어나면 탁해지는 것.

데리고 온 몸종이 구슬 팔아 돌아오고,
나는 풀 넝쿨을 끌어다가 띠 집을 고친다오.
꽃을 꺾어 머리에 꽂을 생각도 없고,
잣을 따다보니 문득 손에 한 움큼.
날씨 찬데 푸른 소매는 얇고,
해지는 저녁이면 긴 대나무에 기대어 서 있기 일쑤라오."

絕代有佳人, 幽居在空谷.
自云良家子, 零落依草木.
關中昔喪亂, 兄弟遭殺戮.
官高何足論, 不得收骨肉.
世情惡衰歇, 萬事隨轉燭.
夫婿輕薄兒, 新人美如玉.
合昏尚知時, 鴛鴦不獨宿.
但見新人笑, 那聞舊人哭!
在山泉水淸, 出山泉水濁.
侍婢賣珠回, 牽蘿補茅屋.
摘花不揷髮, 采柏動盈掬.
天寒翠袖薄, 日暮倚修竹.

【絕代佳人】 아주 뛰어난 미인을 가리킴. 漢나라 李延年이 자신의 누이를
　武帝에게 바치면서 "北方有佳人, 一笑而傾城, 再笑而傾國"이라 함.
【空谷】 빈 골짜기. 사람이 적게 사는 외롭고 편벽하며 가난한 곳.
【依草木】 험한 자연 속에 버려져 힘들게 살아가고 있음을 말함.

【關中】函谷關으로부터 서쪽. 장안을 중심으로 한 당나라의 요충지.

【喪亂】天寶 15年(756) 安祿山의 난으로 長安이 함락된 사건을 말함.

【衰歇】쇠퇴하여 별 볼일 없는 상태가 됨을 뜻함.

【隨轉燭】바람을 따라 그 촛불이 이리저리 흔들림.

【合昏】꽃 이름. 合歡草라고도 하며, 아침에 피었다가 저녁이 되면 꽃잎이 닫힘. 남녀의 사랑을 상징하는 꽃으로 흔히 거론됨.

【鴛鴦】합환초에 상대하여 조류를 다시 한 번 비유한 것.

【那】'哪'와 같으며 의문사. '어찌 ~하리오'의 뜻.

【牽蘿】'牽'은 '끌다'의 뜻. '蘿'는 새삼넌출, 혹은 댕댕이넝쿨 따위. 이를 새끼줄 삼아 끌고 와서 집을 보수하고 묶음.《楚辭》湘夫人에 "網薜蘿兮爲帷"라 함.

【采柏動盈掬】잣을 따다가 문득 손 한 움큼에 가득 됨.《楚辭》山鬼에 "山中人兮芳杜若, 飮石泉兮蔭松柏"이라 함. 한편 邱燮友는 절개를 지키는 뜻(柏有堅貞的秉性, 采柏常滿把, 喩所懷堅貞, 始終不屈)으로 보았으나, 다른 해석본에는 배고픔을 해결(充我饑腹)하는 것으로 보아 견해가 다름.《杜詩諺解》에는 '잣(나무)을 채취할 때마다 곧 한줌 가득하게 하다'로 하였음.

【修竹】길게 잘 자란 대나무. '修'는 '長'과 같음. 晉 江逌의〈竹賦〉에 "有嘉生之美竹, 挺純姿於自然"이라 하여 가인에 대비시킴 것임.

⬭ 참고 및 관련 자료

1. 이 시는 肅宗 乾元 2년(759) 가을에 秦州에서 蜀으로 가는 길에 지은 것으로, 난리 통에 가족을 잃고 몰락한 어떤 미인의 심정을 대신 읊은 것이며, 한편 자신의 고고한 정서를 비유하기도 한 것임.

2. 淸 仇兆鰲의《杜詩詳註》에 "按天寶亂後, 當是實有其人, 故形容曲盡其情. 舊謂托棄婦以比逐臣, 傷新進猖狂, 老成凋謝而作. 恐懸空撰意, 不能淋漓懇切如此. 楊億詩:『獨自憑闌干, 衣襟生暮寒.』本杜'天寒翠袖'句, 而低昂自見, 彼何以不服杜耶?"라 함.

3. 韻脚은 谷·木·戮·肉·燭·玉·宿·哭·濁·屋·掬·薄·竹이며 둘째 구 '自云'이하 끝까지는 여인이 자신의 신세와 느낌을 말한 것으로 보고 있음.

4.《杜詩諺解》初刊本(8)

一代예 그츤 됴흔 사르미 잇느니

幽僻흔 사는 짜히 뷘 묏고래 잇도다

제 닐오디 良家앳 子息이라니

뻐러뎌 草木 서리예 브텟노라

關中이 녜 브스웰 제

오라비 殺戮을 맛나니라

벼슬 노포믄 엇뎨 足히 議論ᄒᆞ리오

아ᅀᆞ믈 收合호믈 得디 몯ᄒᆞ니라

世間앳 쁘디 衰歇ᄒᆞ 니를 아쳗고

萬事ㅣ 옮ᄂᆞ 燭ㅅ 브를 좃ᄂᆞ니라

샤옹ᄋᆞᆫ 輕薄흔 男兒ㅣ니

새 거지비 아ᄅᆞᆷ다오미 玉 ᄀᆞᆮ도다

合昏 날 모도 오히려 ᄢᅢ를 알오

鴛鴦새도 ᄒᆞ오ᅀᅡ 자디 아니 ᄒᆞᄂᆞ니라

오직 새 사ᄅᆞ미 우ᅀᅮ믈 보거니

엇뎨 녯 사ᄅᆞ미 우루믈 드르리오

뫼해 이셔는 싊므리 ᄆᆞᆰ더니

뫼해 나가는 싊므리 흐러놋다

더브렛ᄂᆞ 겨집죵이 구스를 ᄑᆞ라 도라오나ᄂᆞᆯ

薜蘿ᄅᆞᆯ 쯔어다가 새 집 헌 ᄃᆡᄅᆞᆯ 깁노라

고즐 ᄢᅡ도 머리예 곳디 아니ᄒᆞ고

잣남ᄀᆞᆯ 採取흔다 마다 주메 ᄀᆞᄃᆞ기 ᄒᆞ놋다

하ᄂᆞᆯ히 칩고 프른 ᄉᆞ매 열우니

ᄒᆡ 져므러ᄂᆞᆯ 긴 대ᄅᆞᆯ 지여 솃도다

008-1

〈夢李白〉二首(1) ·· 杜甫

꿈속의 이백(1)

죽어 이별하면 이윽고 울음도 삼켜 잊게 되지만,
살아 이별이라 항상 슬픔에 잠겨 있다오.
강남 땅 귀주는 풍토병이 있는 곳,
귀양 간 그대는 소식도 없구려.
내 꿈속에 그대가 나타났음은,
그대를 그리워하는 내 마음이 명확히 밝혀진 것.
그대는 지금 법망에 얽힌 몸,
어찌 훨훨 날개를 펴고 내게 올 수 있었겠소?
그러니 아마 평소의 그대 혼백은 아닐 것이오.
먼 길로 보아도 그대가 이곳까지 올 수는 없는 것.
그대 혼백이 올 때는 풍림이 푸르렀고,
혼백이 돌아갈 때는 관새關塞가 어두웠다오.
떨어지는 달빛이 지붕 위에 가득하여
그래도 그대 얼굴은 비출 수 있겠지 하고 여겼었다오.
물이 깊고 파도가 널리 퍼지고 있으니
그대 뱃길에 교룡蛟龍에게 시달리지나 않기를.

死別已吞聲, 生別常惻惻.
江南瘴癘地, 逐客無消息.
故人入我夢, 明我長相憶.
君今在羅網, 何以有羽翼?
恐非平生魂, 路遠不可測.
魂來楓林青, 魂返關塞黑.
落月滿屋梁, 猶疑照顔色.
水深波浪闊, 無使蛟龍得.

【吞聲】 죽어서 이별하면 마침내는 그 울음소리도 삼키게 마련이며 종당에는 잊고 살아, 다시 만날 수 있으리라는 기대를 갖지 않게 됨.
【惻惻】 비통함. 항상 미련이나 안타까움을 가지고 살아가게 됨.
【瘴癘】 풍토병. 남쪽은 습하고 벌레가 많아 흔히 중국인들은 남방으로 귀양을 가면 풍토병을 걱정하였음.
【逐客】 李白을 가리킴. 李白이 貴州 夜郞으로 귀양을 갔음.
【羅網】 그물. 여기서는 법망에 얽매어 자유롭지 못함을 뜻함.
【平生】 평소. 일상.
【路遠】 길이 멀어 살아 있는 사람이라면 꿈에 보일 수 없음을 말함.
【楓林】 《楚辭》 招魂에 "湛湛江水兮上有楓. 目極千里兮傷春心. 魂兮歸來哀江南" 이라 한 데서 의미를 취한 것.
【關塞】 관문과 변새. 지역과 지역을 구분하는 경계지역. 두보의 꿈에 이백의 혼백이 그곳을 넘어왔다가 다시 그곳을 통과하여 돌아감.
【猶疑】 '오히려 그 희미한 달빛으로나마 그대의 모습을 비출 수는 있겠지' 라고 여겼음. 혹 '그나마 그러한 달빛으로 그대 혼백이 돌아가는 길에 작은 빛이 되어 안전하게 해 주리라 기대함'을 뜻하는 뜻으로도 볼 수 있음.

【無使蛟龍得】杜甫가 李白을 근심함을 말함. '꿈속에서 돌아가는 그대 혼백이 뱃길에 蛟龍에게 해코지를 당하는 일이 없도록 하기를 바라다'의 뜻. 그러나 《續齊諧記》에 東漢 초 湖南 長沙에 어떤 사람이 나타나 자칭 屈原이라 하면서 "항상 나를 위해 큰제사를 올려주는 이가 있으나 그래도 나는 지금 교룡에게 고통을 당하고 있다"(吾嘗見祭甚盛, 然爲蛟龍所苦)라 하였으며 두보가 이러한 고전을 원용한 것이 아닌가 함.

참고 및 관련 자료

1. 肅宗 乾元 원년(758), 李白이 李璘의 일에 연루되어 심양의 옥에 갇혔다가 뒤이어 夜郎(지금의 貴州省 正安 西北)으로 귀양을 갔으며, 당시 李白은 58세였음. 그러나 중도에 이백이 사면되어 풀려났으나, 두보는 이를 모른 채 꿈에 이백이 나타나자, 이백이 강남 풍토병에 걸려 죽은 것이 아닌가 안타까워한 것임.

2. 明 陸時雍은 '是魂是人, 是夢是眞, 都覺恍惚無定, 親情苦意, 無不備極矣'라 함.

3. 韻脚은 惻·息·憶·測·黑·翼·色·得.

4. 《杜詩諺解》初刊本(11)

주거 여희요문 ᄒᆞ마 소리ᄅᆞᆯ 슴ᄭᅵ거니와
사라 여희여실 시 長常 슬허ᄒᆞ노라
江南ㅅ 더운 病 잇ᄂᆞᆫ 따해
내조쳣ᄂᆞᆫ 나그내 消息이 업도다
故人이 내 ᄭᅮ메 드니
내 이 기리 서르 ᄉᆞ랑호미 번득ᄒᆞ도다
平生앳 넉시 아닌가 저칸마ᄅᆞᆫ
길히 머러 可히 測量티 몯ᄒᆞ리로다
넉시 올 저긘 싣나모 수프리 퍼러ᄒᆞᆫ ᄃᆡ오
넉시 도라갈 저긘 關塞ㅣ 어드운 ᄃᆡ로다
이제 그ᄃᆡ 그므레 거러 잇거시니
엇뎨 ᄡᅥ ᄂᆞᆯ개 잇ᄂᆞ니오

디는 듓비치 집 물리 구득ㅎ니
그딋 녓비치 비취엿ᄂ가 오히려 疑心ㅎ노라
ᄆ리 깁고 믌겨리 어위니
蛟龍으로 히여 엳게 ㅎ디 말라

008-2

〈夢李白〉二首(2) ··· 杜甫

꿈속의 이백(2)

뜬구름 하루 종일 떠가고 있는데,
떠나간 그대 오랫동안 돌아오지 않는구려.
사흘 밤 연이어 그대를 꿈속에 보다니,
친밀히 그리운 정 그대 뜻이 드러나네.
그대 떠나갈 땐 항상 급히 되돌아가야 한다고 재촉하며,
괴로운 꿈길 오기가 어렵다 말하면서,
강호江湖엔 풍파가 많으니,
배와 노를 놓칠까 걱정이라 하네.
문을 나서서 흰머리 긁으면서,
평소 가진 그대 의지 어긋난 듯하였다네.
화려한 장안에 고관대작 가득한데,
이 사람 홀로 이토록 초췌하니.
누가 말했던가 하늘 그물 넓어도 새지는 않는다고,
그대 늙어감에 도리어 죄에 연루되었으니.
천추만세를 두고 명성을 떨친다 해도,
몸이 죽은 뒤엔 적막하기만 할 뿐인 걸!

浮雲終日行, 游子久不至.
三夜頻夢君, 情親見君意.
告歸常局促, 苦道來不易.
江湖多風波, 舟楫恐失墜.
出門搔白首, 若負平生志.
冠蓋滿京華, 斯人獨憔悴.
孰云網恢恢, 將老身反累.
千秋萬歲名, 寂寞身後事!

【浮雲】〈古詩〉에 "浮雲蔽白日, 遊子不顧返"이라 함.

【頻】 빈번함. 자주 나타남.

【局促】 총총히 재촉함을 뜻함. 疊韻連綿語.

【負】 저버림. 어긋남. 기대나 희망을 저버림.

【冠蓋】 冠冕과 華蓋. 冠은 고관대작의 모자. 蓋는 고관의 화려한 수레 덮개.
富貴한 사람을 비유함.

【京華】 서울 長安을 뜻함.

【憔悴】 형색이 마르고 곤고함. 雙聲連綿語.

【網恢恢】 하늘의 이치는 광대하여 포용하지 못함이 없음. 《老子》(73)에
"天網恢恢, 疏而不失"라 함. 옳고 그름, 선악 등은 하늘이 구분하지 못하는
경우가 절대로 없음을 비유함.

【千秋萬歲名, 寂莫身後事】 阮籍의 〈詠懷詩〉에 "千秋萬歲後, 榮名安所之"라
하였고, 庾信의 〈擬詠懷〉에 "眼前一杯酒, 誰論身後名"이라 함. "천추만세에
명성이, 적막하게 죽은 뒤에나 이루어질 사항이다"라는 뜻. 죽은 뒤에는
적막하기만 할 뿐 아무런 의미가 없음을 뜻함.

1. 이는 天寶 4년(745) 가을 이백과 두보는 이미 兗州 石門에서 이별한 적이 있어 이미 14년을 만나지 못한 그리움을 읊은 것임.

2. 仇兆鰲의 《杜詩詳註》에 "此因頻夢而作. 故詩語更進一層, 前云'明我憶'是白知公; 此云'見君意'是公知白. 前云'波浪蛟龍'是公爲白憂; 此云'江湖舟楫'是白又自憂. 前章說夢處, 多涉疑詞; 此章說夢處, 宛如目擊"이라 함.

3. 韻脚은 至·意·易·墜·志·悴·累·事임.

4. 《杜詩諺解》初刊本(11)

뜬 구루믄 나리 뭇도록 녀거늘
노니는 子는 오래 오디 몯ᄒ놋다
사ᄒᆞᆯ 바믈 ᄌᆞ조 그딕를 ᄭᅮ메 보니
ᄠᅳ디 親ᄒ야 그딋 ᄠᅳ들 보노라
가노라 니를 저긔 長常 局促ᄒ야셔
심히 닐오ᄃᆡ 오미 쉽디 아니ᄒ니라
江湖애 ᄇᆞᄅᆞᆷ 믌겨리 하니
ᄇᆡ를 일흘가 전노라 ᄒ고
門의 나 셴 머리를 긁ᄂᆞ니
平生앳 ᄠᅳ들 져ᄇᆞ린 ᄃᆞᆺᄒ도다
冠蓋ᄒᆞᆫ 사ᄅᆞ미 셔울 ᄀᆞᄃᆞᆨ기 잇거늘
이 사ᄅᆞᆷ 호올로 이우럿도다
뉘 닐오ᄃᆡ 그므리 어위다 ᄒᆞᄂᆞ니오
將次ㅅ 늘구메 모미 도ᄅᆞ혀 버므렛도다
千秋萬歲예 갈 일후미
寂寞ᄒᆞᆫ 몺 後엣 이리 ᄃᆞ외리로다

009

〈送綦毋潛落第還鄉〉 ·· 王維

낙제하여 고향으로 돌아가는 기무잠에게

태평성대에는 은거하는 선비가 없으니,
훌륭한 인재들은 모두 조정에 모이게 마련이었다오.
그대로 하여금 마침내 사안처럼 동산에 숨어 살게 하여,
고사리 캐던 백이숙제를 돌아보지 못하게 하였구려.
이미 그대 금마문에 이르렀으니,
그 누가 우리의 도를 틀렸다고 하리오?
그대 멀리 고향 강회에서 한식절을 맞고 있을 때,
이곳 낙양에는 봄옷을 짓고 있을 것이오.
오늘 장안 길에 술상을 차려 그대를 보내오니,
마음 맞는 그대와 멀어지게 되었구려.
가는 길 응당 뱃길로 노를 저어,
얼마 후면 그대 집 사립문을 열게 되리.
멀리 고향 나무들은 오는 그대를 맞아줄 것이요,
외로운 그곳 성에는 석양 노을이 떨어지고 있겠구려.
우리의 계획이 마침 채용되지는 못했지만,
알아주는 친구 드물다 한탄하지는 마시구려.

聖代無隱者, 英靈盡來歸.

遂令東山客, 不得顧采薇.

旣至金門遠, 孰云吾道非?

江淮度寒食, 京洛縫春衣.

置酒長安道, 同心與我違.

行當浮桂棹, 未幾拂荊扉.

遠樹帶行客, 孤城當落暉.

吾謀適不用, 勿謂知音稀.

【綦毋潛】692?~755? 綦毋는 복성. 潛은 이름. 자는 孝通(혹 季通). 虔州(지금의
江西 贛縣) 사람으로 開元 14년(726) 진사에 급제하여 著作郎을 지냈으며,
뒤에 낙향하여 은거함. 王維의 詩友이며 五言詩에 능하였음.《全唐詩》에
시 1권이 수록되어 있음. 019 참조.

【聖代】太平聖代. 재능이 있는 이들이 모두 발탁되던 시기로써 이러한 시대
에는 은자가 있을 수 없다는 뜻.《論語》公冶長에 "邦有道, 則知; 邦無道,
則愚"라 하였고, 泰伯篇에는 "天下有道則現, 無道則隱"이라 함.

【英靈】뛰어난 인재들. 나라에 소용 닿는 賢才들.

【東山客】隱者를 대신하는 말. 晉나라 謝安(安石)이
會稽의 東山(지금의 浙江 上虞縣 서남쪽)에 隱居하여
王羲之 등과 자연을 즐기며 벼슬을 거부하였음. 그
뒤로 동산은 은거의 의미로 쓰였음.《世說新語》
排調篇에 "謝公在東山, 朝命屢降而不動; 後出爲桓
宣武司馬, 將發新亭, 朝士咸出瞻送. 高靈時爲中丞,
亦往相祖; 先時, 多少飮酒, 因倚如醉, 戲曰:「卿屢違
朝旨, 高臥東山, 諸人每相與言,『安石不肯出, 將如
蒼生何?』今亦蒼生將如卿何?」謝笑而不答"라 함.

謝安(文靖)《晩笑堂畫傳》

【採薇】殷末 周初 孤竹國의 두 왕자 伯夷와 叔齊가 首陽山에 은거하여
고사리를 캐어 먹었다는 고사를 말함.《史記》伯夷列傳에 "伯夷·叔齊,

孤竹君之二子也. 父欲立叔齊, 及父卒, 叔齊讓伯夷. 伯夷曰:「父命也.」遂逃去. 叔齊亦不肯立而逃之. 國人立其中子. 於是伯夷·叔齊聞西伯昌善養老, 盍往歸焉. 及至, 西伯卒, 武王載木主, 號爲文王, 東伐紂. 伯夷·叔齊叩馬而諫曰:「父死不葬, 爰及干戈, 可謂孝乎? 以臣弑君, 可謂仁乎?」左右欲兵之. 太公曰:「此義人也.」扶而去之. 武王已平殷亂, 天下宗周, 而伯夷·叔齊恥之, 義不食周粟, 隱於首陽山, 采薇而食之. 及餓且死, 作歌. 其辭曰:『登彼西山兮, 采其薇矣. 以暴易暴兮, 不知其非矣. 神農·虞·夏忽焉沒兮, 我安適歸矣? 于嗟徂兮, 命之衰矣!』遂餓死於首陽山. 由此觀之, 怨邪非邪?"라 함.

【金門】金馬門. 장안의 궁궐 문 이름. 그 문 곁에 銅馬가 있어 이름이 붙여진 것이며, 한나라 때 나라에 부름을 받아 벼슬길에 오르는 자는 우선 모두 이 金馬門에 모였음. 따라서 여기서는 급제하여 청운의 길을 걷게 될 것임을 뜻함.

【吾道非】'내 펴고자 하는 도가 그릇된 것인가'의 의미.《孔子家語》在厄篇에 "子乃召子路而問焉, 曰:「詩云『匪兕匪虎, 率彼曠野』. 吾道非乎? 奚爲至於此?」子路慍, 作色而對曰:「君子無所困. 意者夫子未仁與? 人之弗吾信也; 意者夫子未智與? 人之弗吾行也. 且由也, 昔者聞諸夫子曰:『爲善者天報之以福, 爲不善者天報之以禍』今夫子積德懷義, 行之久矣, 奚居之窮也?」"라 하였고,《史記》孔子世家에 "孔子知弟子有慍心, 乃召子路而問曰:「詩云『匪兕匪虎, 率彼曠野』. 吾道非邪? 吾何爲於此?」子路曰:「意者吾未仁邪? 人之不我信也. 意者吾未知邪? 人之不我行也.」孔子曰:「有是乎! 由, 譬使仁者而必信, 安有伯夷·叔齊? 使知者而必行, 安有王子比干?」"라 함.

【江淮】江南과 淮水 지역. 기무잠의 고향이 강남이었으므로 이렇게 말한 것.

【寒食】《荊楚歲時記》에 "去冬節一百五日, 卽有疾風甚雨, 謂之寒食. ……晉介之推三月五日爲火所焚, 國人哀之, 每歲春暮不擧火, 謂之禁煙"이라 하였으며, 《鄴中記》에 의하면 3일간 불을 피우지 못하도록 하였다 함. 즉 冬至 다음 105일째 날로 대개 청명 전 1, 2일. 춘추시대 晉나라 介子推가 文公(重耳)을 따라 19년간 망명생활 중에 먹을 것이 떨어지자, 자신의 허벅지 살을 베어 살려 내었으나, 문공이 등극한 뒤 벼슬이 주어지지 아니하자, 介山(縣山, 지금의 山西 介休縣 동남쪽)으로 숨어 어머니를 봉양하고 살았음. 문공이 이를 알아차리고 그를 찾기 위해 수차례 사람을 보냈으나 나오지 않자, 산에 불을 놓아 나오도록 하고자 하였음. 이에 개자추가 타서 죽자, 그를 기념하여 그날은 불을 피우지 아니하도록 한 데서 유래되었다 함.(蔡邕

《琴操》卷下) 한편《十八史略》(1)에 "後世至文公, 霸諸侯. 文公名重耳, 獻公之次子也. 獻公嬖於驪姬, 殺太子申生, 而伐重耳於蒲. 重耳出奔, 十九年而後反國. 嘗餒於曹, 介子推割股以食之. 及歸賞從亡者, 孤偃・趙衰・顚頡・魏犨, 而不及子推. 子推之從者, 懸書宮門曰:「有龍矯矯, 頃失其所. 五蛇從之, 周流天下. 龍饑乏食, 一蛇刲股. 龍返於淵, 安其壤土. 四蛇入穴, 皆有處處. 一蛇無穴, 號于中野.」公曰:「噫! 寡人之過也.」使人求之, 不得. 隱綿上山中, 焚其山, 子推死焉. 後人爲之寒食. 文公環綿上田封之, 號曰介山"이라 함. 그러나 이미 周나라 때부터 봄에 화재를 예방하기 위하여 이러한 날을 정하여 불을 금하기 시작한 것으로 봄.《周禮》秋官 司烜氏에 의하면 仲春 때 목탁을 두드리며 나라 안에 불을 금하도록 한 기록이 있음. 그 외《太平御覽》(30)과 王三聘《古今事物考》(1),《荊楚歲時記》등을 참조할 것.

【京洛】洛陽. 周나라 때부터 東都로 삼아 서울 역할을 하였으며, 東周와 東漢 때에는 정식 도읍으로 삼았었음. 唐나라 때는 兩京 제도로 진사시험을 늘 長安과 洛陽 두 곳에서 함께 실시하였음.

【長安】지금의 장안. 친구 기무잠이 가는 길.

【同心】뜻이 같고 道가 합하는 친구.《詩經》邶風 谷風에 "習習谷風, 以陰以雨. 黽勉同心, 不宜有怒無衣"라 하였고,《周易》繫辭傳(上)에 "二人同心, 其利斷金; 同心之言, 其臭如蘭"라 함.

【桂棹】계수나무로 만든 배의 노.《楚辭》九歌 雲中君에 "桂棹兮蘭枻, 斲冰兮積雪. 采薜荔兮水中, 搴芙蓉兮木末"이라 하였으며 배를 지칭하는 말로 대신 쓰임.

【拂荊扉】옛 살던 집 사립문을 엶. 집으로 돌아감을 뜻함.

【帶行客】'손님처럼 귀향하는 그대를 고향의 멀리 산이나 길가에 있는 나무들이 함께 동행자처럼 길을 안내해 주다'의 뜻.

【落暉】떨어지는 석양의 빛.

【吾謀適不用】《左傳》文公 13년에 "晉人患秦之用士會也, 夏, 六卿相見於諸浮. 趙宣子曰:「隨會在秦, 賈季在狄, 難日至矣, 若之何?」中行桓子曰:「請復賈季, 能外事, 且由舊勳.」郤成子曰:「賈季亂, 且罪大, 不如隨會. 能賤而有恥, 柔而不犯, 其知足使也. 且無罪.」乃使魏壽餘僞以魏叛者, 以誘士會. 執其帑於晉, 使夜逸. 請自歸于秦, 秦伯許之. 履士會之足於朝. 秦伯師于河西, 魏人在東, 壽餘曰:「請東人之能與夫二三有司言者, 吾與之先.」使士會. 士會辭, 曰:「晉人, 虎狼也. 若背其言, 臣死, 妻子爲戮, 無益於君, 不可悔也.」秦伯曰:

「若背其言, 所不歸爾帑者, 有如河!」乃行. 繞朝贈之以策, 曰:「子無謂秦無人, 吾謀適不用也.」旣濟, 魏人譟而還. 秦人歸其帑. 其處者爲劉氏"의 고사를 원용한 것. 왕유가 기무잠을 추천하였으나, 마침 기회가 맞지 않아 제대로 성사되지 못하였음을 말함.

【知音】 자신을 알아주는 진정한 친구, 知己와 같음. 伯牙絶絃의 고사를 말함. 《列子》湯問篇에 "伯牙善鼓琴, 鍾子期善聽. 伯牙鼓琴, 志在登高山. 鍾子期曰:「善哉! 峩峩兮若泰山!」志在流水. 鍾子期曰:「善哉! 洋洋兮若江河!」伯牙所念, 鍾子期必得之"라 하였고,《呂氏春秋》本味篇에는 "伯牙鼓琴, 鍾子期聽之, 方鼓琴而志在太山, 鍾子期曰:「善哉乎鼓琴, 巍巍乎若太山」少選之間, 而志在流水, 鍾子期又曰:「善哉乎鼓琴, 湯湯乎若流水.」鍾子期死, 伯牙破琴絶弦, 終身不復鼓琴, 以爲世無足復爲鼓琴者"라 함. 그 외《韓詩外傳》(9) 및《說苑》(尊賢篇) 등에도 널리 실려 있음.

참고 및 관련 자료

1. 綦毋潛은 開元 14년(726)에 進士에 급제하였으므로, 이 시는 그 이전에 쓰인 것으로 위로의 진실한 말과 雄建한 격려가 함께 들어 있음.

2. 〈送綦毋祕書棄官還江東〉(王維《全唐詩》125)

明時久不達, 棄置與君同. 天命無怨色, 人生有素風. 念君拂衣去, 四海將安窮.
秋天萬里淨, 日暮澄江空. 淸夜何悠悠, 扣舷明月中. 和光魚鳥際, 澹爾兼葭叢.
無庸客昭世, 衰鬢日如蓬. 頑疏暗人事, 僻陋遠天聰. 微物縱可采, 其誰爲至公.
余亦從此去, 歸耕爲老農.

3. 韻脚은 歸·薇·非·衣·違·扉·暉·稀.

✿ 왕유(王維. 699~759)

1. 唐代 시인. 자는 摩詰, 山西 太原 祁縣 사람으로 뒤에 아버지를 따라 蒲州(지금의 山西 永濟縣)로 이주하여 河東人이라 알려지게 되었음. 唐 武后(則天武后) 聖曆 2년에 태어나 肅宗 建元 2년에 죽었으며 향년 61세. 21세에 進士에 올라 監察御史를 역임하였으며, 安祿山이 長安을 점령하였을 때 그를 억지로 給事中 벼슬을 주었음. 마침 안록산이 凝碧池에서 승리의 잔치를 할 때

梨園弟子들이 눈물을 흘리자 당시 菩提寺에 갇혀 있던 왕유는 "萬戶傷心生野煙, 百僚何日更朝天? 秋槐葉落深宮裡, 凝碧池頭奏管絃"이라는 시를 읊었으며, 난이 평정되고 이 시로 인해 죄를 용서받기도 하였음. 三絶(詩·書·畫)뿐 아니라 音律에도 뛰어났으며, 이에 蘇東坡는 "詩中有畫, 畫中有詩"라 칭하였음. 그의 그림은 南宗畫의 비조를 이루었고, 시는 맹호연과 이름을 나란히 하여 '王孟'이라 칭하였음. 초기에는 邊塞詩에 뛰어났으나, 만년에는 전원과 산수, 은일, 佛學에 심취하였음. 저서에 《王右丞集》6권이 있으며 《全唐詩》에 시 4권이 수록되어 있음. 그의 文集은 《新唐書》(藝文志)에 〈王維集〉10卷이 著錄되어 있으며, 《全唐集》에 詩 4卷(125~128)이 실려 있고, 《全唐詩續拾》에 2句가 補入되어 있음. 그 외에 詩集 《輞川集》이 있으며, 《舊唐書》(190, 下) 文苑傳 및 《新唐書》(202) 文藝傳(中)에 전이 있음.

2.《唐詩紀事》(16)

維, 字摩詰. 爲給事中, 遇祿山反, 賊平, 下遷太子中允, 三遷尙書右丞. 喪妻不娶, 孤居三十年. 母亡, 表輞川第爲寺. 終葬其西. 寶應中, 代宗語王縉曰:「朕嘗於諸王座, 聞維樂章, 今傳幾何?」遣中人往取. 縉裒集數百篇上之, 表曰:「臣兄文辭立身, 行之餘力, 當官堅正, 秉操孤直, 縱居要劇, 不忘清淨, 實見時輩, 許以高流. 至於晚年, 彌加進道, 端坐虛室, 念玆無生, 乘興爲文, 未嘗廢業.」詔答云:「卿之伯氏, 天下文宗, 位歷先朝, 名高曠代. 抗行周雅, 長揖楚詞. 調六氣於終篇, 正五音於逸韻. 泉飛藻思, 雲散襟情. 詩家者流, 時論歸美. 誦於人口, 久鬱文房; 謌以國風, 宜登樂府. 視朝之後, 乙夜將觀; 石室所藏, 歿而不朽. 柏梁之會, 今也則亡; 乃眷棣華, 克成編錄, 聲猷益茂, 歎息良深.」

3.《全唐詩》(125)

王維, 字摩詰, 河東人. 工書畫, 與弟縉俱有俊才. 開元九年, 進士擢第. 調太樂丞, 坐累爲濟州司倉參軍. 歷右拾遺·監察御史·左補闕·庫部郎中. 拜吏部郎中. 天寶末, 爲給事中. 安祿山陷兩都, 維爲賊所得. 服藥陽瘖, 拘于菩提寺. 祿山宴凝碧池, 維潛賦詩悲悼. 聞于行在, 賊平. 陷賊官三等定罪, 特原之. 責授太子中允, 遷中庶子·中書舍人. 復拜給事中. 轉尙書右丞. 維以詩名盛於開元·天寶間, 寧薛諸王駙馬豪貴之門, 無不拂席迎之. 得宋之問輞川別墅, 山水絶勝. 與道友裴迪, 浮舟往來, 彈琴賦詩, 嘯詠終日. 篤於奉佛, 晚年長齋禪誦. 一日, 忽索筆作書數紙, 別弟縉及平生親故, 舍筆而卒. 贈秘書監. 寶應中, 代宗問縉:「朕常於諸王坐問維樂章, 今存幾何?」縉集詩六卷, 文四卷. 表上之, 勅答云:「卿伯氏位列先朝, 名高希代. 抗行周雅, 長揖楚辭. 詩家者流, 時論

歸美. 克成編錄. 歎息良深.」殷璠謂維詩詞秀調雅, 意新理愜. 在泉成珠,
著壁成繪. 蘇軾亦云:「維詩中有畫, 畫中有詩也.」今編詩四卷.

4.《唐才子傳》(2) 王維

維, 字摩詰, 太原人. 九歲知屬辭, 工草隸, 閑音律, 岐王重之, 維將應舉, 岐王謂
曰:「子詩清越者, 可錄數篇, 琵琶新聲, 能度一曲, 同詣九公主第.」維如其言.
是日, 諸伶擁維獨奏, 主問何名, 曰:「〈鬱輪袍〉」, 因出詩卷. 主曰:「皆我習諷,
謂是古作, 乃子之佳製乎?」延於上座曰:「京兆得此生爲解頭, 榮哉!」力薦之.
開元十九年狀元及第, 擢左拾遺, 遷給事中. 賊陷兩京, 駕出幸, 維扈從不及,
爲賊所擒, 服藥稱瘖病. 祿山愛其才, 逼至洛陽供舊職, 拘於普施寺. 賊宴凝碧池,
悉召梨園諸工合樂, 維痛悼賦詩曰:「萬戶傷心生野烟, 百官何日再朝天? 秋槐
花落空宮裏, 凝碧池頭奏管絃」詩聞行在所, 賊平後, 授僞官者皆定罪, 獨維
得免. 仕至尚書右丞. 維詩入妙品上上, 畫思亦然. 至山水平遠, 雲勢石色, 皆天
機所到, 非學而能. 自爲詩云:「當代謬詞客, 前身應畫師」後人評維:「詩中有畫,
畫中有詩」, 信哉! 客有以〈按樂圖〉示維者, 曰:「此〈霓裳〉第三疊最初拍也.」
對曲果然. 篤志奉佛, 蔬食素衣, 喪妻不再娶, 孤居三十年. 別墅在藍田縣南輞川,
亭館相望. 嘗自寫其景物奇勝, 日與文士邱爲·裴迪·崔興宗遊覽賦詩, 琴樽自樂.
後表宅請以爲寺. 臨終, 作書辭親友, 停筆而化. 代宗訪維文章, 弟縉集賦詩等
十卷上之, 今傳於世.

010

〈送別〉 .... 王維

송별

말에서 내려 그대에게 한 잔의 술을 권하며,
묻노니 "그대는 어디로 가려 하는가?"
그대 말하길 "세상에 뜻을 얻지 못하여,
남산 기슭으로 돌아가 은거하려 한다오."
다만 그대 떠난 뒤엔 다시 소식 없어도,
그 산에 흰 구름 사라질 때는 없으리.

下馬飮君酒, 問君何所之?
君言不得意, 歸臥南山陲.
但去莫復聞, 白雲無盡時.

【歸臥】 은거함을 말함. '臥'는 은거를 대신하는 말로 쓰임.
【南山】 終南山.
【但去莫復聞】 '聞'자는 坊間本에 모두 '問'으로 되어 있으나 〈四部叢刊本〉
《王右丞集》에 의하여 고침.

【白雲無盡時】南朝 陶宏景(陶弘景: 457~537)이 句曲山에 은거하여 스스로 호를 '華陽隱居'라 하면서 梁 武帝가 여러 차례 불렀으나 벼슬에 나가지 않다가 다시, 齊 武帝가 부르자 〈詔問山中何所有賦詩以答〉이라는 시로써 "山中何所有? 嶺上多白雲. 只可自怡悅, 不堪持贈君"이라 하였음. 여기서는 '거기도 그 나름대로 自樂할 만한 곳임. 불우하다고 여기지 말 것'을 당부함과 아울러 '자신도 은거하고 싶다'는 뜻을 은근히 비친 것임.

【참고 및 관련 자료】

1. 구체적으로 누구인지는 알 수 없으나 終南山에 은거하고자 하는 친구를 보내며 대화체로 읊은 것임.

2. 淸 吳喬의 《圍爐詩話》에 "王右丞五古, 盡善盡美矣, 觀〈送別〉篇, 可入三百"이라 함.

3. 淸 沈德潛의 《唐詩別裁》에는 "白雲無盡, 足以自樂, 勿言不得意也"라 함.

4. 韻脚은 之·陲·時.

王維(摩詰)《晚笑堂畫傳》

011

⟨青溪⟩ ·· 王維

청계

황화천에 들어오면,
매번 청계를 따라 가게 마련.
물은 산을 따라 만 번이나 돌았건만,
간 길 거리는 백 리도 안 된다네.
마구 깔린 돌 가운데로 물소리 시끄럽고,
깊은 솔 숲 속에 물 색깔은 조용하네.
넘실넘실 물에는 마름 풀들 떠다니고,
맑고 맑은 물속엔 갈대 모습 비치도다.
내 마음 본디 한가롭기에,
맑은 냇물 담박함도 이와 같은 것.
청하건대 저 반석 위에 머물러,
낚싯대 드리우고 한평생을 마쳤으면.

言入黃花川, 每逐靑溪水.
隨山將萬轉, 趣途無百里.
聲喧亂石中, 色靜深松裏.

漾漾泛菱荇, 澄澄映葭葦.
我心素已閑, 清川澹如此.
請留盤石上, 垂釣將已矣.

【靑溪】물 이름. 沮水의 지류이며 지금의 陝西 沔縣 동쪽을 흐름.
【言】'言'은 뜻이 없는 發語詞.
【黃花川】시내 이름. 陝西 鳳縣 동북 십리에 있음. 靑溪와 서로 통함.《通典》
에 "鳳州黃花縣有黃花川"이라 함.
【趣】'趨'는 같음.
【菱荇】水草의 일종. 마름풀.
【葭葦】갈대. 蒹葭, 蘆葦와 같음.
【盤石】큰 돌.
【垂釣】낚싯대를 드리움. 은거를 의미함.
【將已矣】장차 그러한 생활로 일생을 마쳤으면 함.

참고 및 관련 자료

1. 이는 開元 25년(737) 王維가 監察御史로써 河西節度使 幕府로 가는 길에
지은 것임.
2. 韻脚은 水·里·裏·葦·此·矣.

012
〈渭川田家〉 ·· 王維
위천의 농막

석양이 시골집 촌락을 비치니,
궁벽한 골목으로 소와 양이 돌아오네.
촌 늙은이 목동을 염려하여,
지팡이에 의지한 채 사립문에서 기다리네.
장끼 울음소리에 보리 이삭 패어나고,
누에가 잠이 드니 뽕밭에 뽕잎이 드물구나.
농부들 호미 들고 돌아가다 마주 서서,
이런 얘기 저런 얘기 헤어질 줄 몰라하네.
이런 모습에 한가하고 편안함이 부러워,
창연히 시경 〈식미〉 구절 읊어 보네.

斜陽照墟落, 窮巷牛羊歸.
野老念牧童, 倚杖候荊扉.
雉雊麥苗秀, 蠶眠桑葉稀.
田夫荷鋤立, 相見語依依.
卽此羨閑逸, 悵然吟式微.

【渭川】渭水를 가리킴. 甘肅 渭源縣에서 발원하여 지금의 陝西 鳳翔, 西安
(長安), 朝邑을 거쳐 潼關에 이르러 黃河와 합류함.

【田家】村莊. 농촌의 농막. 은거하는 곳.

【墟落】시골 촌락.

【羊歸】《詩經》君子于役에 "日之夕兮, 牛羊下來"라 함.

【雉雊】꿩의 울음. '雊'는 장끼의 울음소리를 말함. 꿩이 울 때면 보리가
이삭을 토하기 시작함.

【秀】곡물의 출수(出穗)를 말함.

【蠶眠】누에는 네 번 잠을 자고 나서 고치를 만듦. 누에가 잠자기 전 많은
뽕잎을 먹은 다음이라 뽕밭의 뽕잎이 드물어졌음을 말함.

【依依】헤어지기 섭섭하여 망설이는 모습을 표현한 것.

【式微】《詩經》邶風 式微의 구절. '式微式微, 胡不歸? 微君之故, 胡爲乎中露'
라 하였으며 이는 신하가 공을 세운 다음 어서 고향으로 돌아가고 싶은
심정을 읊은 것이라 함.

참고 및 관련 자료

1. 開元 24년 王維의 정신적 의지 대상이었던 張九齡이 재상에서 물러나자,
왕유는 은거를 결심하고 開元 29년(741) 쯤 終南山에 별장을 짓고 드디어
은거에 들어갔을 때 지은 것으로 보임.

2. 明 王夫之의 《唐詩評選》에 "通篇用'卽此'二字括收, 前八句皆情語, 非景語,
屬詞命篇, 總與建安以上合轍"이라 함.

3. 韻脚은 歸·扉·稀·依·微.

013

〈西施詠〉 ·· 王維

서시를 노래함

요염한 미색은 천하 사람에게 중시되는 것,
서시 같은 미인이 어찌 오래도록 미천한 채 있으랴?
아침에는 월계에서 연밥 따던 처녀가
저녁에는 오나라 궁궐의 왕비가 되었다네.
미천할 때 남과 다른 것이 무엇이던가?
귀해지자 비로소 세상에서 드문 줄 알았다네.
사람 불러 연지와 분을 바르고,
비단옷도 제 손으로 입지 않는 귀한 신분.
오왕이 총애할수록 더욱 교태로운 몸짓이요,
오왕이 사랑할수록 옳고 그름 없이 모두 받아 주네.
지난날 비단 빨래 함께 하던 고향 처녀들,
수레 함께 탈 사람 아무도 없네.
총애 받는 원인 이웃여자에게 알려 준들,
찡그림조차 흉내낸다고 어찌 그렇게 될 수 있으랴?

艶色天下重, 西施寧久微?
朝爲越溪女, 暮作吳宮妃.

賤日豈殊衆? 貴來方悟稀.

邀人傳脂粉, 不自著羅衣.

君寵益嬌態, 君憐無是非.

當時浣紗伴, 莫得同車歸.

持謝鄰家子, 效顰安可希?

【西施】春秋 말 越나라의 美女. 성은 施, 이름은 夷光. 苧蘿山(지금의 浙江 諸暨縣 남쪽) 아래에서 숯을 굽던 숯쟁이 집의 딸이었으나, 자색이 뛰어나 吳越抗爭의 와중에 美人計에 이용되어 '西施習步'라는 교태로운 걸음걸이 까지 익힌 다음, 越王 句踐이 范蠡로 하여금 吳王 夫差에게 바치도록 하였음. 오왕 부차가 심히 총애하였으며, 그로 인해 오나라가 망하는 계기를 이루 었음. 뒤에 범려가 그를 태우고 五湖로 사라졌다 함.

【詠】詩體의 하나. 노래를 읊듯이 표현한 것임.

【越溪】若耶溪라는 냇물. 지금의 浙江 紹興縣 동남쪽에 있음. 서시는 미천할 때 越溪에서 蓮밥을 따던 평범한 처녀였음.

【吳宮】오왕 부차의 궁궐. 오왕이 특별히 서시를 위해 세운 宮으로, 香徑과 響屧廊까지 만들었다 함. 지금의 江蘇 吳縣 靈巖山에 그 유지가 있음.

【無是非】옳고 그름에 관계없이 어떤 요구든지 모두 들어 줌.

【浣紗】비단을 세탁함. 서시가 미천할 때 회계성의 동쪽에서 비단 빨래를 했던 곳. 《太平寰宇記》에 "諸暨縣有苧蘿山, 山下有石跡水, 是西施浣紗之所. 浣紗石猶存"이라 함.

【持謝】부름을 받고 떠날 때 자신이 발탁된 이유를 알려 줌.

【效顰】그대로 흉내냄. '顰'은 '矉''嚬'등과 같으며, 혹 일부본에는 '矉'으로 되어 있음. '가슴이 아파 이마(눈썹)를 찡그림.'그러한 모습까지 흉내내어 자신도 예뻐지고자 함. '嚬矉', '響矉', '效矉'등과 같음.《莊子》天運篇에 "西施病心而矉其里, 其里之醜人見之而美之, 歸亦捧心而矉其里. 其里之富人 見之, 堅閉門而不出, 貧人見之, 挈妻子而去走. 彼知矉美, 而不知矉之所以美. 惜乎, 而夫子其窮哉!"라 함.

1. 이는 임금에게 사랑받고자 하는 천박한 이들을 풍자함과 아울러, 자신의 고절한 뜻을 술회한 것으로 봄.

2. 淸 吳喬의 《圍爐詩話》에 "唐人詩意, 不必在題中. 如右丞〈息夫人怨〉云: 『莫以今時寵, 能忘舊日恩. 看花滿眼淚, 不共楚王言.』 使無稗說載其爲寧王奪餠師妻作, 後人何從知之? 可見〈西施篇〉之『賤日豈殊衆? 貴來方悟稀. 邀人傅脂粉, 不自著羅衣. 君寵益嬌態, 君憐無是非』. 當是爲李林甫·楊國忠·韋堅·王鉷輩而作"이라 함.

3. 淸 沈德潛의 《唐詩別裁》에는 "寫盡炎凉之眼界, 不爲題縛, 乃臻斯旨. 入後人手, 徵引故實而已"라 함.

4. 淸 趙殿成의 《王右丞集箋注》에는 "『賤日豈殊衆』二言, 古人極稱佳句, 然愚意不及『君寵益嬌態』二言尤工. 四言之義, 俱爲慨詞, 然出之於沖和, 遂不覺諷諷乎爲入耳之音. 誠有合於諷人之旨也哉!"라 함.

5. 韻脚은 微·妃·稀·衣·非·歸·希.

014

〈秋登萬山寄張五〉 ································· 孟浩然
가을에 만산에 올라 장오에게 부침

그대 있는 저 북산의 흰 구름 속에,
은거하고 있는 그대 스스로 즐거움에 젖어 있겠구려.
그대 그리며 바라보고자 내 시험삼아 산에 올랐더니,
마음은 날아가는 기러기 따라 먼 곳으로 사라진다오.
수심은 저녁 옅은 어스름으로 인해 일어나고,
감흥은 맑은 가을이기에 피어나는구려.
저기 때때로 마을로 돌아가는 사람이 보이나니,
시냇가 모래밭을 걷더니 나루터에서 멈추는구려.
하늘 끝 저쪽 나무는 마치 냉이처럼 작게 보이고,
강가의 모래섬은 마치 초승달 같은 모습이라오.
언제 우리 술을 싣고 서로 찾아와,
중양절에 함께 취해 볼 수 있을지?

北山白雲裏, 隱者自怡悅.
相望試登高, 心隨雁飛滅.
愁因薄暮起, 興是淸秋發.

時見歸村人, 沙行渡頭歇.
天邊樹若薺, 江畔洲如月.
何當載酒來, 共醉重陽節?

【萬山】 원작에는 '蘭山'으로 되어 있으나 《孟襄陽集》에는 '萬山'으로 되어 있음. 산 이름 湖北 襄陽에 있음.

【寄】 詩體의 하나. 寄贈하는 형식을 빌려 짓는 것.

【張五】 맹호연의 친구 張諲. 자는 子容. 刑部員外郎에 올랐으며 시와 그림에 모두 뛰어났다 함. '五'는 그 집안에서의 排行 차례에 따라 부르던 당시 稱號 방법.

【北山】 萬山을 가리킴. 그곳의 南山(峴山)과 마주하고 있어 이렇게 부른 것. 張五가 隱居하였던 곳.

【怡悅】 편안하고 즐거움. 南朝 陶宏景(陶弘景: 457~537)이 句曲山에 은거하여 스스로 호를 '華陽隱居'라 하면서 梁 武帝가 여러 차례 불렀으나 벼슬에 나가지 않다가 다시 齊 武帝가 부르자 〈詔問山中何所有賦詩以答〉이라는 시로써 "山中何所有? 嶺上多白雲. 只可自怡悅, 不堪持贈君"이라 하였음.

【試登高】 다른 판본에는 '始登高'로 되어 있음. 친구가 그리워 시험삼아 높은 곳에 올라 바라봄을 뜻함.

【沙行】 《孟襄陽集》에는 '平沙'로 되어 있음. 강가 언덕에 평평하게 펼쳐진 모래밭을 뜻함.

【渡頭歇】 사람들이 나룻가에까지 와서 배를 기다리고자 머물러 그침.

【薺】 아득히 멀리 보여 나무가 마치 냉이풀처럼 작게 보임. 〈羅浮山記〉에 "望平地樹如薺"라 하였고, 梁 戴暠의 시에도 "長安樹如薺"라 하였으며, 隋나라 薛道衡의 시에도 "遙原樹若薺, 江畔舟如葉"이라 함.

【重陽節】 음력 9월 9일. '九'는 '陽'으로 여겨 '陽'이 겹쳤다 하여 重陽節이라 부름. 《續齊諧記》에 《續齊諸記》에 "汝南桓景隨費長房學, 長房謂曰: '九月九日汝家當有災厄, 急宜去. 令家人各作絳囊盛茱萸而繫臂, 登高, 飮菊花酒, 此禍可消.」 景如言, 夕還, 見鷄犬牛羊一時暴死"라 함.

1. 이는 가을이 되어 멀리 있는 친구의 은거지를 그리워하며 산에 올라 그 풍경과 감회를 읊은 것임.

2. 韻脚은 悅·滅·歇·月·節.

❋ 맹호연(孟浩然: 689~740)

1. 唐代 시인. 본명은 알 수 없으며 이름대신 자로써 널리 알려져 있음. 襄州 襄陽(지금의 湖北 襄陽) 출신으로 武后 永昌 원년에 태어나 玄宗 開元 28년에 생을 마침. 젊을 때 鹿門山에 은거하다가 40이 넘어 서울 長安으로 와서 진사 시험에 응시하였으나 실패하였음. 王維가 그의 재능을 깊이 인정하였고, 張九齡이 荊州를 다스릴 때 그를 불러 從事로 삼았음. 五言 小詩에 능하였고 전원과 은일을 주제로 한 시들이 뛰어남. 당시 왕유와 병칭하여 '王孟'이라 불렸으며 성당 田園詩派의 대표적인 시인으로 알려졌음. 그의 시는 《新唐書》(藝文志)에 《孟浩然詩集》3卷이 著錄되어 있고, 지금 전하는 宋刻本도 역시 3卷임. 그리고 宜城 王士源의 《孟浩然集》에 序가 전하며 《全唐詩》(卷159·160)에 그의 詩 2卷이 실려 있음. 《全唐詩外編》및 《全唐詩續拾》에 詩 2首와 斷句 6句가 補入되어 있음. 《舊唐書》(190, 下) 文苑傳(下)과 《新唐書》(203) 文藝傳(下)에 전이 실려 있음.

2. 《唐詩紀事》(23) 王士源의 序文을 근거로 한 것.

孟浩然, 襄陽人也. 骨貌淑清, 風神散朗. 救患釋紛以立義, 灌園藝圃以全高. 交遊之中, 通脫傾蓋, 機警無匿. 學不攻儒, 務掇菁華; 文不按古, 匠心獨妙. 五言詩天下稱其盡善. 閑游秘省, 秋月新霽, 諸英聯詩, 次當浩然, 句曰:『微雲淡河漢, 疎雨滴梧桐.』擧座嗟其清絶, 咸以之閣筆, 不復爲繼. 丞相范陽張九齡·侍御史京兆王維·尙書侍郎河東裴脁·范陽盧譔·大理評事河東裴總·華陰太守滎陽鄭倩之·太守河東獨孤策, 率與浩然爲忘形交. 山南採訪使太守昌黎韓朝宗謂浩然閎深詩律, 寘諸周行, 必詠穆如之頌. 因入秦與偕行, 先揚于朝, 約日引謁, 後期, 浩然叱曰:「業已飲矣, 身行樂耳, 遑恤其他!」遂畢飲不赴, 由是聞罷, 浩然不之悔也. 其好學忘名如此. 王士源他時嘗筆讚之曰:「導漾炳靈, 實生楚英. 浩然清發, 亦自其名.」開元二十八年, 王昌齡遊襄陽, 時浩然疾發背且愈, 相得歡飲. 浩然宴謔, 食鮮疾動, 終於南園. 年五十有二. 子儀甫. 浩然每爲詩, 佇興而作, 故或遲. 行不爲飾, 動求眞適, 故似誕. 遊不爲利, 期以放情, 故常貧. 名不繫於選部, 聚不盈擔石, 雖屢空不給, 自若也.

○ 皮日休〈孟亭記〉云:「明皇世, 章句之風, 大得建安體, 論者推李翰林·杜工部爲尤. 介其間能不愧者, 惟吾鄕之孟先生也. 先生之作, 遇景入詠, 不鉤奇抉異, 令齷齪束人口者, 涵涵然有干霄之興, 若公輸氏當巧而不巧者也. 北齊美蕭慤『芙蓉露下落, 楊柳月中疎』, 先生則有『微雲澹河漢, 疎雨滴梧桐』. 樂府美王融『日霽沙嶼明, 風動甘泉濁』, 先生則有『氣蒸雲夢澤, 波動岳陽城』. 謝朓之詩句精者, 有『露濕寒塘草, 月映淸淮流』, 先生則有『荷風送香氣, 竹露滴淸聲』. 此與古人爭勝於毫釐也.」

○ 明皇以張說之薦召浩然, 令誦所作. 乃誦:『北闕休上書. 南山歸弊廬. 不才明主棄, 多病故人疏. 白髮催年老, 靑陽逼歲除. 永懷愁不寐, 松月夜窗虛.』帝曰:「卿不求仕, 豈朕棄卿? 何不云:『氣蒸雲夢澤, 波撼岳陽城?』因是故棄.」

○ 傳曰: 張九齡爲荊州, 辟置于府, 罷. 開元末, 病疽背卒. 後樊澤爲節度使, 時浩然墓碑壞, 符載以牋叩澤曰:「故處士孟浩然, 文質傑美, 殞落歲久, 門裔陵遲, 丘隴頹沒, 永懷若人, 行路慨然. 前公欲更築大墓, 闔州搢紳. 聞風竦動, 而今外迫軍旅, 內勞賓客, 牽耗歲時, 或有未遑, 誠令好事者乘而有之, 負公夙志矣.」澤乃更爲刻碑鳳林山南, 封寵其墓. 初, 王維過郢州, 畫浩然像于刺史亭, 因曰浩然亭. 咸通中, 刺史鄭諴謂賢者不可斥其名, 更曰孟亭.

○ 殷璠云:「余嘗謂禰衡不遇, 趙壹無祿, 其過在人. 及觀襄陽孟浩然, 磬折謙退, 才名日高, 天下籍甚. 竟淪落明代, 終於布衣, 悲夫! 予方知命矣! 且浩然詩文, 華采蔈茸, 經緯綿密, 半遵雅調, 全削凡體. 至如『衆山遙對酒, 孤嶼共題詩』, 無論興象, 復兼故實. 又『氣蒸雲夢澤, 波動岳陽城』, 亦爲高唱也.」

3.《全唐詩》(159)

孟浩然, 字浩然, 襄陽人. 少隱鹿門山, 年四十, 乃遊京師. 常於太學賦詩, 一坐嗟伏, 與張九齡·王維爲忘形交. 維私邀入內署, 適明皇至, 浩然匿牀下. 維以實對, 帝喜曰:「朕聞其人而未見也.」詔浩然出, 誦所爲詩, 至『不才明主棄』. 帝曰:「卿不求仕, 朕未嘗(常)棄卿, 奈何誣我?」因放還, 採訪使韓朝宗約浩然偕至京師, 欲薦諸朝, 會與故人劇飮懽甚·不赴. 朝宗怒, 辭行, 浩然亦不悔也. 張九齡鎭荊州, 署爲從事. 開元末, 疽發背卒. 浩然爲詩, 佇興而作, 造意極苦, 篇什旣成, 浩削凡近, 超然獨妙. 雖氣象淸遠, 而采秀內映, 藻思所不及, 當明皇時, 章句之風大得建安體. 論者推而爲尤, 介其間能不愧者, 浩然也. 集三卷, 今編詩二卷.

4.《唐才子傳》(2) 孟浩然

浩然, 襄陽人. 少好節義, 詩工五言. 隱鹿門山, 即漢龐公棲隱處也. 四十遊京師
諸名士間. 嘗集秘省聯句, 浩然曰:「微雲淡河漢, 疏雨滴梧桐」衆欽服. 張九齡・
王維極稱道之. 維待詔金鑾, 一旦私邀入, 商較風雅, 俄報玄宗臨幸, 浩然錯愕,
伏匿牀下, 維不敢隱, 因奏聞. 帝喜曰:「朕素聞其人, 而未見也.」詔出, 再拜,
帝問曰:「卿將詩來耶?」對曰:「偶不齎」即命吟近作, 誦至「不才明主弃, 多病
故人疎」之句, 帝慨然曰:「卿不求仕, 朕何嘗棄卿? 奈何誣我!」因命放還南山.
後張九齡署爲從事. 開元末, 王昌齡遊襄陽, 時新病起, 相見甚歡, 浪情宴謔,
食鮮勤疾而終. 古稱禰衡不遇, 趙壹無祿. 觀浩然磬折謙退, 才名日高, 竟淪明代,
終身白衣, 良可悲夫! 其詩, 文采丰茸, 經緯綿密, 半遵雅調, 全削凡近. 所著
三卷, 今傳. 王維畫浩然像於郢州, 爲『浩然亭』. 咸通中, 鄭誠謂賢者名不可斥,
更名曰『孟亭』, 今存焉.

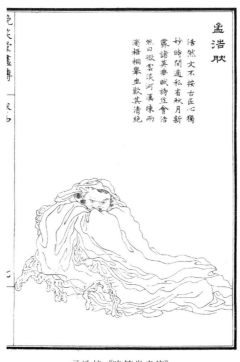

孟浩然《晚笑堂畫傳》

015

〈夏日南亭懷辛大〉 ·························· 孟浩然

여름날 남정에서 신대를 그리워하며
산속의 해는 홀연히 서쪽으로 지고,

연못의 달은 점점 동쪽에서 떠오르네.
머리 풀어 편한 자세로 저녁 서늘함을 들이고자
창문을 열고 한가로이 시원하게 누웠노라.
연꽃을 스친 바람 향기를 보내오고,
댓잎의 이슬방울 맑은 소리 들려오네.
거문고를 잡고 타보자 하다가
감상해 들어 줄 이 없음에 한스럽게 여기도다.
이런 감흥에 친구를 생각하니,
한밤이 되도록 그대 그리움에 꿈길도 노고롭다오.

山光忽西落, 池月漸東上.
散髮乘夕涼, 開軒臥閑敞.
荷風送香氣, 竹露滴清響.
欲取鳴琴彈, 恨無知音賞.
感此懷故人, 中宵勞夢想.

【南亭】지명, 혹은 남쪽의 정자. 구체적으로는 알 수 없음.

【辛大】辛諤. '大'는 排行이 첫째인 사람. 맹호연의 〈西山尋辛諤〉이라는 시가 있음.

【山光】산 결으로 비껴 비치는 해 그림자.

【散髮】비녀도 꽂지 아니하고 관도 쓰지 않은 아주 편안한 상태.

【乘夕涼】'乘'은 '納'과 같음. 納涼의 의미.

【開軒】'軒'은 창을 가리킴.

【知音】자신을 알아주는 진정한 친구, 知己와 같음. 伯牙絶絃(伯牙絶弦)의 고사를 말함. 《列子》湯問篇에 "伯牙善鼓琴, 鍾子期善聽. 伯牙鼓琴, 志在登高山. 鍾子期曰:「善哉! 峩峩兮若泰山!」志在流水. 鍾子期曰:「善哉! 洋洋兮若江河!」伯牙所念, 鍾子期必得之"라 하였고, 《呂氏春秋》本味篇에는 "伯牙鼓琴, 鍾子期聽之, 方鼓琴而志在太山, 鍾子期曰:「善哉乎鼓琴, 巍巍乎若太山」少選之間, 而志在流水, 鍾子期又曰:「善哉乎鼓琴, 湯湯乎若流水.」鍾子期死, 伯牙破琴絶弦, 終身不復鼓琴, 以爲世無足復爲鼓琴者"라 함. 그 외 《韓詩外傳》(9) 및 《說苑》(尊賢篇) 등에도 널리 실려 있음.

【中宵】밤중.

【勞】노심초사. 여러 생각에 잠김.

참고 및 관련 자료

1. 일부 판본에는 〈夏夕南亭懷辛大〉로 되어 있음.

2. 沈德潛의 《唐詩別裁》에 "荷風竹露, 佳境亦佳句也. 外又有『微雲淡河漢, 疏雨滴梧桐』句, 一時歎爲淸絶"이라 함.

3. 韻脚은 上·敞·響·賞·想.

016

<宿業師山房待丁大不至> ································· 孟浩然

업사산방에서 자면서
정대를 기다렸으나 오지 않음

석양이 서산으로 건너가고,
뭇 골짜기 갑자기 이미 어두워졌구나.
소나무에 걸린 달은 밤 서늘함을 만들어 내고,
바람 속 샘물에는 맑은 소리 가득하네.
나무꾼들도 이미 모두 돌아가 남은 이 없고,
저녁 안개 속에 새들도 깃을 접고 자리를 잡네.
그대와 약속하여 이 밤 함께 보내고자 하였기에,
나 홀로 거문고 타며 송라 덮인 오솔길을 기다리네.

夕陽度西嶺, 群壑倏已暝.
松月生夜涼, 風泉滿淸聽.
樵人歸欲盡, 煙鳥棲初定.
之子期宿來, 孤琴候蘿徑.

【業師】 법명이 業師인 승려. 師는 승려를 높이 부르는 말. 業上人.

【丁大】 丁鳳. 맹호연의 〈送丁大鳳進士赴擧呈張九齡〉이라는 시가 있음. '大'는 排行이 첫째인 사람.

【倏】 '갑자기'의 뜻. 음은 '숙.'

【煙鳥】 저녁 안개(내, 煙霧) 속에 돌아가는 새.

【之子】 지는 '是·此·玆·斯'등과 같음. '이 사람', 丁大를 가리킴.

【蘿徑】 蘿는 '靑蘿·松蘿·女蘿.' 絲狀攀援의 덩굴식물의 일종. 그러한 덩굴식물이 뻗어 덮고 있는 오솔길.《楚辭》山鬼에 "披薜蘿兮帶女蘿"라 함.

참고 및 관련 자료

1. 이는 業師라는 승려의 山房에서 함께 유숙하기로 한 丁鳳이라는 친구를 기다리며 감회를 읊은 것임.

2. 沈德潛의 《唐詩別裁》에 "山水淸音, 悠然自遠, 末二句見不至意"라 함.

3. 韻脚은 暝·聽·定·徑.

孟浩然

017

<同從弟南齋玩月憶山陰崔少府> ···················· 王昌齡

종제와 〈남재에서 달구경하면서
산음의 최소부를 그리워함〉을 함께 시제로 함

남재에 높이 누워 한가히 있는 이때,
창문의 발을 열자 달이 막 떠오르네.
맑은 달빛 담담히 나무와 물에 비치고,
찰랑찰랑 물결은 창 앞에서 흔들리네.
흐르는 세월 속에 달은 몇 번이나 차고 기울었으며,
맑고 맑은 달빛 속에 고금은 얼마나 변했는가!
그리운 그대는 맑은 강가에 있으련만,
이 밤 고향 생각에 장석 같은 괴로움에 젖어 있겠지.
천 리나 떨어져 달을 함께 보는 그 심정 어떠할까?
미풍이 난초와 두약에 불어오듯 고고한 그대 모습이리.

高臥南齋時, 開帷月初吐.
淸輝淡水木, 演漾在窗戶.
荏苒幾盈虛, 澄澄變今古!
美人淸江畔, 是夜越吟苦.
千里共如何? 微風吹蘭杜.

【同】같은 詩題를 두고 함께 시를 지어 보는 시작법의 하나. 즉 '〈南齋玩月懷山陰崔少府〉라는 詩題로 종제인 王銷와 함께 시를 지어 보다'의 뜻.

【從弟】堂弟. 육촌의 아우.《全唐詩》의 주에 이름을 銷(王銷)라 함.

【南齋】남쪽 서재. 齋는 齋室, 書齋.

【山陰】지금의 浙江 紹興. 고대 會稽郡에 속함.

【崔少府】崔國輔. 少府는 縣尉를 부르던 칭호. 당시 그가 山陰縣 縣尉를 하고 있었음. 崔國輔는 開元·天寶 연간의 詩人.《唐詩紀事》(15)에 "國輔, 明皇時應縣令擧, 授許昌令, 集賢直學士, 禮部員外郎. 坐王鉷近親, 貶晉陵郡司馬"라 하였으며,《全唐詩》(119) 및《唐才子傳》(2)에 小傳이 있음.

【淸輝】맑은 달빛.

【演漾】넘실거리는 물결.

【荏苒】세월이 흘러감을 뜻하는 雙聲連綿語. 일부 본에는 '苒苒'으로 되어 있음.

【美人】그리워하는 사람을 가리킴.

【越吟苦】越나라 사람 장석(莊舃)이 楚나라에 벼슬하다가 병이 나자, 고향이 그리워 越나라 말을 중얼거렸다 함. 思鄕病을 뜻함.《史記》張儀傳에 "韓·魏相攻, 期年不解. 秦惠王欲救之, 問於左右. 左右或曰救之便, 或曰勿救便, 惠王未能爲之決. 陳軫適至秦, 惠王曰:「子去寡人之楚, 亦思寡人不?」陳軫對曰:「王聞夫越人莊舃乎?」王曰:「不聞.」曰:「越人莊舃仕楚執珪, 有頃而病. 楚王曰:『舃故越之鄙細人也, 今仕楚執珪, 貴富矣, 亦思越不?』中謝對曰:『凡人之思故, 在其病也. 彼思越則越聲, 不思越則楚聲.』使人往聽之, 猶尙越聲也. 今臣雖弃逐之楚, 豈能無秦聲哉!」惠王曰:「善.」"이라 한 고사를 원용한 것.

【千里】謝莊의〈月賦〉에 "美人邁兮音塵絶, 隔千里兮共明月"이라 함.

【蘭杜】蘭草와 杜若. 모두 香草의 이름.《周易》繫辭(上)에 "二人同心, 其利斷金; 同心之言, 其臭如蘭"이라 하였고,《楚辭》湘君에 "采芳洲之杜若, 將以遺兮下女"라 함.

참고 및 관련 자료

1. 이는 開元 연간 왕창령이 자신의 종제와 함께 달을 감상하며 山陰의 崔國輔를 그리워 같은 제목으로 읊어 본 것임.

2. 淸 沈德潛의 《唐詩別裁》에 "古人對月時, 每有盈虛古今之感"이라 함.

3. 韻脚은 吐·戶·古·苦·杜.

❀ 왕창령(王昌齡: 698~765. 혹 ?~756?, 698~757)

1. 자는 少伯, 山西 太原(혹 江寧) 사람. 進士에 급제하여 秘書郞을 거쳐 氾水尉를 지냈으며 江寧丞에 올랐음. 王之渙, 高適과 詩友로 친히 지냈으며, 邊塞詩와 宮怨詩에 능하였음. 특히 七言絶句에 뛰어나 '七言聖手'라 불리기도 하였음. 만년에는 제멋대로 행동하다가 龍標尉로 좌천되었음. 그 때문에 흔히 '王江寧', '王龍標'라 불림. 뒤에 벼슬을 버리고 안사의 난에 강동을 헤매다가 그곳에서 湖州刺史 閭丘曉에게 미움을 받아 피살되고 말았음. 그의 시는 《全唐詩》(140~143)에 4卷이 편집, 수록되어 있고, 《全唐詩外編》 및 《全唐詩續拾》에는 4首와 斷句 4句가 補入되어 있음. 《舊唐書》(190, 下)와 《新唐書》(203)에 전이 있음.

2. 《唐詩紀事》(24)

昌齡, 字少伯, 江寧人. 中第, 補校書郞. 又中博學宏辭科, 遷氾水尉. 不護細行, 世亂還鄕里, 爲刺史閭丘曉所殺. 工詩, 緖密而思淸, 時謂王江寧.

3. 《全唐詩》(140)

王昌齡, 字少伯, 京兆人. 登開元十五年進士第, 補祕書郞. 二十二年, 中宏詞科. 調氾水尉, 遷江寧丞. 晚節不護細行, 貶龍標尉卒. 昌齡詩緖密而思淸, 與高適·王之渙(渙之)齊名, 時謂王江寧. 集六卷, 今編詩四卷.

4. 《唐才子傳》(2) 王昌齡

昌齡, 字少伯, 太原人. 開元十五年李嶷榜進士, 授氾水尉. 又中宏辭, 遷校書郞. 後以不護細行, 貶龍標尉. 以兵火之際, 歸鄕里, 爲刺史閭邱曉所忌而殺. 後張鎬按軍河南, 曉愆期, 將戮之, 辭以親老乞恕, 鎬曰:「王昌齡之親欲與誰養乎?」曉大慚沮. 昌齡工詩, 縝密而思淸, 時稱「詩家夫子王江寧」, 蓋嘗爲江寧令. 與文士王之渙·辛漸交又至深, 皆出模範, 其名重如此. 有詩集五卷, 又述作詩格律·境思·體例, 共十四篇, 爲《詩格》一卷, 又《詩中密旨》一卷, 及《古樂府解題》一卷, 今並傳.

◎ 自元嘉以還, 四百年之內, 曹·劉·陸·謝. 風骨頓盡. 逮儲光羲·王昌齡, 頗從厥躅, 兩賢氣同而體別也. 王稍聲峻, 奇句俊格, 驚耳駭目. 奈何晚途不矜小節, 謗議騰沸, 兩竄遐荒, 使知音者喟然長歎. 失歸全之道, 不亦痛哉!

018

〈尋西山隱者不遇〉 ·························· 邱爲

서산의 은자를 찾아갔으나 만나지 못함

산꼭대기 초옥 한 채,
곧장 삼십 리를 올랐네.
문을 두드렸더니 동복조차 없고,
방 안을 들여다보았더니 오직 탁자와 다궤뿐일세.
어쩌면 섶 수레 타고 나갔거나,
아니면 가을 냇가에 낚시하러 갔으리라.
어긋나 서로 만나지 못하여,
머뭇거리니 존경하는 마음만 헛되이 솟네.
풀빛은 새 비 맞아 짙고,
솔바람은 저녁 창문으로 불어 드누나.
여기에 이르니 그윽한 격세의 정취 내 마음에 맞아,
스스로 만족하여 마음이 시원할 뿐이네.
비록 손님과 주인으로써 뜻은 전달하지 못했지만,
자못 청정한 이치는 터득하였네.
흥을 다하였으면 바야흐로 산을 내려갈 뿐,
구태여 이 사람 오기를 기다릴 필요 있을까?

絶頂一茅茨, 直上三十里.

扣關無僮僕, 窺室惟案几.

若非巾柴車, 應是釣秋水.

差池不相見, 黽勉空仰止.

草色新雨中, 松聲晚窗裏.

及茲契幽絶, 自足蕩心耳.

雖無賓主意, 頗得清淨理.

興盡方下山, 何必待之子?

【西山】 구체적으로 어느 산인지 알 수 없음.

【絶頂】 산꼭대기.

【茅茨】 茅草로 이엉을 엮은 집. 은자의 가난하고 청빈한 茅屋을 뜻함.

【扣關】 문을 두드림.

【巾柴車】 수건으로 덮은 섶 수레. 나무를 해 올 때 사용하는 거친 수레. 陶淵明의 〈歸去來辭〉에 "或命巾車, 或棹孤舟"라 하였고, 《韓詩外傳》에는 "駕馬柴車, 可得而乘也"라 함.

【釣秋水】《莊子》 刻意篇에 "就藪澤, 處閑曠, 釣魚閑處, 无爲而已矣; 此江海之士, 避世之人, 閒暇者之所好也"라 한 경지를 뜻함.

【差池】 가지런하지 못한 모습을 표현하는 雙聲連綿語.《詩經》 燕燕에 "差池其羽"라 함. '參差'와 같음.

【黽勉】 머뭇거리며 망설이는 모습을 표현하는 雙聲連綿語.《詩經》 谷風에 "黽勉동심"이라 함.

【仰止】 공경하여 우러러 봄.《詩經》 車牽에 "高山仰止, 景行行止"라 함.

【契】 딱 들어맞음.

【幽絶】 그윽이 은거하여 세상과 隔絶함.

【興盡】《世說新語》 任誕篇에 "王子猷居山陰, 夜大雪, 眠覺, 開室, 命酌酒. 四望皎然. 因起仿偟, 詠左思〈招隱詩〉, 忽憶戴安道. 時戴在剡, 卽便夜乘小船就之. 經宿方至, 造門不前而返. 人問其故, 王曰:「吾本乘興而行, 興盡而返, 何必

見戴!」라 한 고사를 원용한 것.

【之子】 '이 사람.' 之는 '此, 玆, 是, 斯'등과 같음. 여기서는 은자를 가리킴. 《詩經》燕燕에 "之子于歸"라 함.

1. 이는 구위가 은자를 찾았다가 만나지 못한 상황을 아름답게 읊은 것으로 賈島의 〈尋隱者不遇〉와 비슷한 경지임.

2. 許文雨의 《唐詩集解》에 "此篇敍西山訪隱, 不知何往. 意隱者或命巾車, 或棹孤舟, 已離此而雲游, 致不相値, 徒殷景仰之情歟! 斯詩也, 雨滋草色, 松聲入窓, 幽意黙會, 頗洽淸興, 又何必遇所訪之人, 始覺遡廻從之之樂哉!"라 함.

3. 韻脚은 里・几・水・止・裏・耳・理・子.

❀ 구위(邱爲)

1. 蘇州 嘉興(지금의 江蘇) 사람으로 太子右庶子를 지냈으며, 80살 노모를 극진히 모셔 그 뜰에 영지가 자랐다는 고사를 남기기도 하였음. 자신도 장수하여 96세를 살았다 함. 三間本《唐才子傳》에는 '丘爲'로 되어 있음.《新唐書》(藝文志, 4)에 《丘爲集》이 著錄되어 있으나 '卷亡'이라 하였으며, 《全唐詩》(129)에 詩 13首가 편집되어 있고, 《全唐詩外編》에 詩 5首가 補入되어 있음. 〈左掖梨花〉라는 詩로 널리 알려져 있음.

2.《唐詩紀事》(17)

爲, 蘇州嘉興人. 事繼母孝, 嘗有靈芝生堂下. 累官太子右庶子, 時年八十餘, 而母無恙, 給俸祿之半. 及居憂, 觀察使韓滉以致仕官給祿, 所以惠養老臣, 不可在喪而異, 唯罷春秋羊酒. 初還鄕, 縣令謁之, 爲候門磬折, 令坐, 乃拜里胥, 立庭下, 旣出, 乃敢坐. 經縣宇, 降馬而趨. 卒年九十六. 與劉長卿善, 長卿〈送爲赴上都〉詩云: 『帝鄕何處是, 岐路空垂泣. 楚思愁暮多, 川程帶潮急. 潮歸人不歸, 獨向回塘立.』王摩詰〈送爲往唐州〉詩云: 『四愁連漢水, 百口寄隨人.』

3.《全唐詩》(129)

丘爲, 蘇州嘉興人. 事繼母孝, 常有靈芝生堂下, 累官太子右庶子, 致仕. 給俸祿之半以終身, 年八十餘. 母尙無恙, 及居憂. 觀察使韓滉以致仕官給祿, 所以惠養老臣. 不可在喪而異, 惟罷春秋羊酒, 卒年九十六. 與劉長卿善, 其赴上都也.
長卿有詩送之, 亦與王維爲友. 詩十三首.

4.《唐會要》(67)〈致仕官〉

貞元四年四月, 以前左散騎常侍致仕丘爲復舊官. 初, 爲致仕還鄉, 特給祿俸之半,
旣丁母喪, 蔿州疑所給, 請于觀察使韓滉, 以爲授官致仕, 令不理務, 特給祿俸,
惠養老臣也, 不可以在喪爲異, 命仍舊給之, 唯春秋二時羊酒之直則不給, 雖程
式無文, 見稱折衷. 及是爲服除, 乃復之.

5.《唐才子傳》(2) 邱爲

爲, 嘉興人. 初累擧不第, 歸山讀書數年. 天寶初, 劉單榜進士. 王維甚稱許之,
嘗與唱和. 初, 事繼母孝, 有靈芝生堂下. 累官太子右庶子, 時年八十餘, 母猶無恙,
給俸祿之半. 觀察使韓滉以爲致仕官給祿, 所以惠養老臣, 不可在喪爲異, 唯罷
春秋羊酒. 初還, 縣令謁之, 爲候門磬折, 令坐, 方拜, 里胥立庭下, 旣出, 乃敢坐.
經縣署, 降馬而過, 擧動有禮. 卒年九十六. 有集行世.

019

〈春泛若耶溪〉 .... 綦毋潛

봄날 약야계에 배를 띄우고

은거하겠다는 뜻을 끊어 본 적이 없었는데,
여기에 찾아오니 만나는 것마다 그 생각 따라나네.
저녁 바람은 가는 배에 불어 주고,
꽃길은 약야계 입구로 들어가네.
밤이 되어 배가 서쪽 골짜기를 돌아들자,
산을 사이에 두고 남두성이 보이네.
못 속의 물안개는 뭉게뭉게 피어들고,
숲 속 사이 달빛은 나지막이 내 뒤를 따르네.
세상살이 온갖 일들 아득하고 막막한데,
낚싯대로 드리운 채 그대로 늙었으면.

幽意無斷絶, 此去隨所偶.
晚風吹行舟, 花路入溪口.
際夜轉西壑, 隔山望南斗.
潭煙飛溶溶, 林月低向後.
生事且彌漫, 願爲持竿叟.

【若耶溪】지금의 浙江 紹興 若耶山 아래의 시내. 唐나라 때 은자들이 많이 은거하였음. 《太平寰宇記》에 "若耶溪在會稽縣東二十八里"라 함. 西施가 빨래 하던 곳으로도 유명함.

【偶】'遇'와 같음. '만나는 것마다 은거의 욕구를 불러일으키다'의 뜻.

【際夜】밤에 들어감. 저녁이 됨.

【南斗】별 이름. 28수의 하나로 남쪽에 있으며, 국자 형태로 되어 있음. 북두와 상대하여 부름. 고대 별자리를 땅의 分野와 대응하였으며, 南斗는 吳越 지역에 해당함.

【溶溶】넓고 크고 짙고 성한 모양.

【瀰漫】아득하고 끝이 없음을 표현하는 雙聲連綿語.

【持竿叟】낚시하는 늙은이. 東漢 嚴光(子陵)은 光武帝 劉秀와 친구였으나, 그가 황제가 되자 스스로 富春山에 은거하며 낚시로 세월을 보냈음. 《後 漢書》逸民傳 嚴光에 "嚴光字子陵, 一名遵, 會稽餘姚人也. 少有高名, 與光 武同遊學. 及光武卽位, 乃變名姓, 隱身不見. 帝思其賢, 乃令以物色訪之. 後齊 國上言:「有一男子, 披羊裘釣澤中.」帝疑其光, 乃備安車玄纁, 遣使聘之, 三反 而後至. 舍於北軍, 給牀褥, 太官朝夕進膳. 司徒侯霸與光素舊, 遣使奉書. 使人 因謂光曰:「公聞先生至, 區區欲卽詣造, 迫於典司, 是以不獲. 願因日暮, 自屈 語言.」光不答, 乃投札與之, 口授曰:「君房足下: 位至鼎足, 甚善. 懷仁輔義 天下悅, 阿諛順旨要領絶.」霸得書, 奉奏之. 帝笑曰:「狂奴故態也.」車駕卽日 幸其館, 光臥不起, 帝卽其臥所, 撫光腹曰:「咄咄子陵, 不可相助爲理邪?」光又 眠不應, 良久, 乃張目熟視曰:「昔唐堯著德, 巢父洗耳. 士故有志. 何至相迫乎?」 帝曰:「子陵, 我竟不能下汝邪?」於是乘輿歎息而去. 復引光入, 論道舊故, 相對 累日. 帝從容問光曰:「朕何如昔時?」對曰:「陛下差增於往.」因共偃臥, 光以 足加帝腹上. 明日, 太史奏:「客星犯帝坐甚急.」帝笑曰:「朕故人子陵共臥耳.」 除諫議大夫, 不屈. 乃耕於富春山. 後人名其釣處爲嚴陵瀨焉. 建武十七年, 復特徵, 不至. 年八十, 終於家. 帝傷惜之, 詔下郡縣賜錢百萬·穀千斛"라 함.

참고 및 관련 자료

1. 若耶溪에 저녁 배를 띄우고 嚴光과 같은 은거의 선망을 노래한 것.

2. 《河岳英靈集》에 綦毋潛의 시를 "屹萃峭蒨足佳句, 善寫方外之情. …… 荊南

分野, 數百年來, 獨秀斯人"이라 함.

3. 韻脚은 偶·口·斗·後·叟.

❀ 기무잠(綦毋潛: 692?~755?)

1. 綦毋는 복성. 潛은 이름. 자는 孝通(혹 季通). 虔州(지금의 江西 贛縣) 사람으로 開元 14년(726) 진사에 급제하여 宜壽尉를 거쳐 集賢殿待制, 右拾遺, 著作郎을 지냈으며, 뒤에 낙향하여 은거함. 王維의 詩友이며 五言詩에 능하였음. 王維가 일찍이 그에게 낙제하고 돌아갈 때 〈送綦毋潛落第還鄉〉(009)이 있음.

2.《唐詩紀事》(20)

綦毋潛, 字孝通. 開元中, 由宜壽尉入集賢院待制, 遷右拾遺, 終著作郎.

3.《全唐詩》(135)

綦毋潛, 字季通, 荊南人. 開院十四年登進士第, 由宜壽尉入爲集賢待制, 遷右拾遺. 終著作郎, 詩一卷.

4.《唐才子傳》(2) 綦毋潛

潛, 字孝通, 荊南人. 開元十四年, 嚴迪榜進士及第, 授宜壽尉. 遷右拾遺, 入集賢院待制, 復授校書, 終著作郎. 與李端同時. 詩調屹崒峭蒨, 足佳句, 善寫方外之情, 歷代未有. 荊南分野, 數百年來, 獨秀斯人. 後見兵亂, 官况日惡, 挂冠歸隱江東別業, 王維有詩送之, 曰:「明時久不達, 弃置與君同. 天命無怨色, 人生有素風.」 一時文士咸賦詩祖餞, 甚榮. 有集一卷, 行世.

020

〈宿王昌齡隱居〉 ················· 常建

왕창령의 은거에서 자면서

맑은 시냇물은 그 깊이를 알 수 없고,
그대 은거하는 곳엔 오직 외로운 구름뿐일세.
소나무 사이로 희미한 달이 드러나니,
맑은 달빛은 바로 그대를 위해 있는 것.
띠 집 정자엔 꽃 그림자 머물러 있고,
작약 밭엔 푸른 이끼가 무늬를 이루었네.
나 또한 시속의 복잡함을 버리고 떠나,
그대처럼 서산에서 청란, 백학과 함께했으면.

清溪深不測, 隱處唯孤雲.
松際露微月, 清光猶爲君.
茅亭宿花影, 藥院滋苔紋.
余亦謝時去, 西山鸞鶴群.

【王昌齡】자는 少伯, 山西 太原(혹 江寧) 사람. 017 참조.

【淸溪】구체적인 물 이름이 아니며, 맑은 시내라는 뜻.

【淸光】달빛을 형용함.

【茅亭】茅茨로 지붕을 이은 정자.

【藥院】芍藥을 심은 약초밭의 庭院. 藥은 芍藥의 간칭.

【謝時】時俗을 사양함. 시속에서 멀어지고자 함.

【西山】常建이 天寶 연간에 일찍이 武昌의 西山(樊山)에 은거한 적이 있음.

【鸞鶴】靑鸞과 白鶴. 仙鳥로서 隱者나 도인의 삶을 비유함.《神仙傳》에 "介象死. 吳先帝思之, 以象所住屋爲廟, 時時往祭之. 有白鶴來, 集坐上也"라 함.

참고 및 관련 자료

1. 唐 殷璠이 天寶 12년(753)에 지은《河岳英靈集》에 이 시를 격찬한 내용이 있는 것으로 보아 이는 그 이전에 왕창령의 別墅에 머물러 유숙하면서 지은 것임.

2.《河岳英齡集》에 "其志遠, 其興僻"이라 함.

3. 韻脚은 雲·君·紋·群.

✿ 상건(常建)

1. 唐代 시인. 생몰 연대는 자세히 알 수 없으나, 開元 15년(727) 과거에 王昌齡과 동방(同榜, 함께 합격함)이었음. 代宗 大曆 연간에 盱眙(지금의 安徽) 尉를 역임하였으나, 그 뒤의 벼슬길은 순탄하지 못하여 결국 鄂州 武昌(지금의 湖北)에 은거하여 시와 술로 나날을 보냈다 함. 주로 오언시가 많으며, 산림과 사원, 그리고 가끔 변새(邊塞, 변경의 요새)를 주제로 한 것도 있음. 唐代 殷璠은 그를 두고 "似初發通莊, 欲尋野徑; 百里之外, 方歸大道. 所以其旨遠, 其興僻, 佳句輒來, 有論意表"라 평하였음.(《河嶽英靈集》)《常建集》이 전하며《全唐詩》에 시 1권이 실려 있음.

2.《唐詩紀事》(31)

丹陽殷璠撰《河嶽英靈集》, 首列建詩, 愛其『山光悅鳥性, 潭影空人心』. 殷璠云:「高才而無貴位, 誠哉是言也. 曩劉楨死於文學, 左思終於記室, 鮑照卒於參軍, 今常建亦淪於一尉, 悲夫!」建詩似初發通莊, 却尋野逕, 百里之外, 方歸大道, 所以其旨遠, 其興僻, 佳句輒來, 惟論意表. 至如『松際露微月, 清光猶爲君』; 又『山光悅鳥性, 潭影空人心』. 此例數十句, 並可稱爲警策. 一篇盡善者, 『戰餘落日黃, 軍敗鼓聲死. 今與山鬼隣, 殘兵哭遼水』. 思旣邈苦, 詞又警絶, 潘岳雖云能敍悲怨, 未見如此章句也.

3.《全唐詩》(144)

常建, 開元中進士第. 大曆中, 爲盱眙尉, 詩似初發通莊. 卻尋野徑, 百里之外, 方歸大道. 其旨遠, 其興僻, 佳句輒來. 唯論意表, 淪於一尉, 士論悲之. 詩一卷.

4.《唐才子傳》(2) 常建

建, 長安人. 開元十五年與王昌齡同榜登科. 大曆中, 授盱眙尉. 仕頗不如意, 遂放浪琴酒, 往來太白·紫閣諸峰, 有肥遯之志. 嘗採藥山谷中, 遇女子, 遍體毛綠, 自言是秦時宮人, 亡入山來食松葉, 遂不飢寒, 因授建微旨, 所養非常. 後寓鄂渚, 招王昌齡·張賁同隱, 獲大名當時. 集一卷, 今傳. 古稱「高才而無貴仕」, 誠哉! 是言. 曩劉楨死於文學, 鮑照卒於參軍. 今建亦淪於一尉, 悲夫! 建屬思旣精, 詞亦警絶, 似初發通莊, 卻尋野徑, 百里之外, 方歸大道. 旨遠興僻, 能論意表, 可謂一唱而三歎矣.

021

〈與高適・薛據登慈恩寺浮圖〉 ································ 岑參
고적, 설거와 함께 자은사 탑에 올라

탑의 형세는 땅에서 솟아오른 듯,
외로이 높아 하늘에 우뚝 솟았네.
탑에 오르니 세상 밖에 나온 듯,
탑 안 돌층계는 허공에 서려 있구나.
우뚝 솟아 중국을 압도하여,
높이 솟은 그 모습 귀신의 재주로다.
네 귀퉁이 모서리는 햇볕을 막고,
칠 층의 높이는 하늘을 만지고 있구나.
내려다보니 높이 나는 새를 손을 가리킬 수 있고,
굽어들으니 바람 소리에 놀랄 정도로다.
먼 산들은 이어져 파도와 같아,
분주히 내달아 동방을 향해 조알하는 듯.
푸른 홰나무는 천자의 길에 양쪽을 끼고 있고,
궁중의 관각들은 어찌 저리도 정교한고?
가을 빛 서쪽으로부터 오더니,
창연히 관중 일대를 메우고 있구나.
북쪽 오릉의 평원 위에는
만고의 푸름이 몽몽하구나.

청정한 부처님의 이치를 깨달을 만하니,
좋은 인연은 언제나 숭고하게 여기던 바이기에.
내 맹세코 벼슬 따위는 벗어버리고,
도리를 깨달아 무궁함을 바탕 삼으리라.

塔勢如涌出, 孤高聳天宮.
登臨出世界, 磴道盤虛空.
突兀壓神州, 崢嶸如鬼工.
四角礙白日, 七層摩蒼穹.
下窺指高鳥, 俯聽聞驚風.
連山若波濤, 奔湊如朝東.
靑槐夾馳道, 宮館何玲瓏!
秋色從西來, 蒼然滿關中.
五陵北原上, 萬古靑蒙蒙.
淨理了可悟, 勝因夙所宗.
誓將挂冠去, 覺道資無窮.

【高適】자는 達夫(702~765). 滄州 渤海 사람으로 唐 玄宗 때의 유명한 시인.
067 참조.
【薛據】河東 寶鼎 사람으로 開元 19년(731) 진사에 올라 水部郞中을 지냄.
【慈恩寺】절 이름. 長安 남쪽 교외에 있으며 唐 太宗 貞觀 22년(684) 당시
태자였던 李治가 어머니 文德皇后를 추모하여 隋나라 때 無漏寺가 있던
자리에 절을 세우고 이름을 慈恩寺라 함.

【浮圖】浮屠로도 표기하며 범어의 탑이라는 뜻. 지금의 자은사에 있는 유명한 大雁塔이며 高宗(李治) 永徽 3년(652) 玄奘法師가 5층으로 세웠으며, 則天武后 때 다시 10층으로 증축하였다가 병화를 입어 지금은 7층만 남아 있음. 탑은 方形 塼塔이며, 규모가 크고 안에 계단이 있어 올라갈 수 있음.

【涌出】땅에서 솟아나듯 올라 있음.《妙法蓮花經》見寶塔品에 "爾時佛前有 七寶塔, 從地涌出"이라 함.

【世界】불교 용어. 시간과 공간을 포함한 하나씩의 작은 우주.

【磴道】탑 안쪽의 돌로 된 계단.

【突兀】우뚝 높이 솟은 모습. 疊韻連綿語.

【神州】중국을 가리킴. 壓은 내리누름.《史記》鄒衍傳에 "中國名曰赤縣神州" 라 함.

【蒼穹】궁륭형의 푸른 하늘.

【馳道】天子가 다니는 큰길.

【青槐】푸른 홰나무.《中朝故事》에 의하면 당시 長安의 가로수는 모두 홰나무를 가지런히 심었다 함.

【宮觀】궁궐과 觀臺. '觀'은 원래 도교의 사당에 붙이는 건물 이름이거나 혹 궁중 큰 강당을 의미함.

【玲瓏】구슬 등이 투명하게 반짝임을 뜻하는 疊韻連綿語.

【關中】殽山 函谷關의 서쪽에서 隴關의 동쪽. 지금의 陝西省 일대. 潘岳의 〈關中記〉에 "東自函關, 西至隴關, 二關之間, 謂之關中"이라 함.

【五陵北原】長安城 북쪽 渭水의 북안에 있는 皇陵들. 漢代의 帝王들이 묻힌 곳. 漢 高帝(長陵), 惠帝(安陵), 景帝(陽陵), 武帝(茂陵), 昭帝(平陵)를 말함.

【淨理】맑고 깨끗하고 적멸(寂滅, 열반)의 도. 세속의 티끌에 물들지 않은 진제 (眞諦, 출세간의 법).

【了可悟】불교의 바른 도를 밝게 깨달음.

【勝因】기묘한 좋은 인연.《無常經》에 "勝因生善道, 惡業墮泥犁"라 함.

【挂冠】관직을 버리고 떠나 버림.《後漢書》逸民傳에 "逢萌字子康, 北海都 昌人也. 家貧, 給事縣爲亭長. 時尉行過亭, 萌候迎拜謁, 旣而擲楯歎曰:「大丈 夫安能爲人役哉!」遂去之長安學, 通春秋經. 時王莽殺其子宇, 萌謂友人曰: 「三綱絶矣! 不去, 禍將及人.」卽解冠挂東都城門, 歸, 將家屬浮海, 客於遼東" 이라 함.

1. 이는 天寶 11년(752) 가을에 岑參이 高適, 杜甫, 儲光羲 등과 함께 慈恩寺의 大雁塔에 올랐다 하며 이때 지은 것임.

2. 殷璠의 《河岳英靈集》에 "參詩語奇體峻, 意亦新遠. 至如『長風吹自茅, 野火燒枯桑』, 可謂逸矣. 又『山風吹空林, 颯颯如有人』, 頗稱幽致也"라 함.

3. 沈德潛의 《唐詩別裁》에 "登慈恩塔詩, 少陵下應推此作, 高達夫·儲太祝皆不及也"라 함.

4. 韻脚은 宮·空·工·穹·風·東·瓏·中·濛·宗·窮.

🏵 잠삼(岑參: 715~770)

1. 河南 南陽 사람으로 어려서 고아로 자랐으며, 30세의 天寶 3년(744)에 진사에 올라 參軍, 評事, 監察御史 등을 역임함. 뒤에 封常淸의 군대를 따라 西域에 이르러 安西節度使判官이 됨. 다시 그곳에서 나와 虢州長史, 侍御史, 關西節度判官 등을 역임함. 이로 인해 그는 西域風의 軍旅 생활과 胡笳, 琵琶 등에 관심을 가져 戰場과 沙漠, 壯士의 豪放한 情緒를 주로 읊어 邊塞詩의 대성을 이룸. 뒤에 그는 關西를 떠나 嘉州刺史를 역임하여 흔히 그를 '岑嘉州'라 부르기도 함. 만년에는 蜀으로 들어가 杜鴻漸에 의지하였으며, 촉에서 56세로 생을 마침. 그의 문집은 《新唐書》(藝文志)에 10卷이 기재되어 있으며, 杜確이 쓴 《岑嘉州詩集》 序文이 전함. 그 외에 《全唐書》(198~201)에 詩 4卷이 실려 있으며 《全唐詩續拾》에 2首가 補入되어 있고, 《唐詩紀事》(23)에 관련 기록이 실려 있음. 兩《唐書》에는 전이 없음.

2. 《唐詩紀事》(23)

○ 參, 南陽人, 文本之後. 登天寶進士第, 累爲安西·關西節度判官. 入爲祠功二外郎, 虞庫二正郎. 出爲嘉州刺使, 副元帥杜鴻漸表公兼侍御史, 列於幕府. 使罷, 寓於蜀, 中原多故, 卒死於蜀.

○ 參, 至德中任宣議郎, 試大理評事, 攝監察御史, 左拾遺裴薦·杜甫等, 嘗薦參識度淸遠, 議論雅正, 佳名早立, 時裴所仰, 可備獻替之官云.

○ 殷璠云:「參詩語奇體峻, 意亦新遠. 至如『長風吹自茅, 野火燒枯桑』, 可謂逸矣. 又『山風吹空林, 颯颯如有人』, 頗稱幽致也.」

3.《全唐詩》(198)

岑參, 南陽人. 文本之後, 少孤貧, 篤學. 登天寶三載進士第, 由率府參軍累官右補闕, 論斥權倖, 改起居郎. 尋出爲虢州長史, 復入爲太子中允. 代宗總戎陝腹, 委以書奏之任, 由庫部郎出刺嘉州, 杜鴻漸鎮西川. 表爲從事, 以職方郎兼侍御史領幕職. 使罷, 流寓不還, 遂終於蜀. 參詩辭意清切, 迴拔孤秀, 多出佳境. 每一篇出, 人競傳寫, 比之吳均·何遜焉. 集八卷, 今編四卷.

4.《唐才子傳》(3) 岑參

參, 南陽人. 文本之後. 天寶三年, 趙岳榜第二人及第. 累官左補闕, 起居郎, 出爲嘉州刺史. 杜鴻漸表置安西幕府, 拜職方郎中, 兼侍御史, 辭罷. 別業在杜陵山中. 後終於蜀. 參累佐戎幕, 往來鞍馬烽塵間十餘載, 極征行離別之情, 城障塞堡, 無不經行. 博覽史籍, 尤工綴文, 屬詞清尚, 用心良苦. 詩調尤高, 唐興罕見此作. 放情山水, 故常懷逸念, 奇造幽致, 所得往往超拔孤秀, 度越常情. 與高適風骨頗同, 讀之令人慷慨懷感. 每篇絶筆, 人輒傳咏. 至德中, 裴休·杜甫等常薦其識度清遠, 議論雅正, 佳名早立, 時輩所仰, 可以備獻替之官. 未及大用而謝世, 豈不傷哉! 有集十卷, 行於世, 杜確爲之序云.

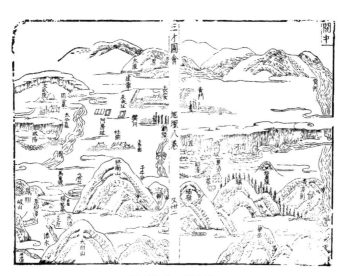

關中圖《三才圖會》

022

〈賊退示官吏〉幷序 ·· 元結

적이 물러남에 관리에게 보임

서:

계묘년(763), 서원西原의 도적이 도주道州에 들어와 불 질러 태우고 죽이고 약탈하여 남김없이 거의 잔멸하고 가 버렸다. 이듬해, 적은 다시 영주永州를 공격하고 소주邵州까지 무너뜨렸는데, 이곳 주州의 변방 먼 곳은 침범하지 않고 물러가기는 하였으나 이것이 어찌 우리의 힘으로 그 적을 제압한 것이라 할 수 있겠는가? 대체로 그들이 그나마 불쌍히 여겼기 때문일 뿐이다! 그러니 여러 세리들이 어찌 차마 가혹하게 세금을 거둘 수 있겠는가? 그러므로 시 한편을 지어 관리들에게 보여 주노라.

지난날 태평시대를 만나,
산림에 묻혀 이십 년을 살 수 있었네.
샘물은 집 안에 있었고,
산골짜기는 문 앞이었네.
나라의 세금은 때에 맞았고,
해가 지면 편안히 잠잘 수 있었지.
갑자기 세상의 변고를 만나,
몇 년을 직접 종군하였네.
금년엔 이 고을 맡았더니

도적들이 또다시 시끄럽구나.
성곽이 작으나 적이 도륙질은 하지 않으니,
백성들의 가난함이 불쌍해서였겠지.
이로써 이웃고을 함락되어도,
이 고을만 홀로 온전하였네.
왕명을 받들고 온 세리들이여,
어찌 도적만도 못하단 말인가!
지금 저 가혹하게 세금을 거두는 자,
백성 압박하기를 불에 지지듯 하고 있으니,
누가 능히 남의 생명 끊고 나서,
세상에 어진 관리가 될 수 있단 말인가?
생각건대 임금의 부절 따위는 던져 버리고,
낚싯대 끌고 몸소 배를 당기리.
가족을 데리고 고기잡이나 농사일에 매달려
강호로 돌아가 늙음을 마칠까 하노라.

癸卯歲, 西原賊入道州, 焚燒殺掠, 幾盡而去. 明年,
賊又攻永州破邵, 不犯此州邊鄙而退, 豈力能制敵歟?
蓋蒙其傷憐而已! 諸使何爲忍苦征斂? 故作詩一篇以
示官吏.

昔歲逢太平, 山林二十年.
泉源在庭戶, 洞壑當門前.
井稅有常期, 日晏猶得眠.
忽然遭時變, 數歲親戎旃.

今來典斯郡, 山夷又紛然.

城小賊不屠, 人貧傷可憐.

是以陷鄰境, 此州獨見全.

使臣將王命, 豈不如賊焉!

今彼征斂者, 迫之如火煎.

誰能絕人命, 以作時世賢?

思欲委符節, 引竿自刺船.

將家就魚麥, 歸老江湖邊.

【癸卯歲】唐 代宗 廣德 원년(763) 元結의 나이 41세 때. 당시 그는 道州刺史였음.

【西原】지금의 廣西 扶南縣의 西南이며, 이곳에 '西原蠻'이라는 남만 소수민족이 난을 일으켰음.

【永州】지금 湖南省 零陵縣.

【邵州】지금 湖南省 邵陽縣.

【邊鄙】변방의 읍. '鄙'는 변방을 뜻함.

【蒙其傷憐】우리는 그들이 우리를 불쌍히 여김을 입은 것임.

【諸使】稅吏. 세금 거두는 관리.

【二十年】원결이 벼슬에 오르기 전 玄宗 開元 연간부터 天寶 연간까지의 기간. '開元之治'라 하여 성세를 이루었음.

【井稅】고대 井田制에서 토지를 9구분하여 가운데를 公田이라 하며 이는 나머지 8구분을 받은 농가에서 공동으로 경작하여 세금을 바침. 《孟子》滕文公(上) 참조.

【世變】元結은 乾元 2년(759) 2월 조정의 명에 따라 唐州, 鄧州, 汝州, 蔡州 등을 돌며 義軍을 모집하여 安史의 반군 격퇴에 나섰으며, 上元 원년(760)에는 荊南節度判官에 올랐음.

【戎旃】군대 깃발.

【典】 그 일을 典掌함. 맡아 주관함.

【山夷】 西原蠻 도적을 가리킴.

【使臣】 租庸使로 부역을 관장하는 관리. 이 해에 올린 원결의 〈奏免科率狀〉에 "臣自到州, 見租傭等諸使文牒, 令徵前件錢物送納"이라 함.

【徵斂者】 가혹하게 거두어들이는 관리.

【委】 놓아 버림.

【時世賢】 당시 뛰어나다고 하는 자들. 여기서는 세금을 가혹하게 거두어 들이는 자를 조롱하여 말한 것임.

【符節】 관원이 출장갈 때 지니는 신표.

【刺船】 배를 끌어당김.

【魚麥】 고기잡이와 농사.

참고 및 관련 자료

1. 이는 일종의 諷諭詩로써 원결 42세 때 道州刺史로 부임한 지 2년째, 마침 西原蠻의 소요가 있었고, 조정에서조차 稅吏를 파견하여 가혹한 徵稅를 서두르자 작자가 시로써 관리에게 보여 자신의 뜻을 알린 것임.

2. 韻脚은 年·前·眠·旆·然·憐·全·焉·煎·賢·船·邊.

✿ 원결(元結: 719~772. 723?~772)

1. 자는 次山, 호는 漫叟. 혹 漫郎, 聱叟, 猗玗子. 河南(지금의 河南 洛陽) 사람으로 31세인 天寶 12년(753) 진사에 올라 安祿山의 난을 토벌하는 데에 큰 공을 세움. 代宗 때 著作郎에 올랐으며, 뒤에 道州(지금의 湖南 道縣)의 刺史로 부임하여 德政을 베풀었음. 〈大唐中興頌〉이라는 문장으로 유명함. 《新唐書》(藝文志, 4)에 《文編》 10卷이 著錄되어 있으며 지금도 전해오고 있음. 또한 그의 《篋中集》 1卷은 沈千運·王季友·于逖·孟雲卿·張彪·趙微明·原季川 등 7명의 詩 24首를 모은 것으로, 乾元 3年(760)에 자신이 序文을 썼으며, 역시 지금도 전해짐. 그의 시는 《全唐詩》에 2卷(240~241)으로 실려 있고, 《全唐詩續拾》에 詩 3首와 斷句 2句가 補入되어 있음. 《新唐書》(143)에 전이 있으며 《元次山集》이 있음.

2.《唐詩紀事》(22)

蘇源明薦結於肅宗, 時思明攻河陽, 帝將幸河東, 召結詣京師. 結上〈時議〉三篇,
乃攝監察御史. 發宛葉軍屯泌陽, 全十五城. 帝善之. 代宗時, 侍親歸樊上. 後拜
道州刺史, 民樂其教. 還京師卒. 始號猗玗子, 後稱浪士, 又曰漫郎, 更曰聱叟.

3.《全唐詩》(240)

元結, 子次山, 河南人. 少不羈, 十七乃折節向學, 擢上第. 復舉制科, 國子司業
蘇源明薦之, 結上〈時議〉三篇, 擢右金吾兵曹參軍. 攝監察羽御史, 爲山南西道
節度參謀. 以討賊功. 遷監察女史裏行. 代宗立, 授著作郎. 久之, 拜道州刺史,
爲民營舍給田, 免徭役. 流亡歸者萬餘, 進容管經略使, 罷還京師. 卒年五十.
贈禮部侍郎, 集十卷, 今編詩二卷.

4.《唐才子傳》(3) 元結

結, 字次山, 武昌人. 魯山令元紫芝族弟也. 少不羈, 弱冠始折節讀書. 天寶十三年
進士. 禮部侍郎楊浚見其文曰:「一第恩子耳.」遂擢高品. 後舉制科. 會天下亂,
沈浮人間, 蘇源明薦於肅宗, 授右金吾兵曹. 累遷御史, 參山南來瑱府, 除容管經
畧使. 始隱於商山中, 稱「元子」. 逃難入琦玗洞, 稱「琦玗子」. 或稱「浪士」; 漁者
或稱「聱叟」, 酒徒「漫叟」. 及爲官, 呼「漫郎」. 皆以命所著. 性梗僻, 深憎薄俗,
有憂道閔世之心. 〈中興頌〉一文, 燦爛金石, 清奪湘流. 作詩著辭, 尙聱牙, 天下
皆知敬仰. 復嗜酒, 有句云:「有時逢惡客」自註:「非酒徒卽惡客也」有《文編》
十卷, 及所集當時人詩爲《篋中集》一卷, 並傳.

023

〈郡齋雨中與諸文士燕集〉 ·········· 韋應物

군재에서 비 오는 가운데
여러 문사들과 연회를 열어 모임

위병들은 무늬 넣은 창을 들고 삼엄히 경계하고,
잔치 차린 대청에는 맑은 향내가 엉켜 있도다.
바다로부터 비바람이 불어오니,
못과 누각엔 사람들이 뒷짐 지고 잔치 기다리네.
더위의 고통은 사라져 흩어지고,
아름다운 손님들 방에 가득 모였네.
내 높은 자리 앉았음을 부끄럽게 여김은,
백성들 이렇게 즐기는 모습 아직 본 적 없었기 때문.
오묘한 이치를 깨달으니 시비는 사라지고,
성정이 통달하니 내 모습조차 잊을레라.
생선과 살찐 고기는 금지된 시기지만,
그나마 다행히 채소와 과일은 맛볼 수 있구나.
머리 숙여 한 잔 술을 마시고는,
쳐다보아 아름다운 문장에 귀 기울이네.
정신이 기쁘니 몸이 저절로 가벼워져,
바람을 넘질러 훨훨 날고 싶구나.
이곳 오중은 문사文史가 흥한 곳,
지금 뛰어난 인재들이 들끓고 있도다.

이제야 큰 도시임을 알겠노니,
어찌 다만 재부財賦만 성한 곳이라 하랴?

兵衛森畫戟, 宴寢凝清香.
海上風雨至, 逍遙池閣涼.
煩痾近消散, 嘉賓復滿堂.
自慚居處崇, 未睹斯民康.
理會是非遣, 性達形迹忘.
鮮肥屬時禁, 蔬果幸見嘗.
俯飲一杯酒, 仰聆金玉章.
神歡體自輕, 意欲凌風翔.
吳中盛文史, 群彦今汪洋.
方知大藩地, 豈曰財賦強?

【郡齋】刺史府의 郡守가 집무하는 廳舍.
【兵衛】근위병들이 경계 임무를 맡고 있음.
【畫戟】여러 가지 그림을 넣은 의장용 창. 당나라 때 자사에게 황제가 내리는
　儀物의 일종.
【宴寢】잔치에 손님을 모신 대청.
【海】蘇州는 바다에 가까워 이렇게 표현한 것임.
【逍遙】어슬렁거림. 疊韻連綿語. 여기서는 잔치에 참가한 사람들이 잔치를
　기다리며 못과 누각에 삼삼오오 모여 걸으며 환담을 나누고 있음을 말함.
【煩痾】더위로 인해 고통스러움을 말함.
【嘉賓】흔히 잔치에 참여한 손님을 말함.《詩經》小雅 鹿鳴에 "呦呦鹿鳴,
　食野之苹. 我有嘉賓, 鼓瑟吹笙. 吹笙鼓簧, 承筐是將. 人之好我, 示我周行"라 함.

【居處崇】 刺史의 지위가 높음. 唐代 刺史는 從三品이었으며, 특히 蘇州는 上州에 속하여 대단한 지위였음.

【理會】 사물의 오묘한 뜻을 깨달음.

【鮮肥屬時禁】 때가 한여름이므로 魚肉을 사냥하거나 가축 잡는 것은 금해야 함을 말함.《唐會要》(41)의 建中 원년(780) 5월 칙령에 "自今以後, 每年五月, 宜令天下州縣禁斷采捕弋獵, 仍令所在斷屠宰, 永爲常式"이라 함.

【仰聆】 머리 들고 귀 기울여 들음.

【金玉章】 금이나 옥과 같은 아름다운 문장.《孟子》萬章(下)에 "金聲而玉振之也"라 함.

【吳中】 蘇州 일대. 蘇州는 춘추시대 吳나라의 도읍지였음.

【文史】 문화와 문명이 발달한 곳.

【群彦】 많은 인재들. 彦은 훌륭한 선비를 뜻함.《尙書》太甲 孔傳에 "美士曰彦"이라 함.

【汪洋】 원래 물이 많아 넘실거리는 모습의 疊韻連綿語. 여기서는 인재가 많음을 말함.

【大藩】 재물과 인재가 아무 많은 곳. 蘇州를 가리킴.

【財賦强】 재물과 부세가 아주 많은 곳. 安史의 난 이후 중앙정부에서는 이곳 蘇州와 杭州 지역의 부세에 의해 견뎌내고 있었다 함.

참고 및 관련 자료

1. 이는 貞元 5년(789) 5월 위응물이 蘇州刺史였을 때, 吳中의 문사들을 군재에 모아 잔치를 열면서 그곳 인물과 문장을 칭송하며 인재를 아낀 내용임.

2. 宋 計有功의 《唐詩紀事》에 "應物性高潔, 所在焚香掃地而坐, 惟高況·劉長卿·丘丹·秦系·皎然之儔, 時與同列, 與之酬唱, 樂天吳郡詩石記, 獨書: 『兵衛森畫戟, 宴寢凝淸香.』劉太眞與韋書云: 『高著作來, 以足下郡齋燕集相示, 是何情致, 暢茂遒逸如此? 宋齊間, 沈謝吳何, 始精於理意, 然緣情體物, 備詩人之旨. 後之傳者, 甚失其源, 惟足下制其橫流, 師摯之始, 關雎之亂, 於足下之文見之矣.』"라 함.

3. 韻脚은 香·涼·堂·康·忘·嘗·章·翔·洋·强.

❀ 위응물(韋應物: 737?~791? 736~830?)

1. 京兆 長安(지금의 陝西 西安) 사람으로 어릴 때 三衛郞으로 玄宗을 섬겼으며, 安史의 난 뒤에 郞官을 거쳐 滁州·江州·蘇州 등의 刺史를 역임하여 흔히 '韋江州', '韋蘇州'로 불림. 아울러 左司郞中을 역임하여 '韋左司'로도 불림. 성격이 호방하였으나, 중년 이후에는 담박한 분위기를 좋아하였고 高況·劉長卿·丘丹·皎然 등과 교유하였음. 시는 王維와 孟浩然을 종주로 삼아 일가를 이루었으며, 뒤에 柳宗元과 함께 '韋柳'라 불리기도 함. 90세 넘도록 장수하였다 함. 兩《唐書》에 전이 실려 있지 않음.《韋蘇州集》이 전함. 그의 시와 문집은 《新唐書》(藝文志, 4)에 《韋應物詩集》 10卷, 그리고 《郡齋讀書志》·《直齋書錄解題》 등에도 역시 10卷으로 著錄되어 있음.《全唐詩外編》 및 《全唐詩續拾》에 4首가 補入되어 있음.

2.《唐詩紀事》(26)

○ 韋應物, 周逍遙公褒之後, 待價生令儀, 令儀生鑾, 鑾生應物. 其詩言天寶時扈從游幸事, 疑爲三衛. 永泰中, 任洛陽丞·京兆府功曹. 大曆十四年, 自鄠縣令制除櫟陽令, 以疾辭不就. 建中二年, 由比部員外郞出刺滁州, 改刺江州, 追赴闕, 改左司郞中. 貞元初, 歷蘇州; 罷守, 寓蘇臺臺永定精舍.

○ 李肇《國史補》云: 開元後位卑而著名者, 李北海(邕)·王江寧(昌齡)·李館陶·鄭廣文(虔)·元魯山(德秀)·蕭功曹(穎士)·張長史(旭)·獨孤常州(及)·崔比部(元翰)·梁補闕(肅), 韋蘇州其一也. 應物仕官本末, 似止於蘇. 案白傅蘇州〈答劉禹錫〉詩云:『敢有文章替左司』, 謂應物也. 官稱亦止此.

3.《全唐詩》(186)

韋應物, 京兆長安人. 少以三衛郞事明皇, 晚更折節讀書. 永泰中, 授京兆功曹遷洛陽丞. 大曆十四年, 自鄠令制除櫟陽令, 以疾辭不就. 建中三年, 拜比部員外郞, 出爲滁州刺史. 久之, 調江州, 追赴闕. 改左司郞中. 復出爲蘇州刺史. 應物性高潔, 所在焚香地而坐, 唯顧況·劉長卿·丘丹·秦系·皎然之儔. 得廁賓客, 與之酬倡, 其詩閒澹簡遠, 人比之陶潛, 稱陶韋云. 集十卷, 今編詩十卷.

4.《唐才子傳》(4) 韋應物

應物, 京兆人也. 尚俠, 初以三衛郞事玄宗, 及崩, 始悔, 折節讀書. 爲性高潔, 鮮食寡欲, 所居必焚香掃地而坐, 冥心象外. 天寶時, 扈從遊幸. 永泰中, 任洛陽丞, 遷京兆府功曹. 大曆十四年, 自鄠縣令制除櫟陽, 令以疾辭歸, 寓善福寺精舍. 建中二年, 由前資除比部員外郞, 出爲滁州刺史. 居頃之, 改江州刺史, 追赴闕, 改左司郞中. 或媢其進, 媒孽之. 貞元初, 又出爲蘇州刺史. 太和中,以太僕少卿兼御史中丞, 爲諸道鹽鐵轉運江淮留后. 罷居永定, 齋心屏除人事.
初, 公豪縱不羈, 晚歲逢楊開府, 贈詩言事曰:「少事武皇帝, 無賴恃恩私. 身作
里中橫, 家藏亡命兒. 朝持樗蒱局, 暮竊東隣姬. 司隷不敢捕, 立在白玉墀. 驪山
風雪夜, 長楊羽獵時. 一字都不識, 飲酒肆頑癡. 武皇升仙去, 憔悴被人欺. 讀書
事已晚, 把筆學題詩. 兩府始收蹟, 南宮謬見推. 非才果不容, 出守撫媸嫠. 忽逢
楊開府, 論舊涕俱垂. 坐客何由識, 唯有故人知」足見古人眞率之妙也.

◎ 論曰: 詩律自沈・宋之下, 日益靡嫚, 鏤章刻句, 揣合浮切; 音韻婉諧, 屬對
藻密, 而閒雅平淡之氣, 不存矣. 獨應物馳驟建安以還, 各有風韻, 自成一家之體,
清深雅麗, 雖詩人之盛, 亦罕其倫, 甚爲時論所右. 而風情不能自已, 如贈米
嘉榮・杜韋娘等作, 皆杯酒之間, 見少年故態, 無足怪矣. 有集十卷, 今傳於世.

024

〈初發揚子寄元大校書〉 .... 韋應物

양자나루를 떠나면서 원대 교서에게 부침

처량하게 그대 사랑하는 벗을 떠나,
아득히 물안개 속으로 들어가네.
뱃머리 돌려 돌아가는 낙양인,
광릉의 나무 사이 종소리 여운을 듣노라.
오늘 아침 여기서 이별하고 나면,
어디서 우리 또다시 만날 수 있을까?
세상살이 물에 뜬 배와 같은 것,
오르내리며 어찌 멈출 수 있으리오?

淒淒去親愛, 泛泛入煙霧.
歸棹洛陽人, 殘鐘廣陵樹.
今朝爲此別, 何處還相遇?
世事波上舟, 沿洄安得住?

【揚子】揚子口·揚子津·揚子渡. 나루 이름. 지금의 江蘇 江都縣 남쪽 長江 하류 瓜洲에 근처에 있는 나루. 서양에 長江이 揚子江으로 알려진 것은 이 나루 이름에서 유래된 것임.

【元大】성이 元씨이며 排行이 첫째인 사람. 구체적 이름은 알 수 없음. 그러나 혹 元結(次山)이 校書郎을 지냈으므로 시기로 보아 그를 가리키는 것이 아닌가 함.

【校書】校書郎. 관직 이름. 文書의 校正을 담당한 직급임.

【去親愛】사랑하는 그대를 두고 떠남.

【洛陽人】위응물은 代宗 廣德, 永泰 연간에 洛陽尉를 역임하였으며, 관직에서 물러난 뒤, 낙양의 同德寺에서 머물렀음. 그 때문에 자신을 '낙양인'이라 한 것임.

【廣陵】揚州. 지금의 江蘇 揚州. 長江 하류에 있는 큰 도시. 隋나라 때는 江都로 불렸음. 자신이 떠나고 있는 그곳.

【沿洄】연은 흐르는 물을 따라 내려가는 것, 회는 물을 거슬러 올라가는 것. 뱃길은 인생행로와 같음을 비유함.

⌈ 참고 및 관련 자료 ⌉

1. 이는 興元 원년(784) 위응물이 滁州刺史의 직함을 받고 부임했다가 이듬해 다시 洛陽으로 귀환하면서 滁州에서 長江을 따라 揚子口를 떠나며 친구 元大에게 준 贈別詩임.

2. 韻脚은 霧·樹·遇·住.

025

〈寄全椒山中道士〉 ⋯⋯⋯⋯⋯⋯⋯⋯⋯⋯⋯ 韋應物

전초의 산중도사에게 부침

오늘 아침 관사가 쌀쌀하여,
갑자기 산중의 도사가 생각나네.
골짜기 바닥에서 땔나무를 주워 묶고는,
돌아와 흰 돌을 굽고 있겠지.
술 한 바가지 들고 가
비바람 휘몰아치는 이 저녁을 위로하고 싶지만,
빈산에 낙엽이 가득하리니,
어디서 그 사람 자취를 찾을 수 있을꼬?

今朝郡齋冷, 忽念山中客.
澗底束荊薪, 歸來煮白石.
欲持一瓢酒, 遠慰風雨夕.
落葉滿空山, 何處尋行跡?

【全椒】지명. 滁州縣에 속하였으며 지금의 安徽 全椒.

【山中】宋 王象之의 《輿地紀勝》에 의하면 全椒縣 서쪽 30리에 神山이 있으며, 깊은 동굴이 많아 도사들이 모여들었다 함.

【郡齋】滁州 군부(刺史府)가 있는 곳.

【荊薪】여러 잡목의 땔감.

【煮白石】도가들의 煉丹術을 말함. 흰 石英과 薤白, 검은참깨, 白蜜, 山泉水 등을 함께 하여 끓인 약으로 장기복용하면 不老長壽한다고 믿었음. 葛洪 《神仙傳》에 "白石先生者, 中黃丈人弟子也. 嘗煮白石爲糧, 因就白石山居, 時人 故號爲白石先生"이라 하였으며, 明 田藝衡의 《煮泉小品》에는 "擇水中潔淨 白石帶泉煮之, 尤妙尤妙"라 함.

【一瓢】박을 쪼개어 만든 작은 바가지. 술잔으로 사용함.

참고 및 관련 자료

1. 이는 위응물이 德宗 建中 4년(783) 여름부터 貞元 원년(785) 겨울까지 滁州刺史였을 때 지은 것임.

2. 宋 葛立方의 《韻語陽秋》에 "韋應物詩, 平平處甚多. 至于五字句, 則超然出 於畦逕之外. 故白樂天云:『韋蘇州五言詩, 高雅閒淡, 自成一家之體.』東坡亦云: 『樂天長短三千首, 却遜韋郞五字詩.』"라 함.

3. 韻脚은 客·石·夕·跡.

026

〈長安遇馮著〉 ·· 韋應物

장안에서 풍저를 만나

그대 동방에서 왔는데,
옷에는 파릉의 비에 그대로 젖어 있구려.
묻건대 "그대 무엇하러 오셨소?"
"산을 개간하려 도끼 사러 왔다오."
꽃은 무더기로 마침 피어오르고,
훨훨 제비는 새로 깐 새끼에게 먹이 물어다 주는 이때.
엊그제 헤어지고 이미 또 봄이 되었구려,
그대 귀밑 흰머리 몇 올이나 늘었소?

客從東方來, 衣上灞陵雨.
問客何爲來, 采山因買斧.
冥冥花正開, 颺颺燕新乳.
昨別今已春, 鬢絲生幾縷?

【客從東方來】멀리서 온 나그네. 〈古詩〉에 "客從遠方來, 遺我一書札. 上言長
相思, 下言久離別"이라 함. 여기서는 馮著가 은거지 灞陵(장안의 동남쪽)에서
왔음을 말함.

【馮著】인명. 河間(지금의 河北 河間) 사람으로 排行은 17번째여서 馬十七로도
불림. 代宗 大曆 초에 廣州刺史 李勉의 幕府에서 錄事 벼슬하다가, 뒤에
조정에 들어가 著作郎을 거쳐 洛陽尉 緱氏尉 등을 역임함.

【灞陵】霸陵. 漢 文帝의 능묘. 長安 동남쪽에 있음. 庾信의 〈擬詠懷〉에 '無因
同武騎, 歸守灞陵園'이라 함.

【采山】採山과 같음. 山地를 개간함.

【冥冥】꽃이 무성하여 조용한 모습.

【颺颺】새가 멀리 경쾌히 날아오르는 모습.

【燕新乳】제비가 새끼를 부화하여 먹이를 날라다 줌.

【鬢絲】귀밑 머리 양쪽으로 늘어뜨려진 백발.

참고 및 관련 자료

1. 시인이 장안에서 벼슬길에 오르려다 실패하고 은거 중이던 친구를 만나
위로의 말을 전한 시임.

2. 韻脚은 雨·斧·乳·縷.

027

〈夕次盱眙縣〉 ·· 韋應物

저녁이 되어 우이현에서 유숙하면서

돛을 내리고 회수 가로 접어들어,
배를 머물러 역의 숙소에 배를 대었네.
넓고 넓은 강물에는 파도가 일고 있고,
어둑어둑 지는 해 저녁으로 접어드네.
사람들 돌아가자 산마을은 어두워지고,
기러기 내려앉자 갈대 핀 모래톱은 흰빛을 띠는구나.
홀로 이 밤 고향 장안을 그리다가,
종소리 들노라 잠 못 이루는 이 나그네.

落帆逗淮鎭, 停舫臨孤驛.
浩浩風起波, 冥冥日沈夕.
人歸山郭暗, 雁下蘆洲白.
獨夜憶秦關, 聽鐘未眠客.

【次】원래 군대나 여행자가 하루 머무는 것을 '舍'라 하며, 이틀 머무는 것을 '信', 그 이상 머물러 있는 것을 '次'라 함. 《左傳》莊公 3년에 "凡師一宿爲舍, 再宿爲信, 過信爲次"라 함. 여기서는 잠시 머무름을 뜻함.

【盱眙】지명. 지금의 江蘇 서부의 盱眙縣. 洪澤湖에 임해 있음.

【淮鎭】盱眙縣이 淮水가의 임해 있으며, 唐나라 때는 臨准郡에 속했음.

【驛】고대 驛站제도에 따라 나그네로서 쉴 곳을 찾아온 것임.

【蘆洲】물 가운데 갈대밭을 이룬 작은 삼각지 모래톱이나 섬.

【秦關】關中. 지금의 陝西 일대를 관중. 고대 진나라 땅이었음. 위응물은 장안 사람이었음.

참고 및 관련 자료

1. 德宗 建中 4년(783) 위응물이 比部員外郞에서 滁州刺史로 부임하면서 盱眙縣을 경유할 때 지은 것.

2. 韻脚은 驛·夕·白·客.

028

〈東郊〉 ······························· 韋應物

동쪽 교외

일 년 내내 관청에 매여 있다가,
교외로 나서니 넓고 맑은 볕이로다.
버드나무는 부드러운 바람을 흩어 불어주고,
푸른 산은 내 심사를 깨끗이 씻어 주누나.
수풀에 기대니 쉬어가기 알맞고,
시내 따라 거닐다가 다시 돌아오기도 하여라.
보슬비에 꽃핀 들녘 가물가물 아름다운데,
봄 뻐꾹새는 어디에서 울음 울고 있는가?
그윽한 곳 즐길 마음에 몇 번이나 멈춘 이유는,
공무에 시달려 그동안 행적이 쉴 틈 없이 바빴기 때문이지.
끝내 이 벼슬 그만두고 여기에 띠집을 지으면,
꿈꾸던 도연명 같은 삶을 진실로 해 볼 수 있으리라.

吏舍跼終年, 出郊曠淸曙.

楊柳散和風, 靑山澹吾慮.

依叢適自憩, 緣澗還復去.

微雨靄芳原, 春鳩鳴何處?

樂幽心屢止, 遵事跡猶遽.

終罷斯結廬, 慕陶眞可庶.

【吏舍】 관서. 관청.

【羈】 구속을 당함. 쫓김. 세상의 잡다한 일에 얽매임.

【澹吾慮】 나의 심사를 깨끗하고 맑게 해 줌.

【遵事】 公務로 규정을 지켜 일을 처리함.

【微雨】 가랑비. 보슬비. 陶淵明의 〈讀山海經〉에 "微雨從東來, 好風與之俱. 汎覽周王傳, 流觀山海圖"이라 함.

【春鳩】 봄의 산비둘기. 그러나 혹 봄에 우는 뻐꾹새를 말함. 《禮記》 月令에 "仲春之月, 鷹化爲鳩"라 함.

【跡】 자취, 일상생활을 가리켜 말함.

【終罷斯】 끝내 이 관직을 마침. 퇴직한 뒤의 일을 기대함. '斯'는 〈四部叢刊本〉《韋江州集》에는 '期'로 되어 있음.

【結廬】 오두막집을 지음. 陶淵明의 〈飮酒詩〉에 "結廬在人境, 而無車馬喧"의 경지를 말함.

【陶】 陶淵明(陶潛). 靖節先生, 五柳先生. 東晉의 대표적인 전원시인.

【庶】 '庶幾'와 같음. 기대함. 바람. 희망함.

陶淵明《三才圖會》

┌─────────────────┐
│ 참고 및 관련 자료 │
└─────────────────┘

1. 구체적 시기는 알 수 없으며 陶淵明과 같은 전원생활을 꿈꾸며 읊은 山水田園詩임.

2. 韻脚은 曙·慮·去·處·遽·庶.

029

〈送楊氏女〉 ································ 韋應物

양씨집으로 딸을 시집보내며

지난날 긴 세월 늘 불쌍하게 자라나서,
이제 문을 나선다니 또한 아득하구나.
여자로서 지금 시집을 가게 되어,
큰 강을 작은 배로 거슬러 올라가겠구나.
너희 자매들은 어미가 없이 고생하여,
내 더욱 어루만지고 사랑하며 부드러이 길렀단다.
어려서는 그나마 어미에게 길러졌으나,
오늘 둘이 헤어짐에 눈물 그치지 못하고 있구나.
이를 지켜보는 아비 마음 창자가 맺히지만,
딸로 태어났으니 마땅히 가야 하며 머물 수는 없는 것.
어려서부터 가르침도 제대로 받지 못하여,
시어머님 잘 섬길까 내 걱정이 앞선단다.
다행히 좋은 집안에 맡겨지는 터라,
믿음이 있고 사랑이 있다니 허물없기 바라노라.
가난하되 검소함은 진실로 숭상해온 바이니,
가져가는 재물과 종이야 어찌 다 갖추겠느냐?
효도와 공경으로 부도를 준수하고,
용모와 행동거지는 법도대로 순종하라.

오늘 새벽 우리 이렇게 헤어지면,
어느 해에 너를 다시 볼 수 있으려나?
한적하게 살면서 내 삶은 살겠지만,
지금 이 감정 갑자기 거두기가 어렵구나.
돌아서서 네 어린 동생 살펴보니,
방울진 눈물이 갓끈 따라 흐르누나.

永日方戚戚, 出行復悠悠.
女子今有行, 大江溯輕舟.
爾輩苦無恃, 撫念益慈柔.
幼爲長所育, 兩別泣不休.
對此結中腸, 義往難復留!
自小闕內訓, 事姑貽我憂.
賴茲托令門, 任恤庶無尤.
貧儉誠所尙, 資從豈待周?
孝恭遵婦道, 容止順其猷.
別離在今晨, 見爾當何秋?
居閑始自遣, 臨感忽難收.
歸來視幼女, 零淚緣纓流.

【楊氏女】위응물의 장녀. 양씨 집안에 시집을 가므로 시집의 성씨를 따라
부른 것. 그러나 위응물은 첫 아내의 성씨가 楊氏였으며 그가 죽은 뒤 재취
하고도 첫 아내를 그리워하여 〈悼亡詩〉 10여 수를 남겼으며, 그에 따라 여기

서의 양씨녀는 첫 아내와 사이에서 난 딸임을 밝혀 재취의 소생이 아님을
강조한 것이라 보기도 함.

【永日】 지난 길고 긴 세월.

【有行】 出嫁함을 말함. 《詩輕》 邶風 泉水에 "女子有行, 遠父母兄弟"라 함.

【泝】 '溯'와 같음. 물을 거슬러 올라감. 일부 판본에는 '溯'로 되어 있음.

【苦無恃】 '苦'는 '況'으로 표기된 판본도 있음. '無恃'는 어려서 어머니 없이
자란 아이를 말함. 《詩經》 小雅 蓼莪에 "無父何怙, 無母何恃"라 함.

【所育】 위응물은 大曆 12년(777) 전후에 첫 아내 양씨를 사별하였으며, 自注
에 "幼女爲楊氏所撫育"이라 함.

【義往】 여자가 나이 차면 의당 시집을 가야 함. 《禮記》 內則에 "女子, ……二十
而嫁, 有故, 二十三年而嫁, 聘則爲妻, 奔則爲妾"이라 함.

【內訓】 《禮記》 內則의 여러 내용. 고대 어머니로서 시집가는 딸을 위해 일러
주었던 각종 교훈과 훈계들. 韋應物의 自註에 "言早無恃"라 함.

【事姑】 姑는 시어머니. 시부모를 舅姑라 함.

【令門】 좋은 집안. 시댁을 말함.

【任恤】 신임과 사랑을 받음. 다른 판본에는 '仁卹'로 되어 있음.

【無尤】 탓하거나 원망함이 없음.

【資從】 資財와 僕從으로 시집갈 때 함께 보내는 물건이나 사람들.

【容止】 용모와 行動擧止.

【猷】 법도. 법칙. 시집살이에서 지켜야 할 여러 가지 규범.

【纓】 갓끈.

참고 및 관련 자료

1. 이는 위응물이 建中, 興元 연간 滁州刺史였을 때 장녀를 楊氏 집안으로
시집보내면서 父情을 알뜰하게 읊은 것임.

2. 張戒의 《歲寒堂詩話》에 "韋蘇州詩韻高而氣淸, 王右丞詩格老而味長,
皆五言之宗匠"이라 함.

3. 韻脚은 悠·舟·柔·休·留·憂·尤·周·猷·秋·收·流.

030

〈晨詣超師院讀禪經〉 ⸺⸺⸺⸺⸺⸺⸺⸺⸺⸺⸺ 柳宗元

새벽 초사의 선원에 가서 선경을 읽으며

새벽 찬 샘물 길어 시리도록 이빨을 씻고,
마음을 맑게 하여 세속의 옷에 묻은 먼지를 턴다.
한가함 속에 패엽경을 들고서
동쪽 재실로 걸어가서 경을 읽도다.
진원眞源은 전혀 깨닫지도 못한 채,
망적妄跡만이 세속 사람들을 쫓아가누나.
성인이 남긴 말씀 어둠 속에 맞추기를 바라지만,
본성을 바로잡는 일 무슨 길로 가야 완숙할 수 있을까?
도인의 뜰은 조용하기만 한데
이끼색은 깊은 대숲까지 이어졌구나.
해 뜨자 안개와 이슬 남아 있는 곳에
푸른 솔잎은 기름 발라 빗은 머리카락 같구나.
담연히 언어문자 밖의 경지가 이러려니,
깨달음에 희열하며 마음만은 자족하네.

汲井漱寒齒, 清心拂塵服.

閑持貝葉書, 步出東齋讀.

眞源了無取, 忘跡世所逐.

遺言冀可冥, 繕性何由熟?

道人庭宇靜, 苔色連深竹.

日出霧露餘, 靑松如膏沐.

澹然離言說, 悟悅心自足.

【超師院】法名이 超인 禪師의 禪院. 구체적으로 어떤 승려인지는 알 수 없음.

【禪經】불교 禪宗의 經. 그러나《全唐詩》주에는 '一作蓮'이라 하여《妙法
蓮華經》을 말함.《酉陽雜俎》에 "大興善寺素和尙轉法花經三萬七千部, 有僧
題詩云: 『三萬蓮經三十春, 半生不踏院塵門.』"이라 함.

【汲井】새벽에 우물물을 길어 감. 佛家와 道敎의 수련법으로 이른 아침
우물물을 길어 이로써 양치하여 건치의 효과를 증진시킴.

【貝葉書】貝葉經. 西域과 인도, 중앙아시아 등지에서 貝多羅樹라는 나뭇잎을
다듬고 말려 거기에 기록한 불경.〈西域傳〉에 "西域有貝多樹, 國人以其葉
寫經, 故曰貝葉書"라 하였으며, 李商隱의〈安國大師〉시에도 "憶奉蓮花座,
兼聞貝葉經"이라 함.

【眞源】佛經에서 말하는 眞諦의 根源. 眞如法性.

【妄跡】虛妄하고 怪誕한 행적. 이 세상의 현상은 眞如法性의 화신에 불과
하며 헛된 迹象일 뿐이라 여김.

【遺言】佛經가운데의 微言大義를 말함.《全唐詩》주에는 '一作譴'이라 함.

【冥】미묘한 어둠 속에 딱 들어맞음.

【繕性】《莊子》繕性篇의 본의. 繕은 修繕(治)과 같으며 본래의 性情을 수선
하여 처음의 본성으로 되돌려야 함을 뜻함. 佛家에서 이를 차용한 것임.

【苔】혹 '蒼'으로 표기된 판본도 있음.

【膏沐】부인들이 머리를 윤택하게 하는 머릿기름.

【澹然】사물에 장애를 받지 않음.. 澹은 혹 '恬'으로 표기된 곳도 있음. 그러나 《全唐詩》주에는 '一作語'라 하였음.

【離言說】문자의 기록이나 설명을 떠남. 문자언어 밖의 미묘한 의미.

【悟悅】깨달음으로 인해 느끼는 희열감.

참고 및 관련 자료

1. 이는 유종원이 德宗 貞元 연간에 永州司馬로 좌천되어 갔을 때 그곳에서 지은 것으로 봄.

2. 淸 吳喬의 《圍爐詩話》에 "子厚詩如『高樹臨清池, 風驚夜來雨』, 『寒月上東嶺, 泠泠疎竹根』, 『石泉遠逾響, 山鳥時一鳴』, 『道人庭宇靜, 苔色連深竹』, 不意 王孟外復有此詩"라 함.

3. 宋 范溫의 《潛溪詩眼》에는 "日出霧露餘, 靑松如膏沐"을 두고 "能傳造化 之妙"라 함.

4. 韻脚은 服·讀·逐·熟·竹·沐·足.

✿ 유종원(柳宗元: 773~819)

1. 자는 子厚, 河東 解縣(지금의 山西 永濟縣) 사람으로 시인이며 동시에 산문가. 唐宋八代家의 하나로 山水 游記와 寓言 小品 등에 뛰어났으며 景物詩 에도 일가를 이룸. 21세에 博學鴻詞科에 등제하여 이름을 날렸으며, 30세에 監察御史에 오름. 順宗 원년(805) 王叔文이 정권을 잡자 그를 禮部員外郎에 추천하였으나, 순종이 즉시 죽고 憲宗이 즉위하자 정권 변화에 왕숙문이 몰락, 그 역시 元和 원년(806) 9월 멀리 邵州刺史로 좌천되었으나, 부임 도중 다시 폄직되어 永州 司馬(지금의 湖南 零陵縣)로 쫓겨감. 그는 벽지 永州에서 34세부터 41세까지 머물면서 많은 작품을 남겼음. 元和 9년(814) 長安 으로 귀환되었다가 이듬해 다시 柳州刺史

柳子厚(宗元)《三才圖會》

(지금의 廣西)로 내려가 그곳에 5년 공직 생활 끝에 병으로 생을 마쳤음. 이에 그를 '柳河東', '柳柳州'라 부르며 산문은 韓愈와 병칭되어 '韓柳'라 불리고, 시는 韋應物과 병칭되어 '韋柳'라 불림. 뒤에 劉禹錫이 그의 유고를 모아 《柳先生文集》(45권)을 편찬하여 세상에 전하며 《柳河東集》도 전함. 그의 文集은 《新唐書》(藝文志, 4), 《宋史》(藝文志, 7)에 모두 30卷으로 되어 있으나 《直齋書錄解題》(卷16)에는 《柳柳州集》 45卷, 外集 2卷으로 되어 있음. 현재의 《柳宗元集》 역시 45卷으로 되어 있음. 한편 그의 詩는 《全唐詩》에 4卷 (350~353)으로 編輯되어 있고, 《全唐詩續拾》에 詩 3首가 補入되어 있음. 《舊唐書》(160)과 《新唐書》(168)에 전이 있음.

2. 《唐詩紀事》(43)

○ 子厚〈與楊誨之書〉云: 「吾年十七, 求進士, 四年乃得擧. 二十四, 求博學宏詞科, 二年乃得仕. 及爲藍田尉, 走謁大官堂下, 與卒伍無別. 益學老子和光同塵, 雖自以爲得, 然以得號爲輕薄人矣. 及爲御史郎官, 自以登朝廷, 利害益大, 雖戒礪益切, 然卒不免爲連累廢逐.」(子厚陷王叔文之黨遷謫, 卒死於柳州, 柳人立廟羅池.)

○ 〈雪詩〉云: 『千山鳥飛絶, 萬徑人蹤滅. 孤舟蓑笠翁, 獨釣寒江雪.』(視鄭谷亂飄僧舍之句不侔矣, 東坡居士云.)

3. 《全唐詩》(350)

柳宗元, 字子厚, 河東人, 登進士第. 應擧宏辭, 授校書郎, 調藍田尉. 貞元十九年, 爲監察御史裏行, 王叔文·韋執誼用事, 尤奇待宗元. 擢尙書禮部員外郎, 會叔文敗, 貶永州司馬. 宗元少精警絶倫, 爲文章雄深雅健. 踔厲風發, 爲當時流輩所推仰. 旣罹竄逐, 涉履蠻瘴. 居閒益自刻苦, 其堙厄感鬱, 一寓諸文, 讀者爲之悲惻. 元和十年, 移柳州刺史, 江嶺間爲進士者, 走數千里, 從宗元遊. 經指授者, 爲文辭皆有法, 世號柳柳州, 元和十四年卒. 年四十七, 集四十五卷, 內詩二卷, 今編爲四卷.

4. 《唐才子傳》(5) 柳宗元

宗元, 字子厚, 河東人. 貞元九年, 苑論榜第進士, 又試博學宏辭, 授校書郎. 調藍田縣尉, 累遷監察御史裏行. 與王叔文·韋執誼善, 二人引之謀事, 擢禮部員外郎, 欲大用. 値叔文敗, 貶邵州刺史, 半道, 有詔貶永州司馬. 遍貽朝士書言情, 衆忌其才, 無爲用心者. 元和十年, 徙柳州刺史. 時劉禹錫同謫, 得播州. 宗元以播非人所居, 且禹錫母老, 具奏以柳州讓禹錫而自往播; 會大臣亦有爲請者, 遂改連州. 宗元在柳, 多惠政, 及卒, 百姓追慕, 立祠亨祠, 血食至今.

公天才絕倫, 文章卓偉, 一時輩行, 咸推仰之. 工詩, 語意深切,「發纖穠於簡古, 寄至味於淡泊, 非餘子所及也.」司空圖論之曰:「梅止於酸, 鹽止於鹹, 飲食不可無, 而其美常在酸鹹之外」可以一唱而三歎也. 子厚詩在陶淵明下, 韋應物上, 退之豪放奇險則過之, 而溫厲靖深不及也. 今詩賦雜文等三十卷, 傳於世.

031

〈溪居〉 ·· 柳宗元

시냇가에 살면서

오랫동안 공무에 얽매였다가,
다행히 이 남쪽 이방으로 귀양왔어라.
한가롭게 농사짓는 집과 이웃하여 살게 되니,
우연히 산림의 은자처럼 되었도다.
새벽이면 이슬 젖은 풀을 헤쳐 밭을 갈고,
저녁이면 배를 저어 시냇물의 돌을 울리네.
오가며 사람도 만나는 경우가 없으니,
홀로 남방 초나라 푸른 하늘을 길게 노래하도다.

久爲簪組累, 幸此南夷謫.
閑依農圃鄰, 偶似山林客.
曉耕翻露草, 夜榜響溪石.
來往不逢人, 長歌楚天碧.

【溪】永州(지금의 湖南 零陵) 교외의 愚溪를 가리킴.

【簪組】'簪'은 簪纓. 벼슬의 머리 비녀를 꽂음. '組'는 組綬, 즉 도장을 묶은 끈. 벼슬을 뜻함.

【南夷】永州는 고대 南蠻 이민족이 살던 지역이었음.

【山林客】은거하는 사람을 말함.

【榜】원래 배의 삿대를 말함. 《全唐詩》注에는 '一作搒, 孔孟切'이라고 하였고, 章燮의 주에는 '傍'으로 되어 있음.

【楚天】永州는 고대 楚나라 땅이었으며 남방을 뜻함.

참고 및 관련 자료

1. 이 역시 유종원이 貞元 연간 永州司馬로 있을 때 그 사는 곁 愚溪를 두고 읊은 것이며, 그의 〈始得西山宴游記〉에 "自餘爲僇人, 居是州, 恒惴栗"이라 함.

2. 淸 沈德潛의 《唐詩別裁》에 "愚溪諸詠, 處運蹇困厄之際, 發淸夷淡泊之音, 不怨而怨, 怨而不怨, 行間言外, 時或遇之"라 함.

3. 韻脚은 謫·客·石·碧.

卷一：五古・樂府

032

〈塞下曲〉二首 ·· 王昌齡

새하곡(1)

매미는 메마른 뽕나무 숲에서 울어,
팔월의 소관蕭關의 길까지 이어지누나.
변방을 나왔다가 다시 변방으로 들어가는 길
가는 곳마다 온통 누런 갈대로구나.
유주, 병주에서 온 나그네,
모두가 이 모래밭에서 전쟁터에서 늙어가누나.
서울의 유협일랑 배우지 말고,
자류마 잘 다루기를 자랑으로 삼을지라.

蟬鳴空桑林, 八月蕭關道.
出塞復入塞, 處處黃蘆草.
從來幽幷客, 皆向沙場老.
莫學游俠兒, 矜夸紫騮好.

【塞下曲】원본에는 〈塞上曲〉이라 되어 있으나 《王昌齡集》에 의해 바로잡음.

【空桑林】《全唐詩》注에 "一作桑樹間"이라 함.

【蕭關】지금의 寧夏 고원현 東쪽에 있는 고대의 관문. 唐나라 때 西北 隴右로 가는 중요한 길목이었음.

【出塞入塞寒】《全唐詩》에는 "出塞復入塞"로 되어 있고 注에 "一作復入塞"라 함.

【幽幷】幽州와 幷州. 고대 燕趙 지역의 변방. 지금의 河北과 山西 일대이며 늘 북방 이민족과 대치하던 곳으로 尙武精神과 俠氣가 강함.

【遊俠】游俠과 같음. 《史記》遊俠列傳에 "韓子曰:「儒以文亂法, 而俠以武犯禁」二者皆譏, 而學士多稱於世云. 至如以術取宰相卿大夫, 輔翼其世主, 功名俱著 於春秋, 固無可言者. 及若季次·原憲, 閭巷人也, 讀書懷獨行君子之德, 義不 苟合當世, 當世亦笑之. 故季次·原憲終身空室蓬戶, 褐衣疏食不厭. 死而已 四百餘年, 而弟子志之不倦. 今游俠, 其行雖不軌於正義, 然其言必信, 其行必果, 已諾必誠, 不愛其軀, 赴士之阨困, 旣已存亡死生矣, 而不矜其能, 羞伐其德, 蓋亦有足多者焉"라 함.

【紫騮】원래는 棗騮라는 名馬의 이름. 《南史》楊侃傳에 "帝因賜侃河南國紫騮, 令試之. 侃執矟上馬, 左右擊刺, 特盡其妙"라 함. 그러나 원래는 악부의 노래 이며 漢나라 橫吹曲 〈紫騮馬歌〉를 가리킴. 《古今樂錄》에 "蓋從軍久戍懷歸 而作也"라 함. 여기서는 이러한 명마를 잘 다루어 전쟁에서 이겨 살아남기를 권유한 것임.

> [참고 및 관련 자료]

1. 〈塞下曲〉은 樂府 《新樂府辭》에 속함. 樂府는 원래 漢 武帝 때 官署이름 으로 민간 가사를 채집하여 정리하던 작업에서 유래되었으나, 뒤에는 민간의 정서를 대변하는 의미를 지님. 〈塞下曲〉은 고대 악부의 〈入塞〉, 〈出塞〉에서 변한 것이며, 唐代에는 비록 음악과 직접 관련이 없어도 그 풍을 그대로 지닌 작품일 경우 이 범주에 넣기도 함. 왕창령은 玄宗 개원 11년 幷州를 유람하였 으며 서쪽 隴西지역까지 이르러 그때 이 〈새하곡〉 4수를 지었으며 여기서는 그중 2수를 수록한 것임.

2. 韻脚은 道·草·老·好.

033

〈塞下曲〉(2) ┈┈┈┈┈┈┈┈┈┈┈┈┈┈┈┈ 王昌齡

새하곡(2)

말에게 물을 먹이고 가을 물을 건넜더니,
물은 차고 바람은 칼날 같구나.
끝없는 사막에 해는 지지 않았는데,
어두컴컴 멀리 임조관이 보이누나.
지난날 이 장성에서 벌어졌던 전투에서,
모두 말하되 의기가 하늘처럼 높았다지만.
누런 먼지가 고금을 두고 쌓이는 동안,
백골은 어지럽게 들풀 속에 흩어져 있네.

飮馬渡秋水, 水寒風似刀.
平沙日未沒, 黯黯見臨洮.
昔日長城戰, 咸言意氣高.
黃塵足今古, 白骨亂蓬蒿.

【水】洮水(洮河)를 가리킴. 臨洮를 흐르는 강물.

【平沙】북방 널리 펼쳐진 끝없는 사막. 중국 서북 변방부터 중앙아시아 지역은 거의 모래밭으로 이어져 있음.

【黯黯】어둡고 답답한 모습.

【臨洮】옛 지명. 秦나라 때 설치하여 蒙恬이 처음 長城을 쌓을 때, 이곳 臨洮에서 시작하여 요동까지 이르렀음. 唐나라 때에는 赤道縣에 소속되었으며 일시 吐蕃에게 함락되었으며 지금의 甘肅 岷縣에 해당함.

【長城戰】역대에 변방에서 벌어졌던 전투.《全唐詩》注에 "一作龍"이라 하였으며 龍城은 지금의 河北 長垣縣 남쪽.

【足】《全唐詩》注에 "一作漏, 一作是"라 함. 여기서는 쌓여 감을 말함.

【蓬蒿】들풀을 총칭하여 일컬은 것.

참고 및 관련 자료

1.《全唐詩》주에는 "此首一本題作望臨洮"라 하여 제목이 〈望臨洮〉였음.

2. 唐 玄宗의 開元 14년 승상 張說의 저지를 거부하고 王君㚟을 吐蕃 정벌에 보내었으며, 이에 당나라 군사는 처음에는 일부 승리를 하였으나 마침내 대패하여 왕군착은 피살되고 말았음. 이때 왕창령은 변방에서 이를 듣고 변새의 처절함을 읊은 것임.

3. 韻脚은 刀·洮·高·蒿.

〈西域回疆圖〉玉門關 서쪽 新疆 개설을 그린 것

034
〈關山月〉 ⋯⋯⋯⋯⋯⋯⋯⋯⋯⋯⋯⋯⋯⋯⋯⋯⋯⋯⋯⋯⋯ 李白
　관산의 달

밝은 달 천산에서 솟아올라,
아득히 구름바다 사이에 떠 있구나.
긴 바람 몇만 리를 거쳐 와서,
옥문관을 지나서 불고 지나가는가.
한나라 군사가 백등대에서 내려오자,
오랑캐들은 청해만을 엿보는구나.
전투가 벌어진 곳이라면,
역대 이래 살아 돌아온 사람은 하나도 보지 못했네.
수자리 지키는 군사들 풍경 마을 바라보며,
돌아갈 생각에 괴로움이 얼굴 가득.
오늘 이 밤 고향 가족들 높은 누에 올라 저 달을 바라보며,
응당 탄식하는 소리 그칠 줄 모르리라.

明月出天山, 蒼茫雲海間.
長風幾萬里, 吹度玉門關.
漢下白登道, 胡窺青海灣.

由來征戰地, 不見有人還.

戍客望邊邑, 思歸多苦顔.

高樓當此夜, 嘆息未應閑.

【關山月】 원래는《樂府》의 구제목으로 鼓角橫吹曲
에 속하여 주로 遠征과 離別을 읊은 것임. '關山'은
변방 관문 전쟁터의 산악지대 산들을 말함.

【天山】 祁連山. 지금의 甘肅과 新疆 지역 서북쪽
伊州와 西州를 덮고 있는 높은 산맥.

【玉門關】 지금 甘肅 敦煌 서쪽 150里 陽關의 서북
에 있는 큰 관문.《漢書》西域傳에 "西域東則接漢,
扼以玉門·陽關"이라 함.

萬里長城 동쪽 山海關

【白登道】 지금 山西 大同縣 동쪽에 있는 산으로
'白登臺'라고도 함. 漢 高祖 劉邦이 匈奴 冒頓을
치다가 이 산에 이레 동안 포위당했던 적이 있음.
(《史記》匈奴列傳, 韓信盧綰列傳 참조)

萬里長城 서쪽 嘉峪關

【靑海】 湖水 이름. 지금의 靑海 西寧 부근에 있는 큰 호수. 원래 吐谷渾이
살던 땅이며, 唐 高宗 때 吐蕃에게 병탄되어 당과 여러 차례 격전이 일어
났던 곳임.

참고 및 관련 자료

1. 이는 李白이 樂府歌辭〈關山月〉에 맞추어 새롭게 표현한 것으로 唐나라
때는 서북지역은 주로 吐蕃과 回紇 등과 대치하던 곳이었으며 이를 읊은 邊
塞詩임.

2. 宋 郭茂倩의《樂府詩集》에 "樂府解題曰: 關山月, 傷離別也. 古木蘭詩曰:
『萬里赴戎機, 關山度若飛; 朔氣傳金柝, 寒光照鐵衣.』按相和曲有度關山, 亦此
類也"라 함.

3. 韻脚은 山·間·關·灣·還·顔·閑.

035-1

〈子夜四時歌: 春歌〉 ·· 李白

자야의 노래(봄)

진나라 땅 나부라는 처녀,
푸른 물가에서 뽕을 따고 있네.
하얀 손 푸른 가지에 얹히고
빨간 화장 밝은 해에 더욱 곱구나.
누에 배고파할테니 저는 가야 하오,
태수님 제발 붙들지 마세요.

秦地羅敷女, 采桑綠水邊.
素手青條上, 紅妝白日鮮.
蠶飢妾欲去, 五馬莫留連.

【子夜吳歌】 六朝시대 江南 吳지방의 民歌로써 東晉 때 '子夜'라는 여자가
처음 읊어 〈子夜曲〉이라 이름 지어졌으며 樂府의 淸商曲辭에 해당함.
【歌】 詩體의 한 장르. 《文體明辨》에 "其放情長言, 雜而無方者曰歌"라 함.

【羅敷】漢代 樂府〈陌上桑〉에 등장하는 여인 이름.〈豔歌羅敷行〉이라고도 함. 참고란을 볼 것.

【靑條】뽕나무 가지.

【五馬】太守를 가리킴.〈陌上桑〉의 표현을 원용한 것임.

【留連】머물러 가지 못하게 말을 걸거나 멈추게 함.

참고 및 관련 자료

1. 이백의〈子夜吳歌〉는〈子夜四時歌〉라고도 하며 春夏秋冬 모두 4수로써 일부 판본에는 秋歌 한 수만 실려 있음.

2. 이는〈陌上桑(豔歌羅敷行)〉의 내용을 압축한 것으로 그 전문은 다음과 같음.

日出東南隅, 照我秦氏樓. 秦氏有好女, 自名爲羅敷. 羅敷善蠶桑, 採桑城南隅.
靑絲爲籠繫, 桂枝爲籠鉤. 頭上委墮髻, 耳中明月珠. 緗綺爲下裙, 紫綺爲上襦.
行者見羅敷, 下擔捋髭鬚. 少年見羅敷, 脫帽著帩頭. 耕者忘其犁, 鋤者忘其鋤.
來歸相怨怒, 但坐觀羅敷. 使君從南來, 五馬立踟躕. 使君遣吏往, 問是誰家姝?
秦氏有好女, 自名爲羅敷. 羅敷年幾何? 二十尙不足, 十五頗有餘. 使君謝羅敷,
寧可共載不? 羅敷前置辭, 使君一何愚? 使君自有婦, 羅婦自有夫. 東方千餘騎,
夫壻居上頭. 何用識夫壻? 白馬從驪駒, 靑絲繫馬尾. 黃金絡馬頭, 腰中鹿盧劍,
可値千萬餘. 十五府小吏, 二十朝大夫, 三十侍中郞, 四十專城居, 爲人潔白晳,
鬑鬑頗有鬚, 盈盈公府步, 冉冉府中趨. 坐中數千人, 皆言夫壻殊.

3. 韻脚은 邊·鮮·連.

035-2

<子夜四時歌: 夏歌> ··· 李白

자야의 노래(여름)

경호 둘레 삼백 리에,
함담이 피어 연꽃으로 변하누나.
오월에 서시가 연밥 따던 모습,
이를 보겠다고 약야 냇물이 막힐 정도.
배를 돌려 달뜨기를 기다리지 말고,
월왕의 궁전으로 돌아가려무나.

鏡湖三百里, 菡萏發荷花.
五月西施采, 人看隘若耶.
回舟不待月, 歸去越王家.

【鏡湖】 浙江 紹興縣 남쪽에 있으며 원래 이름은 鑑湖.
【菡萏】 아직 활짝 피지 않은 芙蓉꽃을 뜻하는 疊韻連綿語의 物名. 《詩經》
陳風 澤陂에 '有蒲菡萏'라 하였으며, 《說文》에는 "芙蓉未發爲菡萏, 已發爲
芙蓉"이라 함.

【若耶】 약사로도 표기하며, 若耶山에서 발원하여 鏡湖에 흘러들어가는 물. 春秋시대 吳나라 西施가 빨래하던 곳으로도 유명함.

【歸去越王家】 章燮 注에 "此子夜夏歌, 歸去越王家, 不得復見也"라 함. 서시 는 越王 句踐이 范蠡로 하여금 이 西施를 궁궐로 데려와 훈련시킨 다음 吳王 夫差에게 주어 美人計로써 오나라를 멸망시킨 장본인. '西施矉步', '效矉'등의 고사를 남긴 미인.《莊子》참조.

참고 및 관련 자료

1. 이는 서시의 고사를 들어 여름 남방 풍경을 노래한 것임.
2. 韻脚은 花·耶·家.

詩仙 李白(701~762)

035-3

〈子夜四時歌: 秋歌〉 ·· 李白

자야의 노래(가을)

장안성엔 한 조각달이 떠 있고,
집집마다 보낼 군복 다듬이 소리.
가을바람 불어와 끊이지 않는데,
온통 머리엔 모두가 옥문관 남편 생각.
어느 때에 오랑캐를 평정하고,
우리 남편 원정을 마치고 돌아올 수 있을까?

長安一片月, 萬戶擣衣聲.
秋風吹不盡, 總是玉關情.
何日平胡虜, 良人罷遠征?

【長安】京兆 서울. 아들이나 남편을 모두 전쟁터로 보내고 그 뒷바라지하는
도시의 분주한 모습을 표현하기 위한 것임.
【擣衣】변방 남편의 군복을 짓고 마름질하는 다듬이질을 함. 고대에는
군역을 나간 가족의 옷을 각기 집에서 부쳐 주었음.

【玉關】玉門關. 실제 변방의 전선 여러 關門을 가리킴.
【良人】곧 남편을 일컫는 말.

1. 〈子夜吳歌〉 중 가장 널리 알려진 작품이며, 군역에 동원된 남편을 그리는 思夫詩임.
2. 王夫之의 《唐詩評選》에는 "前四語是天壤間生成, 被太白拾得"이라 함.
3. 韻脚은 聲·情·征.

035-4

〈子夜四時歌：冬歌〉 ······························· 李白

자야의 노래(겨울)

내일 아침 역사가 떠난다기에
하룻밤 내내 솜을 넣어 정포征袍 짓네.
하얀 손 바느질도 이토록 시려우니
어찌 차가운 가위를 잡을 수 있으리오?
재봉을 다 하여 먼 길에 부치지만
어느 날에 그곳 임조에 닿을 수 있을까?

明朝驛使發, 一夜絮征袍.
素手抽針冷, 那堪把剪刀.
裁縫寄遠道, 幾日到臨洮?

【驛使】 옛날 驛院制度에서 말로써 문서를 전달하던 사람. 여기서는 전선에
물품을 전해 주기 위한 임무를 맡은 사람을 말함.
【絮】 솜을 넣어 겨울 군복을 만듦.
【征袍】 군복. 외투로써 무릎 아래까지 내려오는 겨울용 큰 옷.

【那堪】'어찌 감당하랴'의 뜻. '那'는 '哪'와 같으며 의문조동사.

【剪刀】가위.

【臨洮】옛 지명. 秦나라 때 설치하여 蒙恬이 처음 長城을 쌓을 때 이곳 臨洮에서 시작하여 요동까지 이르렀음. 唐나라 때에는 赤道縣에 소속되었으며, 일시 吐蕃에게 함락되었다. 지금의 甘肅 岷縣에 해당함.

참고 및 관련 자료

1. 겨울 군복을 지어 남편에게 보내는 아내의 정성을 아름답게 읊은 것임.
2. 韻脚은 袍·刀·洮.

036

〈長干行〉 ·· 李白

장간의 노래

앞머리 겨우 이마를 덮을 때에
문 앞에서 꽃 꺾으며 놀았지요.
그대는 죽마 타고 오셔서,
우물 난간 돌면서 청매로 소꿉놀이했었지요.
우리는 장간리 한 동네에 살면서,
둘 다 어린 나이라 천진난만했었지요.
열네 살에 그대의 아내가 되어,
부끄러워 얼굴 한번 제대로 마주보지 못했지요.
고개 숙여 벽만 쳐다보다가,
천 번을 불러도 한 번 대답도 못했어요.
열다섯 되어서야 비로소 눈썹을 펴고,
티끌 되고 재 되도록 함께 하길 원했지요.
항상 굳은 믿음 마음에 담았으니,
망부대에 오를 일은 어찌 생각인들 했겠어요?
열여섯 살 되던 해 그대는 멀리 떠나,
구당 염예퇴의 험한 길로 가셨지요.
오월엔 물과 암초 때문에 건널 수 없고,
원숭이 하늘 가에서 슬프게 울음 우는 곳.

문 앞에는 그대 발자국 기다리느라,
곳곳마다 푸른 이끼만 끼어 있다오.
이끼가 많아도 쓸어내지 못하는데,
낙엽은 떨어져 가을은 벌써 다가오네요.
팔월이면 노랑나비들,
서쪽 뜰을 찾아와 쌍쌍이 날고 있어요.
이 모습에 저의 마음 슬프기 그지없어,
앉은 채 수심 속에 홍안이 늙어 간다오.
조만간 삼파로 내려오실 때엔,
미리 편지로써 집에 알려 주세요.
맞이하러 가는 길 멀다 않고서,
곧바로 장풍사로 달려가리다.

妾髮初覆額, 折花門前劇.
郎騎竹馬來, 繞床弄靑梅.
同居長干里, 兩小無嫌猜.
十四爲君婦, 羞顏未嘗開.
低頭向暗壁, 千喚不一回.
十五始展眉, 願同塵與灰.
常存抱柱信, 豈上望夫臺!
十六君遠行, 瞿塘灩澦堆.
五月不可觸, 猿鳴天上哀.
門前遲行跡, 一一生綠苔.
苔深不能掃, 落葉秋風早.

李白

八月蝴蝶來, 雙飛西園草.
感此傷妾心, 坐愁紅顏老!
早晚下三巴, 預將書報家.
相迎不道遠, 直至長風沙.

【長干】 지명. 建康(金陵)의 마을 이름. 지금의 江蘇 南京 秦淮河의 남쪽 長山岡에 있으며 長干里라 함. 《方輿覽勝》에 "建康府有長干里, 去上元縣 五里, 在秦淮南"이라 함. 〈長干行〉은 樂府의 舊題. 참고란을 볼 것.

【行】 歌曲의 한 장르이며 문체의 이름. 《文體明辨》에 "步驟馳騁, 疎而不 滯者曰行"이라 함.

【妾】 고문이나 시가에서 여자나 아내가 자신을 낮추어 부르는 일인칭.

【覆額】 고대에 여자가 15살이 되면 비로소 머리를 묶어 비녀처럼 하며, 어린 아이는 束髮하지 않아 머리카락을 그대로 이마에 늘어뜨림. 여기서는 어린 여자아이 시절을 말함.

【劇】 소꿉놀이 등을 함.

【竹馬】 대나무 장대를 말처럼 사타구니에 넣어 노는 사내아이들의 놀이. 《後漢書》郭伋傳에 "有兒童數百, 各騎竹馬, 于道次迎接"이라 함.

【牀】 床과 같음. 우물 사방을 주위를 둘러친 난간. 혹 우물 위 도르래를 걸 수 있도록 설치한 횡목. 《古樂府》淮南王篇에 "後園鑿井銀作床"이라 함.

【無嫌猜】 천진난만한 어린아이로서 서로 거리낌이 없었음.

【未賞開】 혹 '尙不開'로 표기된 판본도 있음.

【展眉】 기뻐하며 눈썹을 폄.

【抱柱信】 '尾生守信'을 말함. 어떠한 경우에도 약속을 지킴. 《莊子》盜跖篇에 "尾生與女子期於梁下, 女子不來, 水至不去, 抱梁柱而死"라 함.

【望夫臺】 남편을 기다리다 지쳐 산에 올라 돌이 되었다는 고사는 각지에 있음. 蘇轍의 《樂城集》에 "望夫臺在忠州南數十里"라 함.

【瞿塘】 明月峽이라고도 하며 巫峽, 西陵峽과 함께 長江三峽의 하나. 지금의 四川 奉節縣에 있음.

【灩澦堆】 험난한 물길을 뜻하며 여기서는 瞿塘峽 입구의 암초돌.

【猿鳴天上哀】《四部叢刊》章燮 注에 '鳴'자가 '聲'으로 되어 있음.《水經注》
江水注의〈巴東三峽歌〉에 "巴東三峽巫峽長, 猿鳴三聲淚沾裳. 巴東三峽猿鳴悲,
猿鳴三聲淚沾衣"라 함.

【遲】옛날.《全唐詩》주에 "一作舊"라 함. 그러나 다른 해석에는 '待'로 보기도 함.

【苔深】사람이 떠나고 오랫동안 오지 않아 푸른 이끼가 끼어 있음.

【蝴蝶來】혹 '蝴蝶黃'으로 표기된 기록도 있음.

【三巴】지금의 삼협 부근으로 巴郡·巴東·巴西를 합쳐 三巴라 함. 지금의
四川 동부지역 일대.《華陽國志》에 "獻帝建安六年, 改永陵爲巴郡, 以固陵
爲巴東, 安漢爲巴西, 是爲三巴"라 하였고,《小學紺珠》에는 "三巴, 巴郡,
今重慶府; 巴東, 今夔州; 巴西, 今合州"라 함.

【長風沙】地名.《太平寰宇記》에 "長風沙, 在舒州懷寧縣東一百九十里"라 하였
으며, 陸游의《入蜀記》에 의하면 長干으로부터 長風沙까지는 7백 리 거리라
하였음. 지금 安徽 懷寧 서남부 일대, 長江 北岸에 있으며 南京으로부터 5
백여 리라고도 함.

> ### 참고 및 관련 자료

1. 이는 이백의〈長干行〉2수 중 첫째 수임.〈長干行〉은 원래 그곳 民歌였으며
《樂府》雜曲歌辭의 舊題目이 되었음. 뒤에 문인들이 이를 빌어 戀歌로 흔히
많이 지었음. '行'은 문체의 이름으로《文體明辨》에 "步驟馳騁, 疎而不滯者
曰行"이라 함. 崔顥의〈長干行〉(235) 참조.

2.《唐宋詩醇》에 "兒女子情事, 直從胸臆間流出, 縈回曲折, 一往情深"이라 함.

3.《樂府遺聲》에 "都邑三十四曲中, 有長干行"이라 함.

4. 韻脚은 額·劇으로 시작하여 來·梅·猜·開·回·灰·臺·堆·哀·苔로, 掃·早·
草·老로, 다시 巴·家·沙로 換韻하고 있음.

037

〈列女操〉 ·· 孟郊

열녀를 노래함

오동나무는 서로 같이 늙기를 기대하고,
원앙새는 죽을 때도 함께 하자고 다짐하지.
정결한 부인은 남편 따라 죽는 것을 귀히 여기니,
생명 버리기를 역시 이와 같이 할 뿐.
맹세컨대 마음에 물결을 일으키지 않으리니,
나의 마음은 오래된 우물 속 물과 같으리로다.

梧桐相待老, 鴛鴦會雙死.
貞婦貴殉夫, 舍生亦如此.
波瀾誓不起, 妾心古井水.

【列女】 烈女와 같음. '操'는 琴曲의 한 종류 명칭. 일부 판본에는 〈烈女操〉로
되어 있음.
【梧桐】 여기서는 남녀의 사랑을 의미함. 魏 明帝(曹叡)의 〈猛虎行〉에 "雙桐生
空井, 枝葉自相通"이라 함.

【鴛鴦】새 이름. 雙聲連綿語. 부부의 일심을 상징함. 《藝文類聚》에 〈鄭氏婚禮謁文贊〉에 "鴛鴦鳥, 雌雄相類, 飛止相匹"이라 함.

【殉】'徇'과 같음. 따라 죽음. 죽음을 따름.

【舍生】생명을 버림. '舍'는 '捨'와 같음.

【古井水】혹 '井中水'로도 되어 있음. 오래된 우물 속의 물처럼 아주 고요하고 깨끗함.

참고 및 관련 자료

1. 烈女를 두고 노래한 것으로 정절과 불변을 읊음.

2. 淸 吳喬의 《圍爐詩話》에 "東野 〈烈女操〉·〈遊子吟〉等篇, 命意眞摯, 措詞亦善"이라 함.

3. 韻脚은 死·此·水.

❀ 맹교(孟郊: 751~814)

1. 자는 東野. 湖州 武康(지금의 浙江 德淸) 사람으로 젊어 嵩山에 은거하기도 함. 貞元 12년(796) 진사에 올랐으나, 그때 이미 50세였으며 겨우 溧陽縣尉에 오르고 말아 벼슬길에 제대로 뜻을 펴지 못한 채 병고에 시달렸다 함. 韓愈와 두터운 우정이 있어 '韓孟'이라 불리며 險怪詩派에 속함. 古體詩에 능하였고 寒苦한 분위기를 즐겨 썼음. 《孟東野詩集》이 전함. 그의 文集은 宋 宋敏求의 〈孟東野詩集後序〉에 "蜀人塞濬用退之贈郊句纂《咸池集》二卷, 百八十篇"이라 하였으며 《新唐書》(藝文志, 4)에 《孟郊詩集》 10卷이 저록되어 있음. 《全唐詩》에는 그의 詩가 10卷(372~381)으로 편집되어 있으며, 《全唐詩外編》에 詩 1首가 補入되어 있음. 《舊唐書》(160)와 《新唐書》(176)에 전이 있음.

2. 《唐詩紀事》(35)

○ 郊, 字東野, 湖州人. 年五十, 擢調溧陽尉. 鄭餘慶爲東都留守, 表爲水陸運判官. 鎭興元, 表爲參謀, 卒.

○ 韋莊奏請追贈十餘人, 其一孟郊, 字東野, 尙古風詩, 與李觀·韓退之爲友. 貞元十二年及第, 佐徐州張建封幕. 卒, 私諡曰貞耀先生.

○〈遊子吟〉云:『慈母手中線, 遊子身上衣. 臨行密密縫, 意恐遲遲歸. 誰將寸草心, 報得三春暉.』

3.《全唐詩》(372)

孟郊, 字東野, 湖州武康人. 少隱嵩山, 性介, 少諧合. 韓愈一見爲忘形交, 年五十, 得進士第, 調溧陽尉. 縣有投金瀨·平陵城. 林薄蒙翳, 下有積水. 郊間往坐水旁, 裵回賦詩, 曹務多廢. 令白府以假尉代之, 分其半奉, 鄭餘慶爲東都留守. 署水陸轉運判官, 餘慶鎭興元. 奏爲參謀, 卒. 張籍私諡曰貞曜先生, 郊爲詩有理致, 最爲愈所稱, 然思苦奇澀. 李觀亦論其詩曰:「高處在古無上, 平處下顧二謝」云. 集十卷, 今編詩十卷.

4.《唐才子傳》(5) 孟郊

郊, 字東野, 洛陽人. 初, 隱嵩山, 稱處士. 性介少諧合, 韓愈一見爲忘形交, 與唱和於詩酒間. 貞元十二年, 李程榜進士, 時年五十矣. 調溧陽尉, 縣有投金瀨·平陵城, 林薄翁翳, 下有積水. 郊間往坐水傍, 命酒揮琴, 徘徊賦詩終日, 而曹務多廢. 縣令白府, 以假尉代之, 分其半俸. 辭官家居. 李翱分司洛中, 日與談讌, 薦於興元節度使鄭餘慶, 遂奏爲參謀, 試大理評事, 卒. 餘慶給錢數萬營葬, 仍贍其妻子者累年; 張籍諡爲「貞曜先生」, 門人遠赴心喪. 郊拙於生事, 一貧徹骨, 裘褐懸結. 未嘗俛眉爲可憐之色, 然好義者更遭之. 工詩, 大有理致, 韓吏部極稱之. 多傷不遇, 年邁家空, 思苦奇澀, 讀之每令人不懽, 如:「借車載家具, 家具少於車.」如〈謝炭〉云:「吹霞弄日光不定, 煖得曲身成直身」如:「愁人獨有夜燭見, 一紙鄉書淚滴穿」如〈下第〉云:「棄置復棄置, 情如刀劍傷」之類, 皆哀怨清切, 窮入冥搜. 其初登第, 吟曰:「昔日齷齪不足嗟, 今朝曠蕩恩無涯. 春風得意馬蹄疾, 一日看盡長安花」當時議者亦見其氣度窘促, 卒漂淪薄宦, 詩讖信有之矣.「天實爲之, 謂之何哉!」李觀論其詩曰:「高處在古無上, 平處下顧二謝」云. 時陸長源工詩, 相與來往, 篇什稍多, 亦佳作也. 有《咸池集》十卷, 行於世.

038

〈游子吟〉 ·· 孟郊

떠돌이 아들의 노래

어머님 손에 쥐인 실과 바늘,
떠도는 이 아들의 몸에 입힐 옷이라네.
떠날 때 촘촘히도 정성들여 꿰매심은,
돌아오기 늦을세라 걱정하기 때문이지.
누가 말할 수 있으리오? 이 조그만 풀 같은 마음으로
봄 석 달 볕 같은 그 은혜 갚을 수 있다고.

慈母手中線, 游子身上衣.
臨行密密縫, 意恐遲遲歸.
誰言寸草心, 報得三春暉?

【游子吟】游子는 '遊子'와 같으며 집을 떠나 외지를 돌아다니는 아들. '吟'은
詩體의 한 장르.《文體明辨》에 "吁嗟慨歌, 悲憂深思, 以呻其鬱者曰吟"이라 함.
【密密縫】세밀하게 꿰매어 뜯어지지 않도록 함.
【遲遲歸】외지 생활이 길어 돌아올 시간이 늦음.

【寸草心】 村草는 봄날 볕을 받아 자라나고 있는 작은 풀. 村草心의 자식의 마음을 뜻함.

【三春暉】 三春은 봄 석 달. 孟春·仲春·季春. '三春暉'는 봄볕. 어머니의 은정을 뜻함.

1. 모친의 정성스러운 옷 바느질을 유자의 마음에 비교하여 읊은 것임.

2. 彭國棟의 《滄園詩話》에 "東野〈游子吟〉, 余每讀而涕下, 蓋先慈李太夫人之心, 卽游子吟中慈母之心夜, 自來寫母愛之深切, 未有如東野者也"라 함.

3. 韻脚은 衣·歸·暉.

孟郊(東野)《三才圖會》

卷二：七言古詩

039

〈登幽州臺歌〉 .... 陳子昂

유주대에 올라

앞으로는 옛 사람 볼 수 없고,
뒤로는 올 사람 볼 수 없도다.
천지라는 것이 아득하여 끝이 없음 생각하니,
홀로 슬픔에 젖어 눈물을 흘리도다!

前不見古人, 後不見來者.
念天地之悠悠, 獨愴然而涕下!

【幽州臺】薊城의 北樓. 薊城은 고대 燕나라 서울이었으며, 그 성의 북쪽
　문루를 말함. '薊丘', '燕臺'라고도 하며 戰國시대 燕 昭王이 賢士를 불러
　모으기 위하여 누대를 짓고 황금을 준비했던 곳이라 함. 지금의 北京 南門.
　唐나라 때 幽州의 治所가 薊였음.
【歌】詩體의 한 장르.《文體明辨》에 "其放情長言, 雜而無方者曰歌"라 함.
【前·後】한 사람의 생애는 시간에 제한을 받아, 과거의 옛사람을 볼 수 없고,
　미래의 올 사람도 만날 수 없음.

【古人】燕 昭王을 말함. 인재를 알아보기 위해 그토록 힘을 쏟았으나, 세월이
　달라 자신은 그를 볼 수 없음.
【天地】時空을 합하여 부른 것. 屈原의 〈遠游〉에 "唯天地之無窮兮, 哀人生
　之長勤. 往者余不及兮, 來者吾不聞. 步徙倚而遙思兮, 怊惝悅而永懷"라 함.
【悠悠】무궁무진한 상태.
【涕下】혹 '淚'자로 된 판본도 있음.

참고 및 관련 자료

1. 이는 武則天 萬歲通天 원년(696) 진자앙이 建安王(武攸宜)을 따라 거란을
공격할 때 右拾遺의 신분으로 그의 參謀로 이곳에 왔었으며 그때 읊은 것임.
2. 唐 趙儋의 〈陳公旌德碑〉에 "子昂旣東征, 參武攸宜幕, 以諫軍略不納, 遭罷
爲庶幾. 因登薊北樓, 感燕趙故事, 泫然流涕, 慨然悲歌, 一時傳誦, 天下莫不
知之"라 함.
3. 韻脚은 者·下.

❀ 진자앙(陳子昂: 659~700)

1. 자는 伯玉, 梓州 射洪(지금의 四川) 사람으로 고종 開耀 2년(682) 진사에
올라 右拾遺를 역임하여 '陳拾遺'라 불렸음. 則天武后 일파에게 미움을 받아
해직되어 귀향하였다가 다시 무고를 입어 옥에 갇히자 울분을 품고 죽음.
五言古體에 뛰어났으며, 淸峻한 浩氣를 발휘하였음. 문장에도 뛰어나 韓愈는
"國朝文章盛, 子昂始高蹈"라 하였음. 《陳伯玉集》이 전함. 그의 文集과 詩는
《陳伯玉文集》으로 《四部叢刊》의 明代 간행본에 실려 있으며 《全唐詩》
(83·84)에 2권으로 실려 있고, 《全唐詩外編》에 補入된 1首가 있음. 《舊唐書》
(190, 中)와 《新唐書》(107)에 전이 실려 있음.
2. 《唐詩紀事》(8)
陳子昂, 字伯玉, 梓州人. 資褊躁, 然好施予, 篤朋友, 與陸餘慶·王無競·房融·
崔泰之·盧藏用·趙元最厚. 唐興, 文章承徐·庾餘風, 子昂始變雅正, 爲〈感遇詩〉
三十八篇. 王適曰:「是必爲海內文宗.」子昂·趙貞固·盧藏用·杜審言·宋之問·
畢隆澤·郭襲微·司馬承禎·釋懷一·陸餘慶, 號方外十友.

3.《全唐詩》(83)

陳子昂, 字伯玉, 梓州射洪人. 少以富家子, 尙氣決, 好弋博. 後遊鄉校, 乃感悔修飭. 初舉進士入京, 不爲人知. 有賣胡琴者, 價百萬, 子昂顧左右, 輦千緡市之, 衆驚問. 子昂曰:「余善此.」曰:「可得聞乎?」曰:「明日可入宣陽里, 如期偕往, 則酒肴畢具.」奉琴語曰:「蜀人陳子昂, 有文百軸, 不爲人知. 此賤工之伎, 豈宜留心?」舉而碎之, 以其文百軸徧贈會者, 一日之內, 名滿都下. 擢進士第. 武后朝, 爲靈臺正字, 數上書言事, 遷右拾遺. 武攸宜北討, 表爲管記. 軍中文翰, 皆委之子昂. 父爲縣令段簡所辱, 子昂聞之, 遽還鄉里, 簡乃因事收繫獄中, 憂憤而卒. 唐興, 文章承徐·庾餘風, 駢麗穠縟, 子昂橫制頹波, 始歸雅正. 李·杜以下, 咸推宗之. 集十卷, 今編詩二卷.

4.《唐才子傳》(1) 陳子昂

子昂, 字伯玉, 梓州人. 開耀二年許旦榜進士. 初, 年十八時, 未知書, 以富家子, 任俠尙氣, 弋博, 後入鄉校感悔, 卽於州東南金華山觀讀書, 痛自修飾, 精窮墳典, 耽愛黃·老·《易·象》. 光宅元年, 詣闕上書, 諫靈駕入京. 召見, 武后奇其才, 遂拜麟臺正字, 令云:「地藉(籍)英華, 文稱暐曄.」累遷拾遺. 聖歷初, 解官歸. 會父喪, 廬塚次. 縣令段簡貪殘, 聞其富, 造詐誣子昂, 脅取略二十萬緡, 猶薄之, 遂送獄. 子昂自筮卦, 驚曰:「天命不祐, 吾殆窮乎!」果死獄中, 年四十三. 子昂貌柔雅, 而性褊躁, 輕財好施, 篤朋友之義. 與游英俊, 多秉權衡. 唐興, 文章承徐·庾餘風, 天下祖尙, 子昂始變雅正. 初爲〈感遇詩〉三十章, 王適見而驚曰:「此子必爲海內文宗.」由是知名. 凡所著論, 世以爲法. 詩調尤工. 嘗勸后興明堂太學, 以調元氣. 與遊英俊, 多秉鈞衡. 柳公權評曰:「能極著述, 克備比興, 唐興以來, 子昂而已.」有集十卷, 今傳.

◎ 嗚呼!「古來材大, 或難爲用.」「象以有齒, 卒焚其身.」信哉! 子昂之謂歟?

040

〈古意〉 ·· 李頎

옛 사람의 뜻을 흉내내어

남아라면 먼 길 나서 보아야 하는 것,
어리고 젊은 나이의 유연 땅 협객.
말발굽 아래에서 승부를 겨루면서,
본래부터 칠 척 한 몸 가볍게 여겼더니라.
사람을 마구 죽여 누구도 감히 그 앞에 나서지를 못하였고,
그 수염은 고슴도치 털처럼 뻣뻣하였지.
변방 누런 언덕 아래 흰 구름이 날리고,
임금 은혜 갚지 못하면 돌아가지 못 한다 여겼지.
요동 땅 젊은 계집 나이 겨우 열다섯,
비파도 잘도 타고 가무에도 밝았노라.
지금은 남을 위해 강적으로 〈출새곡〉을 연주하니,
우리 군대 모두로 하여금 눈물이 비 오듯 하게 하네!

男兒事長征, 少小幽燕客.
賭勝馬蹄下, 由來輕七尺.
殺人莫敢前, 鬚如蝟毛磔.

黃雲隴底白雲飛, 未得報恩不能歸.
遼東小婦年十五, 慣彈琵琶解歌舞.
今爲羌笛出塞聲, 使我三軍淚如雨!

【古意】 옛 사람의 생각을 떠올려 그에 맞추어 시를 지음. 古代 詩體의 한
　장르이며 '擬古'와 같음.
【長征】 먼 곳으로의 원정. 길고 먼 외지를 떠나 나라의 사명을 수행함.
【幽燕】 唐나라 때 幽州는 고대 燕나라 땅이었으며, 지금의 河北, 遼寧 남부
　일대. 그곳은 尙武精神과 任俠으로 이름난 곳이었음.
【七尺】 사람의 키. 사람의 생명이 가벼우나 죽음을 두려워하지 않음을 비유함.
【殺人莫敢前】 사람을 마구 죽여 누구도 감히 그 사람 앞에 나서지 못함.
　고대 荊軻와 같은 遊俠이나 刺客의 俠氣가 있던 땅이었음을 말한 것.
【猬毛】 고슴도치의 바늘 같은 털. 幽燕客의 조밀한 수염이 마치 고슴도치
　가시와 같음.
【磔】 갈라져 사방으로 뻗친 모습을 말함.《晉書》桓溫傳에 劉炎이 桓溫을
　가리켜 "眼如紫石棱, 鬚如猬毛磔"이라 함.
【黃雲隴】 변방 밖의 누런 갈대가 펼쳐진 언덕. 章燮의 注에 "黃白隴, 黃蘆塞也"
　라 함. '隴'은 山崗. 언덕.
【白雲】 다른 판본에는 '白雪'로 되어 있으며 이의 표현이 더욱 강렬함.
【不能歸】 혹 '不得歸'로 된 판본도 있음.
【遼東】 遼河 동쪽의 지방. 지금의 遼寧省 일대.
【羌笛】 원래 西戎의 소수민족 羌族의 피리. 여기서는 변방 이민족의 음악을
　말함.《風俗通》에 "漢武帝時丘仲作笛, 其後又有羌笛"이라 함.
【出塞】〈出塞曲〉을 가리킴.
【三軍】 周나라 때 諸侯는 三軍을 거느렸으며 左軍·中軍·右軍임. 여기서는
　군대를 통칭하여 말한 것.

1. 李頎는 대략 開元 26년(738)부터 28년 사이 북쪽 幽燕(지금의 河北 북부와 遼寧 남부) 일대를 유람한 적이 있으며 이때 지은 것임.

2. 이는 荊軻와 같은 어떤 '幽燕客'(고대 연나라 지역의 어떤 협객이나 자객)을 상정하여 그 의기와 모습을 읊은 것임.

3. 韻脚은 우선 五言의 客·尺·磔에서 시작하여 七言으로 바꾸어 飛·歸로, 다시 五·舞·雨로 換韻함.

🌸 이기(李頎)

1. 趙郡(지금의 河北 趙縣) 사람으로 원적은 穎川(지금의 河南 登封). 玄宗 開元 23년(735)에 진사에 올라 新鄕尉에 올랐으나, 벼슬을 버리고 少室山에 東川別業을 짓고 은거하여 세칭 '李東川'이라 불림. 天寶 말에 생을 마쳤으며 王維, 王昌齡, 高適 등과 교유하였고, 시풍은 玄風에 가까웠으며 淸剛, 幽遠한 기운을 지니고 있음. 七言歌行과 七律에 뛰어났음.《李東川集》이 전함. 그의 文集은《新唐書》(藝文志)에 文集 1卷이 著錄되어 있으며《全唐詩》에 詩 3卷 (132~134)이 실려 있고,《全唐詩續拾》에 詩 2首와 斷句 2句가 補入되어 있음.

2.《唐詩紀事》(20)

○ 頎, 開元進士也.

○ 殷璠云:「頎詩發調旣淸, 修詞亦麗.〈漁父歌〉咸善, 玄理最長. 故其論道家, 往往高於衆作.」

○ 樂天〈放言詩序〉云:「元九在江陵, 有放言長句詩五韻, 韻高而體律, 意古 而詞新, 雖前輩深於詩者, 未有此作.」唯李頎有云:「濟水至淸河自濁, 周公 大聖接輿狂.」斯句近之矣.

3.《全唐詩》(132)

李頎, 東川人, 家於穎陽. 擢開元十三年進士第, 官新鄕尉. 集一卷. 今編詩三卷.

4.《唐才子傳》(2) 李頎

頎, 東川人. 開元二十三年, 賈季隣榜進士及第, 調新鄕縣尉. 性疏簡, 厭薄世務, 慕神仙, 服餌丹砂, 期輕擧之道, 結好塵喧之外. 一時名輩, 莫不重之. 工詩, 發調 旣淸, 修辭亦秀, 雜歌咸善, 玄理最長, 多爲放浪之語, 足可震蕩心神. 惜其偉材, 只到黃綬. 故其論道家, 往往高於衆作. 有集今傳.

041

〈送陳章甫〉 ··· 李頎

진장보를 보내면서

초여름 사월이라 남풍에 보리는 익어가고,
대추 꽃 지기 전에 오동잎은 잘도 자랐네.
아침에 이별한 청산 저녁에도 보리려니,
말 울음소리에 문을 나서니 고향 생각 절로 난다.
진후 그대 입신하여 그 얼마나 배포가 넓었던가?
용의 수염, 호랑이 눈썹에 대인의 이마였지.
뱃속에는 만 권의 책이 들어 있어,
초야에서 머리 숙이기는 아주 싫어하였지.
동문에서 술을 사다 우리에게 먹여주고,
마음의 온갖 일은 홍모처럼 가벼이 여겼지.
취해서 누우면 해지는 줄도 모른 채,
때때로 하늘 높이 조각구름을 바라보았지.
황하에 이는 물결 저 하늘 끝 가물가물,
뱃사공이 배를 멈추면 건널 수가 없으리라.
그대 정국의 나그네 아직 집에 이르지도 못했는데,
나 낙양의 이 나그네는 부질없이 탄식하네!
듣건대 그대 고향에는 친구도 많다던데,
어제 벼슬살이 그만둔 지금 그 심정 어떠하오?

四月南風大麥黃, 棗花未落桐葉長.
青山朝別暮還見, 嘶馬出門思故鄉.
陳侯立身何坦蕩? 虬鬚虎眉仍大顙.
腹中貯書一萬卷, 不肯低頭在草莽.
東門酤酒飲我曹, 心輕萬事如鴻毛.
醉臥不知白日暮, 有時空望孤雲高.
長河浪頭連天黑, 津吏停舟渡不得.
鄭國游人未及家, 洛陽行子空嘆息.
聞道故林相識多, 罷官昨日今如何?

【陳章甫】 인명. 이기의 친구. 江陵 사람으로 嵩山에 20여 년을 은거하다가 開元 연간에 겨우 진사에 올라 天寶 9년(750)에 亳州紏曹가 되었으며 太常 博士에 오름.
【四月】 孟夏의 여름. 초여름의 아름다운 경색.
【桐葉長】 혹 '桐陰長, 梧桐長'등으로도 되어 있음.
【陳侯】 陳章甫를 가리킴. 侯는 고대 公侯伯子男의 작위.
【坦蕩】 器量이 너그럽고 큼을 말하는 雙聲連綿語.《論語》述而篇에 "君子 坦蕩蕩"이라 함.
【虬鬚】 虬는 용의 일종으로 뿔이 있는 것. '虯'자와 같음. 虬鬚는 虯髯이라 고도 하며 구리수염이 더부룩한 특징을 가진 사나이의 모습을 일컫는 말.
【顙】 이마.
【草莽】 草野와 같음. 풀덩굴. 아무도 거두어 주지 않음을 말함.《孟子》 萬章(下)에 "在野曰草莽之臣"이라 함.
【酤酒】 '酤'는 '沽'와 같음.
【我曹】 '우리'曹는 복수형 어미.
【如鴻毛】 '如'는 일부 판본에는 '皆'로 되어 있음. '鴻毛'는 기러기 깃털로 지극히 가벼움을 상징함.

【長河】 황하.

【津吏】 나루의 뱃사공. 나루를 관리하는 小吏. 《列女傳》(6) 「趙津女娟」에 "趙津女娟者, 趙河津吏之女趙簡子之夫人也. 初, 簡子南擊楚, 與津吏期. 簡子至, 津吏醉臥, 不能渡, 簡子怒欲殺之, 娟懼, 持楫而走. 簡子曰: 「女子走何爲?」對曰: 「津吏息女, 妾父聞主君東渡不測之水, 恐風波之起, 水神動駭, 故禱祠九江三淮之神, 供具備禮, 御釐受福, 不勝巫祝杯酌之餘瀝, 醉至於此, 君欲殺之, 妾願以鄙軀易父之死.」簡子曰: 「非女之罪也.」娟曰: 「主君欲因其罪而殺之, 妾恐其身之不知痛, 而心不知罪也. 若不知罪殺之, 是殺不辜也. 願醒而殺之, 使知其罪.」簡子曰: 「善.」遂釋不誅"의 고사를 원용한 것으로 보임.

【鄭國遊人】 陳章甫를 가리킴. 亳州는 春秋시대 鄭나라 땅에 속하였음.

【洛陽行子】 李頎 자신을 말함. 당시 낙양을 유람하고 있었을 것으로 봄.

【故林】 옛 살던 고향. 舊林과 같음. 陶淵明 〈歸園田居〉에 "少無適俗韻, 性本愛丘山. 誤落塵網中, 一去三十年. 羈鳥戀舊林, 池魚思故淵. 開荒南野際, 守拙歸田園"라 함.

참고 및 관련 자료

1. 이는 送別詩이며 李頎가 친구 陳章甫를 보내면서 洛陽에서 읊은 것임.

2. 明 王夫之는 《唐詩評選》에서 李頎의 시를 "頎集絶技, 骨脈自相均適"이라 함.

3. 淸 翁方綱의 《石洲詩話》에는 "高之渾厚, 岑之奇峭, 雖各是一家, 然俱在少陵籠罩之中, 至李東川則不盡爾也. 學者欲從精密中, 推宕伸縮, 其必問津於東川乎!"라 함.

4. 韻脚은 黃·長·鄕·蕩·顙·莽에서 曹·毛·高로, 다시 黑·得·息으로, 다시 多·下로 換韻함.

042

〈琴歌〉 ·· 李頎

거문고를 노래함

주인에게 술 있으니 오늘 밤을 즐기자 하네.
광릉의 손님에게 거문고 연주까지 청하였네.
달 밝은 성 언덕에는 까마귀 반씩 날아오르고,
서리 시린 온갖 나무 바람이 옷깃을 파고드네.
구리 향로와 무늬 놓은 촛불은 더욱 빛을 자아내고,
처음엔 〈녹수곡〉을 타더니 뒤이어 〈초비곡〉.
한 소리 이윽고 울리자 만물이 모두 고요해지고,
앉은 이들 말 없는 가운데 별빛이 희미해진다.
사명받아 회수에 온 이 나그네 고향까진 천여 리,
이제 그만 사직하고 은거한다고 감히 말해 볼거나!

主人有酒歡今夕, 請奏鳴琴廣陵客.
月照城頭烏半飛, 霜淒萬樹風入衣.
銅爐華燭燭增輝, 初彈渌水後楚妃.
一聲已動物皆靜, 四座無言星欲稀.
清淮奉使千餘里, 敢告雲山從此始!

【琴歌】 거문고 연주를 듣고 노래로 읊은 것임. '歌'는 詩體의 한 장르.《文體
明辨》에 "其放情長言, 雜而無方者曰歌"라 함.

【廣陵客】 廣陵에서 온 나그네. 거문고 연주에 뛰어난 인물을 말하며 동시에
〈廣陵散〉이라는 琴曲名을 가리킴. 廣陵은 지금의 揚州, 江都.《晉書》嵆康傳에
"康將刑東市, 顧視日影, 索琴彈之, 曰:「昔袁孝尼嘗從吾學〈廣陵散〉, 吾每靳固
之不與, 〈廣陵散〉於今絶矣!」"라 함.

【月照城頭烏半飛】 曹操의 〈短歌行〉에 '月明星稀, 烏鵲南飛'라 함.

【銅爐】 구리로 만든 향로.

【淥水·楚妃】 모두 고대 琴曲의 제목.《樂府詩集》에 "齊明王歌辭七曲: 三曰
〈淥水曲〉……《歌錄》: 石崇〈楚妃嘆〉曰: 歌辭莫知其所由, 楚之賢妃能立德
著勳, 垂名於後, 唯樊姬焉, 古今嘆詠之聲, 永世不絶"이라 함.

【星欲稀】 별빛이 희미해지며 새벽이 오고자 함.

【淸淮】 맑은 회수. 이때 이기는 동남쪽에 있었음.

【雲山】 歸隱을 뜻함.

참고 및 관련 자료

1. 이는 天寶 4년(745) 李頎가 尙書省의 郎官 벼슬로 동남 지역으로 사명을
띠고 갔을 때 지은 것으로 보임.

2. 韻脚은 夕·客으로 시작하여 飛·衣·輝·妃·稀·始로 換韻함.

043

〈聽董大彈胡笳聲兼寄語弄房給事〉 ⸱⸱⸱⸱⸱⸱⸱⸱⸱⸱⸱⸱⸱⸱⸱⸱⸱⸱⸱⸱⸱⸱⸱ 李頎

동대의 〈호가농〉 연주를 들음과 아울러 방급사에게 말을 전함

채염이 지난날 〈호가성〉을 지었는데,
한 번 연주함에 열여덟 박자였다지.
흉노조차 눈물 흘려 변방 풀을 다 적셨고,
한나라 사신은 애끊는 슬픔으로 돌아갈 채녀를 마주했지.
옛날 그 수자리 푸르러 봉화대는 썰렁하고,
황막한 사막은 컴컴한데 흰 눈발만 휘날리네.
상조의 현을 튕기더니 이어서 각조와 우조를 당기니,
사방 교외의 가을 나뭇잎도 놀라서 우수수.
동선생 그대는 신명을 통했도다.
깊은 솔 숲 요정들 몰래 와서 듣는구나.
느렸다가 다시 빨라 마음 따라 손길 모두 응하고,
가려다 다시 돌아오니 차마 깊은 정이 있는 듯.
빈산 온갖 새들 흩어졌다 다시 모여오고,
만 리의 뜬구름은 흐렸다 다시 개네.
무리 잃은 새끼 기러기 밤이 되어 슬피 우니,
그 소리 바로 호지에 두고 온 아이 엄마가 그리워 우는 소리.
냇물도 조용히 그 물결 소리 잠재우고,
새들도 역시 우는 소리 그쳤구나.
오손부락으로 멀리 시집간 오손공주가 먼 고향 그리워서 우는 듯,

라싸의 모래벌에 슬픈 삶을 원망하던 문성공주의 애원인 듯.
그윽하던 그 소리 갑자기 바람 소리 빗소리로 변하니,
긴 바람 수풀에 불고 비는 기왓장에 후두두.
퐁퐁 솟아나는 샘물은 나뭇가지 끝에 휘날아오르고,
들판의 사슴은 유유 울음소리를 내며 집 아래로 달린다.
장안성은 동액의 담장으로 이어지고,
봉황지는 청쇄문을 마주하고 있네.
방재상 높은 재주는 명성과 이록을 벗어났으니,
밤낮으로 거문고 안고 그가 오기를 기다리네.

蔡女昔造胡笳聲, 一彈一十有八拍.
胡人落淚沾邊草, 漢使斷腸對歸客.
古戍蒼蒼烽火寒, 大荒陰沈飛雪白.
先拂聲弦後角羽, 四郊秋葉驚摵摵.
　董夫子, 通神明, 深松竊聽來妖精.
言遲更速皆應手, 將往復旋如有情.
空山百鳥散還合, 萬里浮雲陰且晴.
嘶酸雛雁失群夜, 斷絕胡兒戀母聲.
　川爲靜其波, 鳥亦罷其鳴.
烏孫部落家鄉遠, 邏娑沙塵哀怨生.
幽音變調忽飄灑, 長風吹林雨墮瓦.
迸泉颯颯飛木末, 野鹿呦呦走堂下.
長安城連東掖垣, 鳳凰池對靑瑣門.
高才脫略名與利, 日夕望君抱琴至.

【聽董大彈胡笳聲兼寄語弄房給事】이는 제목이〈聽董大彈胡笳弄聲兼寄語房給事〉여야 함. 唐 劉商은 "後董生以琴寫〈胡笳聲〉爲十八拍, 今之〈胡笳弄〉是也"라 하여〈胡笳弄〉이 하나의 곡조 이름임. 한편 兪守眞의《唐詩三百首詳析》에 "按《唐史》, 董庭蘭善鼓琴, 爲房琯門客, 曾以琴寫〈胡笳聲〉, 爲〈胡笳弄〉. 題中'弄'字應在'胡笳'下. 因'弄'字是琴曲的別名"이라 함.

【董大】董庭蘭. 唐나라 초기 유명한 錦曲 연주가. 대는 排行이 첫째임을 말함. 그는 당시 실력자 房琯의 門客이었으며, 당시까지 전해오던〈胡笳聲〉을〈胡笳弄〉으로 바꾸어 琴曲으로 연주했다 함.

【房給事】房琯(697~763). 자는 次律, 房融의 아들. 玄宗 때 天寶 5년(746) 5월 門下省 給事中(재상)에 올라 安祿山의 난을 방어하다가 陳陶驛에서 대패하여 이듬해 파직당했으나, 肅宗 때 다시 刑部尙書 등을 역임함. 代宗 廣德 원년(763) 고향 四川 閬州 僧舍에서 죽음.《舊唐書》(111) 및《新唐書》(139)에 전이 있음. 죽은 뒤 太尉에 추증되었음.《舊唐書》房琯傳에 "寶應二年四月, 拜特進刑部尙書, 在路遇疾. 廣德元年八月四日, 卒於閬州僧舍. 時年六十七, 贈太尉"라 함.

【蔡女】蔡琰(172~?). 자는 文姬, 혹은 昭姬. 동한 蔡邕의 딸이며, 음악과 문학에 뛰어났었음. 東漢 陳留 圉(지금 河南 杞縣 남쪽) 사람. 漢末 천하가 크게 어지러울 때 匈奴 北賢王에게 끌려가 12년을 살며 두 아들을 낳았으나, 늘 고국을 그리워하며〈胡笳十八拍〉이라는 곡조를 지음. 뒤에 曹操가 董祀를 파견하여 채염을 구출해 오도록 하여 董祀에게 改嫁시켰음. 자신의 불우한 일생을〈悲憤詩〉(2수)를 지었으며 그중 하나 五言詩, 다른 하나는 楚辭體로써 유명한〈胡笳十八拍〉임. 그러나 이〈胡笳十八拍〉은 후인의 위작이라 보기도 함.

【胡笳】樂器의 이름. 북쪽 이민족의 악기로 원래 갈대 잎으로 소리를 내었으나 뒤에는 木管으로 세 개의 구멍이 있으며 양 끝에 뿔을 달고 있음.

【胡人】한나라 말기의 흉노를 가리킴.

【漢使】東漢 말 曹操가 蔡琰을 귀환시키도록 임무를 주어 보낸 董祀.

【斷腸】애(창자)가 끊어질 듯 아픈 상황이나 심정.《搜神記》(20)에 "臨川東興, 有人入山, 得猿子, 便將歸. 猿母自後逐至家. 此人縛猿子於庭中樹上, 以示之. 其母便搏頰向人, 若哀乞之狀. 直是口不能言耳. 此人旣不能放, 竟擊殺之. 猿母悲喚, 自擲而死. 此人破腸視之, 寸寸斷裂. 未半年, 其家疫死, 滅門"이라 하였고,《世說新語》黜免篇에는 "桓公入蜀, 至三峽中, 部伍中有得猨子者,

其母緣岸哀號, 行百餘里不去; 遂跳上船, 至便卽絕; 破視其腹中, 腸皆寸寸斷. 公聞之, 怒, 命黜其人"라는 고사가 실려 있음.

【歸客】 蔡琰(文姬) 일행들.

【大荒】 大漠. 아주 멀고 황막한 지역.《山海經》에 大荒經이 있음.

【陰沈】 일부 본에는 '沈沈'이라 하였으며 앞 구절 '蒼蒼'으로 보아 '沈沈'의 對偶로 표현한 것으로 보임.

【先拂商弦後角羽】 중국 고유의 五音은 宮·商·角·徵·羽이나 胡樂은 變宮·變徵가 있어 七音이라 함.

【摵摵】 바람이 풀이나 나무에 스치는 소리를 音寫한 것. '색색'으로 읽음.

【董夫子】 董庭蘭을 가리킴. '夫子'는 존칭으로 '선생님'의 뜻.

【深松】 혹 심산으로 표기된 판본도 있음. 그러나 아래에 '空山'이 있어 '深松'이 더욱 표현이 알맞음.

【嘶酸】 슬픔과 안타까움을 표현하는 雙聲連綿語.

【斷絶胡兒】 蔡琰 자신은 漢나라로 돌아왔으나 胡地에서 낳은 아들 둘은 남겨두고 옴. 이에 〈胡笳十八拍〉에 "此身歸兮兒莫之隨, 心懸懸兮長如饑. …子母分離兮意難任, 同天隔越兮如商參, 生死不相兮何處尋? ……不謂殘生兮却得旋歸, 撫抱胡兒兮泣下沾衣"등 곳곳에 그 아픈 심정을 읊고 있음.

【烏孫】 漢나라 때 서역에 있던 나라 이름. 지금 新疆위구르에 있었으며 漢 武帝가 江都王(劉建)의 딸 細君을 公主의 신분으로 위장하여 烏孫王 昆莫에게 시집을 보내어 화친을 맺었으며 이를 역사적으로는 '烏孫公主'라 함. 이에 細君이 오손국에 도착한 뒤 슬픔에 겨워 〈烏孫公主歌〉를 지음.

【邏娑】 지금의 티베트 라싸(拉薩). 唐나라 때 吐蕃(티베트)의 都城이며 '라싸'의 지명을 소리나는 대로 적은 것. 지금의 西藏 拉薩. 당시 薛仁貴를 邏娑都 總管으로 삼았음. 당나라 태종이 종실의 딸을 吐蕃王 송참감포(松贊干布)에게 주어 아내로 삼도록 하였으며, 이를 文成公主라 불렀음.

【迸泉】 솟아오르는 샘물.

【颯颯】 '퐁퐁'하는 샘물소리를 音寫한 것.

【呦呦】 사슴의 우는 소리를 적은 것.《詩經》小雅 鹿鳴에 "呦呦鹿鳴, 食野之苹. 我有嘉賓, 鼓瑟吹笙. 吹笙鼓簧, 承筐是將. 人之好我, 示我周行"라 함.

【東掖】 당나라 궁전은 太極殿을 正殿으로 하여 동서 좌우에 두 행정관서를 두었으며 門下省은 동쪽에 있어 東省·左省·東掖이라 하며, 서쪽은 中書省으로 西省·右省·西掖이라 하여 서로 대칭이 되도록 배치하였음. 房琯은

門下省의 給事中이었으므로 東掖에 있었음.

【鳳凰池】中書省을 일컫는 말로 鳳池라고도 함. 원래 궁궐 안에 있는 연못으로 魏晉 이래 中書省이 禁苑 안에 있으며 국가의 중요한 기밀을 다루고 아울러 임금을 가장 가까이할 수 있는 곳이어서 흔히 中書省을 鳳凰池라 불렀음. 唐나라 때는 宰相을 대신하는 말로도 쓰였음.《通典》職官典에 "中書省, 地在樞近, 多承寵任, 是以人高其位, 謂之鳳凰池"라 함.

【瑣瑣】青瑣門을 가리킴. 南内에 있으며 문에 푸른색 구슬로 조각하여 이렇게 부름. '闈'는 궁문.《漢舊儀》에는 "黃門郎屬黃門令, 日暮入對, 青鎖門拜"라 하였고,《漢書》元后傳 顏師古 注에 "刻以連環文而青塗之"라 함.

【高才】房琯을 가리킴.

참고 및 관련 자료

1. 玄宗 天寶 전기에 李頎가 당시 유명한 연주자 董庭蘭의 〈胡笳聲〉을 〈胡笳弄〉으로 바꾸어 연주하는 음악을 듣고 이 시를 읊은 것임.

2. 明 唐汝詢의《唐詩解》에 "此因房琯好董之調琴, 而盛美其曲以戲之也. 飜笳調以入琴, 自文姬始, 故先狀其曲之悲, 而後敍董音律之妙, 此雖弄之, 而無譏刺意. 然琯以嗜音之故, 任庭蘭爲將, 覆王師于陳濤, 而琯竟以罪斥, 其禍蓋始於胡笳云"이라 함.

3. 韻脚은 拍·客·白·摵(색)으로 시작하여 明·精·情·晴·聲·鳴·生으로, 다시 灑·瓦·下로, 다시 垣·門으로, 다시 利·至로 換韻함.

4. 蔡琰(文姬)〈胡笳十八拍〉을 참고할 것.

044

〈聽安萬善吹觱篥歌〉 ⋯⋯⋯⋯⋯⋯⋯⋯⋯⋯⋯⋯⋯ 李頎

안만선의 필률가 노래를 듣고

종남산의 대나무를 꺾어 필률을 만들었네.
이 악기는 본래 구자국에서 유래된 것이지.
한나라에 전래되어 곡조가 더욱 기묘하게 변하였지.
양주 출신 호인이 나를 위해 이를 연주해 들려주네.
곁에서 듣던 사람 모두 그 소리에 감탄하고,
멀리서 온 나그네라면 고향 생각에 모두 눈물.
세상 사람들 들을 줄은 알아도 감상할 줄은 모르나니,
광풍 같은 곡조가 바람 속에 스스로 변화하네.
마른 뽕나무, 늙은 잣나무도 찬바람에 부들부들 떠는 듯,
아홉 마리 새끼 봉황 어지러이 부르짖듯.
용의 울음, 범의 고함 한꺼번에 솟구치니,
만 가지 자연 소리, 온 가지 샘물 소리조차도 숨죽이네.
홀연히 〈어양섬〉으로 바꾸어 지어내니
누른 구름 쓸쓸하고 밝은 해는 어두워지네.
음조를 바꾸어 내니 〈양류춘〉과 같기도 하고,
상림원에 흐드러진 꽃 눈에 비쳐 새롭구나.
섣달그믐 고관대작의 집에 밝은 촛불 벌여놓고
좋은 술 한 잔마다 이 노래 한 곡조씩.

南山截竹爲觱篥, 此樂本自龜茲出.

流傳漢地曲轉奇, 涼州胡人爲我吹.

傍鄰聞者多嘆息, 遠客思鄉皆淚垂.

世人解聽不解賞, 長颸風中自來往.

枯桑老柏寒颼颼, 九雛鳴鳳亂啾啾.

龍吟虎嘯一時發, 萬籟百泉相與秋.

忽然更作漁陽摻, 黃雲蕭條白日暗.

變調如聞楊柳春, 上林繁花照眼新.

歲夜高堂列明燭, 美酒一杯聲一曲.

【安萬善】 시의 내용으로 보아 涼州의 이민족으로 觱篥 연주에 뛰어났던 인물이었음을 알 수 있을 뿐임.

【觱篥】 篳篥·悲栗·悲篥로도 표기하며 일명 '笳管'이라 함. 西域 龜茲國의 악기로써 중국에 전래됨. 갈대로 음을 내어 대나무관으로 증폭하며 매우 처량하고 비통한 음률을 낸다 함.《明皇雜錄》에 "觱篥本龜茲國樂, 亦曰悲栗"이라 하였고,《陳暘樂書》에 "觱篥, 一名悲篥, 一名笳管, 龜茲之樂也. 以竹爲管, 以蘆爲首, 相類胡笳而九竅, 所發者角音而甚悲篥, 吹之以驚中國馬焉"라 함.

【南山】 長安 남쪽의 終南山.

【龜茲】 漢代 西域 36국 중의 하나. 唐나라 때 安西都護府에 속하였으며, 당대 음악과 불교에 지극한 영향을 미친 곳임. 지금의 新疆 庫車와 沙雅, 두 縣의 사이에 있었음.

【涼州】 지금의 甘肅 武威의 옛 지명. 晉나라 때 雍州를 양주로 고쳤으며, 당나라 때 邊州로써 지금의 甘肅, 寧夏 靑海 북부, 內蒙古 서부 일대를 관할하였음. 소수 민족과 混居하여 많은 邊塞詩와 음악을 낳았으며 唐詩에 흔히 등장하는 지명임.

【長颸風】 狂風·疾風·觱篥의 소리를 표현한 것.

【枯桑】 말라 고목이 된 뽕나무.

【飀飀】 바람에 흔들리는 소리를 나타내는 疊韻連綿語.

【九雛】 雛는 鳥類의 어린 새끼.《晉書》에 "穆帝升平四年, 鳳凰將九雛見於豐城"
이라 하였고,《古樂府》에 "鳳凰明啾啾, 一母將九雛"라 함.

【啾啾】 어미 새가 어린 새끼를 불러 먹이를 먹도록 부르는 소리.

【萬籟】 천지자연의 소리.《莊子》齊物論에 "子綦曰:「偃, 不亦善乎? 而問之也!
今者吾喪我, 汝知之乎? 汝聞人籟而未聞地籟; 汝聞地籟而未聞天籟夫!」"라 함.

【秋】 본래 蕭殺한 뜻이 있으며 여기서는 '고요하다'의 뜻으로 쓴 것임.

【漁陽摻】 鼓曲의 하나이며 '三撾鼓'의 방법으로 치는 것.《後漢書》禰衡傳에
"操懷忿而以其才名, 不欲殺之. 聞衡善擊鼓, 乃召爲鼓史, 因大會賓客, 閱試音節,
諸史過者, 皆令脫其故衣, 更著岑牟單絞之服, 次至禰衡, 方爲漁陽參撾, 蹀躞
而前, 容態有異, 聲節悲壯, 聽者莫不慷慨"라 함. 摻撾는 북 치는 법.

【楊柳春】 〈折楊柳〉. 고대의 樂曲 이름.

【上林】 上林苑. 秦나라 때의 苑囿를 漢 武帝가 증축하여 사냥과 놀이터로
만들었음. 지금의 陝西 長安縣 서쪽에 있음.

【歲夜】 섣달 그믐날 밤.

참고 및 관련 자료

1. 이는 李頎의 대표적인 音樂詩이며 동시에 자신의 신세 회고를 읊은 것임.
제작 시기는 알 수 없으나 長安에서 이 음의 연주를 듣고 지은 것임.

2. 韻脚은 篳·出, 奇·吹·垂, 賞·往, 飀·啾·秋, 摻·暗, 春·新, 燭·曲 등 7번
換韻을 함.

045

〈夜歸鹿門山歌〉 ··· 孟浩然

밤에 녹문산으로 돌아가며 부르는 노래

산사의 종소리 낮인데 이미 저물어 간다고 울리고,
어량나루에는 서로 먼저 건너겠다고 왁자지껄하구나.
사람들은 모래 언덕길 따라 강 마을로 향하는데
나 또한 배를 타고 녹문산으로 돌아가네.
녹문산 달빛은 안개 걷힌 나무를 비추고
홀연히 그 옛날 방공의 은거처에 다다랐네.
바위는 사립문이 되고 소나무 오솔길은 적막하지만
오직 숨어 사는 사람 있어 저 혼자 오가고 있다네.

山寺鳴鐘晝已昏, 漁梁渡頭爭渡喧.
人隨沙路向江村, 余亦乘舟歸鹿門.
鹿門月照開煙樹, 忽到龐公棲隱處.
巖扉松徑長寂寥, 惟有幽人自來去.

【鹿門山】湖北 襄陽의 동남쪽 30리에 있으며 그곳에 맹호연이 은거처를 마련
하고 있었음.《襄陽記》에 의하면 襄陽侯 習郁이 이 산에 神祠를 세우고
두 마리 石鹿을 조각하여 神道 입구에 세워 이름을 鹿門山이라 하게 되었다 함.

【歌】詩體의 한 장르.《文體明辨》에 "其放情長言, 雜而無方者曰歌"라 함.

【鳴鐘】《全唐詩》에는 '鐘鳴'으로 되어 있음.

【漁梁】나루의 이름. 鹿門山 沔水를 건너는 나루터. 孟浩然의〈與諸子登峴山〉
시에 "水落漁梁淺, 天寒夢澤深"이라 함.

【龐公】龐德公. 南郡 襄陽 사람으로 이름은 龐德公.〈小學集註〉에 "龐公,
字德公. 漢襄陽人"이라 함. 그러나《襄陽記》에는 龐德公과는 다른 인물이라
하였음.《後漢書》逸民傳에 "龐德公者, 襄陽人也. 居峴山之南, 未嘗入城府.
躬耕田里. 荊州刺史劉表數延請, 不能屈. 後携妻子登鹿門山, 採藥不返"이라
하였으며,《小學》善行篇에도 "龐公未嘗入城府, 夫妻相敬如賓. 劉表候之,
龐公釋耕於壟上, 而妻子耘於前. 表指而問曰:「先生苦居畎畝, 而不肯官祿,
後世何以遺子孫乎?」龐公曰:「世人皆遺之以危, 今獨遺之以安, 雖所遺不同,
未爲無所遺也.」表嘆息而去"라 함.

【巖扉】산골짜기의 큰 바위가 마치 사립문처럼 형상을 이루고 있음.

【幽人自來去】幽人은 隱士로 孟浩然 자신을 말함.《全唐詩》에는 '自來去'가
'夜來去'로 되어 있음.

참고 및 관련 자료

1. 孟浩然은 나이 마흔에 長安을 유랑하며 벼슬을 구했으나 뜻을 이루지
못하자, 開元 18년(730) 가을 고향 襄陽(지금의 湖北 襄陽)으로 낙향하여
그 남쪽에 있는 峴山과 沔水를 사이에 두고 맞은편에 있는 鹿門山에 두 별장을
짓고 왕래하며 은거하였음. 그리하여 開元 28년(740) 그곳에서 생을 마쳤음.
그 기간 중 녹문산 별장으로 가면서 지은 것임.

2. 淸 施均父의《硯傭說詩》에 "孟公邊幅太窘, 然如〈夜歸鹿門〉一首, 淸幽絶妙,
才力小者, 學步此種, 參之李東川派, 亦可名家"라 함.

3. 韻脚은 昏·喧·村·門으로 시작하여 樹·處·去로 換韻함.

046

〈廬山謠寄盧侍御虛舟〉 ⋯⋯⋯⋯⋯⋯⋯⋯⋯⋯⋯⋯ 李白

여산의 노래를 노시어 허주에게 부침

나는 본래 초나라 광인 접여려니,
봉황새를 노래하며 공자를 비웃었지.
손에는 녹옥장 지팡이를 잡고,
아침에 황학루를 떠났다네.
오악의 신선 찾기에 길이 멀다 하지 않고,
일생을 명산에 들어가 노닐기를 좋아했네.
여산은 빼어나서 남두성 곁에 있으니,
병풍구첩에는 비단 같은 구름이 펼쳐져 있네.
산 그림자는 맑은 호수에 떨어져 검푸른빛이요,
금궐 앞 향로봉과 쌍검봉은 길게 솟아 있네.
은하수 거꾸로 매달린 듯한 삼석량은,
향로봉 폭포와 멀리 마주하고 있구나.
휘도는 낭떠러지에 첩첩의 봉우리는 하늘을 넘지르고,
푸른빛 산 그림자와 붉은 놀은 아침 해에 비치는데
나는 새도 다 가지 못할 오나라의 먼 하늘이로다.
높은 산에 올라 천지의 장관을 바라보니,
대강은 아득한데 흘러가고는 다시 오지 못하는구나.
누런 구름은 만 리에 뻗어 풍경의 색깔을 흔들고,

흰 물결은 아홉 갈래로 나뉘어 설산을 흐르는구나.
좋아라, 여산 노래를 부르나니,
흥은 여산으로 말미암아 솟구치도다.
한가로이 석경을 들여다보며 마음을 씻으니,
옛날 사령운의 발자취 푸른 이끼 속에 묻혔구나.
아침에 환단을 복용하니 세속의 정에는 멀어졌고,
금심삼첩에 비로소 도를 성취하도다.
아득히 저 오색구름 속의 신선을 바라보니
손에는 부용꽃 들고 옥경에 조배하고 있구나.
이에 앞서 저 우주 밖에서 한만과 약속한 때에 맞춰,
노오를 맞이하여 함께 태청에서 노닐고 싶어라.

我本楚狂人, 鳳歌笑孔丘.
手持綠玉杖, 朝別黃鶴樓.
五嶽尋仙不辭遠, 一生好入名山游.
廬山秀出南斗傍, 屛風九疊雲錦張.
影落明湖靑黛光, 金闕前開二峰長.
銀河倒挂三石梁, 香爐瀑布遙相望.
廻崖沓障凌蒼蒼, 翠影紅霞映朝日.
鳥飛不到吳天長, 登高壯觀天地間.
大江茫茫去不還, 黃雲萬里動風色,
　　　　　　白波九道流雪山.
好爲廬山謠, 興因廬山發.
閑窺石鏡淸我心, 謝公行處蒼苔沒.

早服還丹無世情, 琴心三疊道初成.

遙見仙人彩雲裏, 手把芙蓉朝玉京.

先期汗漫九垓上, 願接盧敖游太淸.

【廬山】 江西 九江 남쪽에 있는 산. 옛날에 풍속을 바로잡고자 하던 어떤 이가
이 산에 廬幕(여막, 오두막)을 짓고 살아 廬山, 혹은 匡山 또는 匡廬라는
이름이 생겼다 하며 원래 이름은 南障山. 역대 이래 많은 문인들이 노래한
명승지로써 五老峰, 香爐峰, 廬山瀑布, 三石梁瀑布, 康王谷瀑布, 開元禪院
瀑布, 屛風九疊, 金闕二峰, 三石梁 등이 유명함. 이태백의 "廬山眞面目"의
성어를 낳기도 하였음.

【謠】 詩體의 한 장르이며 노래 형식. "徒歌曰謠"라 하여 반주 없이 부를 수
있는 노래라 함.

【盧虛舟】 자는 御眞. 范陽(지금의 北京 大興) 사람으로 肅宗 至德 연간에
殿中侍御史를 역임함.

【楚狂】 고대 楚나라 은사 楚狂接輿를 말함.《高士傳》에 의하면 이름이 陸通,
자가 接輿라 하였음. 그러나《論語》의 接輿는 孔子와 동시대 인물로 흔히
'楚狂接輿'라 하여 '공자의 수레에 접근한(接輿)'인물로 풀이함.《論語》微子篇에
"楚狂接輿歌而過孔子曰:「鳳兮鳳兮! 何德之衰? 往者不可諫, 來者猶可追. 已而,
已而! 今之從政者殆而!」孔子下, 欲與之言. 趨而辟之, 不得與之言"라 하였
으며,《莊子》(人間世),《韓詩外傳》(2),《列女傳》(賢明篇),《後漢書》(崔駰傳注),
皇甫謐의《高士傳》(卷上, 陸通) 등에 널리 등장함.

【黃鶴樓】 누대 이름. 지금의 湖北 武昌市 서쪽 蛇山에 있음. 蛇山은 일명
黃鶴山이라고도 하며 서북쪽 강가에 돌출된 절벽 黃鶴磯 위에 누각이 있음.
《南齊書》州郡志(下)와《齊諧記》에 의하면 선인 王子 安이 황학을 타고
이 누대를 지났다 하여 그 이름이 생겼다 하며《太平寰宇記》江南西道
鄂州에는 "費文褘登仙, 駕鶴憩此"라 하여 그 이름이 생겼다 하였음. 한편
《武昌府志》에 "黃鶴山, 自高冠山而至于江, 黃鶴樓枕焉"이라 함. 이 황학루는
三國 吳 黃武 2년(223)에 세워졌으며 여러 차례 중수를 거쳐 오늘에 이름.
崔顥의 〈黃鶴樓〉(160) 시를 참조할 것.

【五嶽】 東嶽(泰山), 南嶽(衡山), 西嶽(華山), 北嶽(恒山)과 中嶽(嵩山)을 五嶽이라 하며 대대로 封禪을 치렀음.

【南斗】 별 이름. 28수의 하나. 斗宿, 玄武, 七宿의 머리이며 남쪽 吳땅이 分野로 이 별자리에 해당함.

【屛風九疊】 여산 五老峰 아래의 산세가 마치 병풍처럼 생겨 이름이 붙은 곳.《一統志》에 "屛風疊, 在廬山, 自五老峯而下, 九疊如屛"이라 하였고, 楊鍾義의《雪橋詩話》에는 "今三疊泉在九疊屛之左, 水勢三折而下, 如銀河 之挂石梁, 如太白詩句正相脗合, 非此別有三石梁也. 後人必欲求其地以實之, 失之鑿矣"라 함.

【雲錦】 구름 무늬의 비단.

【靑黛】 '黛'는 여인들 눈썹 화장의 짙은 검은색.

【金闕】《述異記》에 "廬山西南有石門山, 狀若雙闕"이라 함. 전설에 金闕은 天帝가 살던 곳이라 함.

【二峯】 香爐峰과 雙劍峰.

【銀河】 三疊瀑布를 가리킴. 耳胎白의 〈望廬山瀑布〉에 "飛流直下三千尺, 疑是銀河落九天"이라 함.

【三石梁】 세 개의 돌다리. 혹은 세 층의 石壁에 폭포가 세 번 꺾여 내려오며 이를 三疊泉이라고도 함.《述異記》에 "廬山有三石梁, 長數十丈, 廣不盈一尺, 故名"이라 함.

【香爐】 香爐峯.《太平寰宇記》에 "其峰尖圓, 煙雲聚散, 如博山香爐之狀"이라 하였고, 慧遠의《廬山略記》에는 "香爐山孤峰秀起, 遊氣籠其上, 則氤氳若 香爐"라 함.

【吳天】 安徽, 江西, 湖北 일대로 뻗어난 하늘.

【九道】 九江.《尙書》禹貢 孔安國 注에 "江於此州, 界分爲九道"라 하여 '九江'의 지명이 유래되었음.

【石鏡】 여산 名勝의 하나. 張僧鑒《潯陽記》에 "石鏡山東, 有一圓石, 懸崖 明淨, 照人見影"이라 함.

【謝公】 謝靈運(385~433). 중국 최고의 山水詩人. 南朝 劉宋 陽夏(지금의 河南省 太康縣) 출신. 謝玄의 손자이며 집안의 封號인 康樂公을 세습받아 흔히 「謝康樂」이라 불림. 晉나라 때에는 劉毅의 記室參軍을 지냈고, 이어 劉裕(뒤에 宋을 세운 인물)의 參軍이 됨. 유유가 북벌할 때 〈撰征賦〉를 지었고, 송이 들어서자 黃門侍郎, 相國從事中郎 등을 역임함. 다시 宋 少帝

때에는 永嘉太守가 되었으나 山水에 정을 두고 결국 사직한 후 會稽로 들어가 隱士 王弘之 등과 어울림. 이때에 〈山居賦〉를 지었음. 文帝 때에 다시 벼슬길로 나와 臨川太守를 거쳐 秘書監, 侍中 등을 역임함. 族弟인 謝惠連 및 何長瑜·荀雍·羊璿之 등과 廬山 등 명산대천을 유람하였으며, 뒤에 모반의 죄명으로 廣州에서 棄市됨. 《宋書》권67과 《南史》권19에 傳이 있음. 明나라 사람이 집일한 《謝康樂集》이 있음. 그의 〈登廬山絶頂望諸嶠〉라는 시가 있으며 〈入彭蠡湖口〉 시에는 "攀崖照石鏡, 牽葉入松門"의 구절이 있어 그 역시 이 산에 이르렀다고 보고 있음.

【還丹】 道家의 丹藥. 《抱朴子》金丹篇에 九轉丹은 솥에 넣고 夏至 후에 열을 가하며 이를 "翕然輝煌, 俱起神光五色, 卽化爲還丹"이라 하였으며, 《廣宏明集》에 "煉丹成水銀, 還水銀成丹, 故曰還丹"이라 하여 水銀 만드는 방법의 하나이며, 이를 복용하면 신선이 되어 승천한다고 믿었음.

【琴心三疊】 道家의 술어. 도인이 이를 복용하여 화기가 안으로 세 겹으로 쌓임.《黃庭內景經》에는 "琴心三疊舞胎仙, 心和則神悅"이라 하여 환각작용을 일으키는 상태를 말함. 梁邱子의 注에 "琴, 和也 ; 疊, 積也. 存三丹田, 使和積如一"이라 함.

【玉京】 하늘의 궁전. 葛洪《枕中書》에 "元始天王在天中心之上, 名曰玉京山. 山中宮殿, 並金玉飾之"라 함.

【汗漫】 아주 넓고 아득하여 그 끝이나 상태를 알 수 없음을 표현하는 疊韻 連綿語.《莊子》寓言篇과 《淮南子》道應訓에는 이를 가상의 인명으로 내세웠음.

【九垓】 九天. 하늘 밖 우주.

【盧敖】 燕나라 方士.《淮南子》道應訓에 "盧敖游乎北海, 經乎太陰, 入乎玄闕, 至於蒙穀之上. 見一士焉, 深目而玄鬢, 淚注而鳶肩, 豐上而殺下, 軒軒然方迎風而舞. 顧見盧敖, 慢然下其臂, 遯逃乎碑下. 盧敖就而視之, 方倦龜殼而食蛤梨. 盧敖與之語曰:「唯敖爲背群離黨, 窮觀於六合之外者, 非敖而已乎? 敖幼而好游, 至長不渝, 周行四極, 唯北陰之未闚, 今卒睹夫子於是, 子殆可與敖爲友乎?」"라 하였으며 秦始皇이 불러 博士를 삼아 神仙을 구하도록 하였으나 도망가서 돌아오지 않았다 함.

【太淸】 太淸은 天地. 우주. 상상 속의 외계. 신선 세계.

1. 安史의 난이 일어나자 玄宗이 蜀으로 피신하였을 때 李白은 永王(李璘)
幕府에서 그를 도와 제위 쟁탈에 가담하였으나, 결국 李亨이 승리하여 肅宗이
되자, 이백은 그 일에 연루되어 멀리 夜郎으로 귀양을 가게 되었음. 마침 乾元
2년(759)에 조정의 대사면령에 따라 풀려나게 되었으며, 그때 이백은 마침
白帝城에서 이 소식을 듣고 서울로 되돌아오던 길에 上元 원년(760) 江西 潯陽
(지금의 江西 九江)에 들러 그곳의 유명한 廬山을 오르게 되었으며 이때에
지은 것임.

2. 張戒의 《歲寒堂詩話》에 "此眞太白詩矣"라 함.

3. 五言과 七言을 섞어 표현하고 있으며 처음 丘·樓·遊로 시작하여 傍·張·
光·長·梁·望·蒼·長으로, 다시 間·還·山, 發·沒, 情·成·京·淸으로 換韻함.

047

〈夢游天姥吟留別〉 ·························· 李白

꿈에 천모산에 놀다 떠나면서 남긴 시

바닷가를 떠도는 사람이라면 영주산을 들먹이지만,
안개 낀 파도 아득하여 진실로 찾기 어려운 곳.
월나라 사람들은 천모산을 거론하며,
구름이나 무지개 나타났다 사라지면 혹 볼 수도 있다고들 하네.
천모산은 하늘에 이어져 하늘 비껴 향해 있고,
기세는 오악보다 뛰어나 적성을 가리고 있네.
천태산의 사만 팔천 길 높이도,
천모산과 비하면 동남으로 비스듬히 엎어지려 하고 있네.
내 이런 연유로 꿈에 본 오월을 가고자 하여,
하룻밤에 날아서 경호에 뜬 달을 건너갔네.
호수의 달빛은 내 그림자 비추더니,
나를 섬계로 훌쩍 보내 주었네.
사령운이 자던 곳 아직도 그대로 남아 있고,
맑은 넘실거리는 곳에 원숭이 울음이 청아하네.
발에는 사령운이 고안한 등산용 나막신을 신고,
몸은 구름을 사다리로 삼아 높이 올라갔네.
절벽 중간에 이르러 바다에서 떠오르는 해를 보았고,
하늘 가운데서는 하늘 닭 우는 소리를 들었네.

천 개 바위에 만 골짜기 산속이라 길도 정해진 곳이 없으나,
꽃에 반하여 길 잃고 바위에 기대었더니 홀연히 날이 어두워지네.
곰의 고함 소리에 용의 울음이며 바위의 샘물소리에,
깊은 숲이 벌벌 떨고 높은 산이 놀라는구나.
구름이 짙게 푸르러지더니 비를 내리고자 하고,
물길이 조용하니 안개가 피어오르도다.
번개가 번쩍하고 벼락이 내려치니,
언덕이 넘어지고 산이 무너지네.
신선 사는 동네의 돌로 세운 문들이,
우르릉 꽝하니 가운데가 열리누나.
푸른 하늘 아득하여 그 바닥을 볼 수 없고,
해와 달은 밝게 떠서 금은대를 비추누나.
무지개로 옷을 삼고 바람으로 말을 삼아,
구름의 신선들은 분분히 내려오네.
호랑이는 비파 타고 난새는 수레 끌고,
그 많은 신선들은 삼대같이 많기도 하네.
갑자기 혼백이 놀라 가슴이 두근두근,
황홀한 속에 꿈 깨어 일어나니 긴 탄식뿐이어라.
깨어보니 본래 있던 베개와 이부자리 그대론데,
방금의 그 구름과 놀은 찾을 길이 전혀 없네.
인간 세상 즐거움이란 모두가 이와 같은 것,
예로부터 일 만사가 동쪽으로 흐르는 물이로다.
그대들을 이별하고 떠나가노니 어느 때에 다시 올까?
장차 푸른 벼랑 사이에서 흰 사슴을 풀어놓고,
조용히 이를 타고 명산이나 찾을지니.
어찌 능히 눈웃음치며 허리 굽혀 권세부귀를 섬겨
내 마음 내 얼굴을 제대로 펴지 못하는 짓을 하랴!

海客談瀛洲, 煙濤微茫信難求.

越人語天姥, 雲霓明滅或可覩.

天姥連天向天橫, 勢拔五嶽掩赤城.

天臺四萬八千丈, 對此欲倒東南傾.

我欲因之夢吳越, 一夜飛渡鏡湖月.

湖月照我影, 送我至剡溪.

謝公宿處今尚在, 淥水蕩漾清猿啼.

腳著謝公屐, 身登青雲梯.

半壁見海日, 空中聞天鷄.

千巖萬壑路不定, 迷花倚石忽已暝.

熊咆龍吟殷巖泉, 慄深林兮驚層巔.

雲青青兮欲雨, 水澹澹兮生煙.

列缺霹靂, 丘巒崩摧.

洞天石扉, 訇然中開.

青冥浩蕩不見底, 日月照耀金銀臺.

霓爲衣兮風爲馬, 雲之君兮紛紛而來下.

虎鼓瑟兮鸞回車, 仙之人兮列如麻.

忽魂悸以魄動, 怳驚起而長嗟.

惟覺時之枕席, 失向來之煙霞.

世間行樂亦如此, 古來萬事東流水.

別君去兮何時還? 且放白鹿青崖間.

須行卽騎訪名山.

安能摧眉折腰事權貴, 使我不得開心顏!

【天姥山】산 이름. 지금 浙江 嵊縣과 新昌縣 사이에 있음. 동쪽으로는 天臺山
　華頂峯, 그리고 서쪽으로는 沃洲山과 이어져 있음.

【吟】詩體의 한 장르.《文體明辨》에 "吁嗟慨歌, 悲憂深思, 以呻其鬱者曰吟"
　이라 함.

【留別】떠나며 남겨두는 시.

【瀛洲】三神山의 하나로 東海에 있다고 믿었음.《史記》秦始皇本紀에 "海中有
　三神山, 名曰蓬萊·方丈·瀛洲, 仙人居之"라 함.

【雲霓】雲霞와 虹霓.

【五嶽】東嶽(泰山), 南嶽(衡山), 西嶽(華山), 北嶽(恒山)과 中嶽(嵩山)을 오악이라
　하며 대대로 封禪을 치렀음.

【赤城】산 이름. 지금 浙江 天臺縣 북쪽에 있으며 '燒山'이라고도 함. 그 서쪽
　에는 玉京洞이 있으며 이를 흔히 天臺山의 南門이라 칭함.

【天臺】산 이름. 흔히 '天台山'으로 표기하며 지금의 浙江 天台縣 북쪽에 있음.
　仙霞嶺의 동쪽 지맥이며 서남쪽으로는 括蒼山과 雁蕩山이 있고, 서북쪽
　으로는 四明山과 金華山이 있음.

【鏡湖】곧 鑑湖. 지금 浙江省 紹興縣 남쪽에 있으며 물결이 거울 같다 하여
　붙여진 이름.

【剡溪】曹峨江의 상류로써 지금 浙江省 嵊縣 남쪽에 있으며 천모산이 이곳에
　있음. 특히 晉나라 때 王徽之가 눈 오는 밤에 戴逵를 찾아온 고사로 인해
　'戴溪'라고도 함.《世說新語》任誕篇에 "王子猷居山陰, 夜大雪, 眠覺, 開室,
　命酌酒. 四望皎然. 因起仿偟, 詠左思〈招隱詩〉, 忽憶戴安道. 時戴在剡, 卽便夜
　乘小船就之. 經宿方至, 造門不前而返. 人問其故, 王曰:「吾本乘興而行, 興盡
　而返, 何必見戴!」"라 함.

【謝公】謝靈運(385~433). 중국 최고의 山水詩人. 南朝 劉宋 陽夏(지금의 河南省
　太康縣) 출신. 그는 고향 上虞에서 7백여 리를 산행하여 절강의 산수를 두루
　다녔으며, 그의 〈登臨海嶠〉에 "暝投剡中宿 明登天姥岑"이란 구절이 있음.

【謝公屐】謝靈運이 개발한 특수한 등산화. 나막신 앞뒤에 뾰족한 돌기를 달아
　산에 오를 때는 앞에 붙은 것을 제거하고, 내려올 때는 뒤쪽을 제거하여
　쉽게 오르내릴 수 있도록 고안한 것임.《宋書》謝靈運傳에 "尋山陟嶺, 必造
　幽峻, 巖障千里, 莫不備盡登躡, 嘗著木屐, 上山則去前齒, 下山去其後齒"라 함.

【靑雲梯】푸른 구름을 사다리삼아 산마루 높은 봉우리에 오르는 것과 같음.
　謝靈運의 〈登石門最高頂〉 詩에 '惜無同懷客, 共登靑雲梯'라 함.

【天鷄】 신화 속의 하늘 닭.《述異氣》에 "東南有桃都山, 上有大樹, 名曰桃都, 枝相去三千里, 上有天鷄, 日初出照此木, 天鷄則鳴, 天下鷄皆隨之鳴"이라 함.

【澹澹】 물이 출렁거리는 모양. 張衡의 〈西京賦〉에 '淥水澹澹'이라 함.

【列缺】 '裂缺'로도 표기하며 번갯불이 번쩍함을 표현하는 疊韻連綿語.《通雅》에 "陽氣從雲中缺裂而出, 故稱裂缺"이라 함.

【霹靂】 우레, 벼락을 뜻하는 역시 疊韻連綿語.

【洞天】 道敎에서 신선들이 사는 곳. 道敎에는 천하에 36동천이 있음.

【石扉】 혹 '石扇'으로 표기된 판본이 있으며 石門과 같음.

【訇然】 '쿵'하고 큰 소리가 남. '訇'은 '굉'으로 읽음. 소리를 형용한 말.

【靑冥】 하늘. 靑天과 같음. 그 높이를 알 수 없이 명명한 상태임을 말함.

【金銀臺】 누대 이름. 郭璞의 〈游仙詩〉에 "神仙排雲출, 但見金銀臺"라 함.

【雲之君】 구름의 神. 雲神.《楚辭》九歌에 '雲中君'이 있음. 여기서는 신선을 가리킴.

【虎鼓瑟】 張衡의 〈西京賦〉에 京都의 百戲歌舞에 대하여 "總會仙侶, 劇豹舞羆. 白虎鼓瑟, 蒼龍吹篪"라 하였고,《楚辭》離騷에는 "揚雲霓之唵藹兮, 鳴玉鸞之啾啾"라 하여 신선들의 화려한 儀仗을 표현한 것임.

【鸞回車】《太平御覽》에 인용된《白羽經》에 "太眞常人, 登白鸞之車"라 하여 신선들이 타는 수레.

【列如麻】 삼실처럼 많음을 뜻함.《雲笈七籤》(96)에 인용된 〈上元夫人步虛曲〉에 "忽過紫微坦, 眞人列如麻"라 함.

【覺】 꿈에서 깨어남.

【東流水】 동쪽으로 흐르는 물. 중국의 지형은 西高東低로써 강물은 동쪽으로 흘러 다시 돌아오지 않음.

【白鹿】 신선들이 타는 흰 사슴.《楚辭》哀時命에 "浮雲霧而入冥兮, 騎白鹿而容與"라 하였고, 梁 庾肩吾의 〈道館詩〉에 "仙人白鹿上, 隱士蠶溪邊"이라 함.

【摧眉折腰事權貴】 머리를 숙이고 몸을 굽혀 權臣과 貴戚들에게 아부하거나 복종함. 蕭統의 〈陶淵明傳〉에 "我豈能爲五斗米, 折腰鄉里小兒哉!"라 함.

참고 및 관련 자료

1. 제목은 혹 〈留別東魯諸公〉 혹은 〈吟留別〉이라 하고 주에 '東魯諸公'이라 되어 있음. 따라서 이는 이백이 '천모산에서 노는 꿈을 꾸고 동로를 떠나면서

그곳의 여러 친구들에게 남기고 간 시'라는 뜻임.

2. 天寶 3년(744) 李白이 귀족들의 배척을 받자, 玄宗은 그에게 노자를 주어 여행을 권하였고, 이에 5년 東魯를 거쳐 다시 江南 일대를 유랑하게 되었음. 이 시는 東魯를 떠날 때 친구들과 작별하며 지은 것으로 보임.

3. 唐 殷璠의 《河岳英靈集》에 李白을 "奇之又奇, 自騷人而還, 鮮有此體"라 평함.

4. 清 沈德潛의 《唐詩別裁》에는 "託言夢遊, 窮形盡相, 以極洞天之奇幻, 至醒後頓失煙霞矣. 知世間行樂, 亦同一夢, 安能於夢中屈身權貴乎! 吾當別去, 遍遊名山以終天年也, 詩境雖奇, 脉理極細"라 함.

5. 韻脚은 洲·求, 姥·覩, 橫·城·傾, 越·月, 溪·啼·梯·鷄, 定·暝, 泉·巓·煙, 摧·開·臺, 馬·下, 車·麻, 嗟·霞, 此·水, 還·間·山·顔 등 12번 換韻함.

048

〈金陵酒肆留別〉 ·· 李白

금릉 술집을 떠나며 남긴 시

봄바람 버들 꽃을 날려 온 술집마다 향내가 가득한데,
오나라 여인들 술을 걸러 놓고는 손님을 불러 맛보라 하네.
김능의 자제들 모두 나와 친구 보내는 술자리로 왁자지껄,
떠나고자 하다가 차마 가지 못하고 각기 남은 잔들 다 비우네.
그대들이여 묻건대 동쪽으로 흐르는 저 강물과
헤어지는 이 안타까움 그 어느 것이 더 짧고 길더냐?

風吹柳花滿店香, 吳姬壓酒喚客嘗.
金陵子弟來相送, 欲行不行各盡觴.
請君試問東流水, 別意與之誰短長?

【金陵】 지금의 南京. 東晉과 南朝(宋·齊·梁·陳)의 수도였으며 江南의 首府.
【酒肆】 술집.
【留別】 이별하거나 떠나면서 남기는 시.
【柳花】 柳絮. 버드나무의 솜털이 꽃과 같음을 말하며, 좋은 봄날임을 가리킴.

【吳姬】吳지방의 여자. 술집에 종사하는 여인. 고대 江蘇 일대는 吳나라 땅이었음.

【壓酒】남방의 술은 쌀로 빚은 것으로 충분히 숙성한 다음 이를 눌러 짜서 그 자리에서 마심.

【喚】《全唐詩》注에 '一作勸', '一作使'라 함.

【嘗】'嚐'과 같음. 술맛을 봄.

【東流水】동쪽으로 흐르는 물. 중국의 지형은 西高東低로서 강물은 동쪽으로 흘러 다시 돌아오지 않음. '헤어지는 안타까움이 영원히 흐르는 물보다 더 길다'의 뜻.

참고 및 관련 자료

1. 開元 14년(726) 봄 이백이 蜀을 나와 江南을 유람하면서 金陵(지금의 南京)을 들렀다가 廣陵(지금의 江蘇 揚州)으로 가기 전에 지은 것임.

2. 宋 魏慶之의 《詩人玉屑》(14)에 "山谷言, 學者不見古人用意處, 但得其皮毛, 所以去之更遠. 如『風吹柳花滿店香』, 若人復能爲此句, 亦未至太白. 至於『吳姬壓酒勸客嘗』, 壓酒字他人亦難及. 『金陵子弟來相送, 欲行不行各盡觴』, 益不同. 『請君試問東流水, 別意與之誰短長?』至此乃眞太白妙處, 當潛心焉. 故學者先以識爲主. 禪家所謂正法眼, 直須具此眼目, 方可入道"라 함.

3. 韻脚은 香·嘗·觴·長.

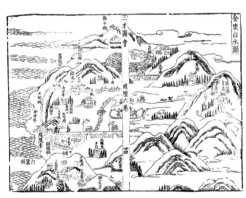

金陵山水圖 《三才圖會》

049

〈宣州謝脁樓餞別校書叔雲〉 ·························· 李白

선주 사조루에서 족숙 이운 교서를 전별하며

나를 버리고 가는 자, 바로 어제의 해는 머물게 할 수 없고,
내 마음을 어지럽히는 것, 오늘의 이 해는 많은 번뇌를 쏟아 붓네.
긴 바람 만 리 먼 길 가을 기러기처럼 보내오니,
이러한 상황에서는 가히 이 높은 누대에서 취할 만도 하겠지요.
그대는 비서성의 교서로서 문장은 건안의 풍골이요,
그중에서도 사조 같은 청신함과 뛰어남을 가졌소이다.
빼어난 흥취와 웅장한 생각을 함께 품고 휘날리니,
푸른 하늘 날아올라 밝은 달을 잡아당길 태세이구려.
칼을 뽑아 흐르는 물 잘라도 물은 다시 흐르고,
잔을 들어 근심을 녹여 없애도 근심은 더욱 솟아나네.
사람으로 태어나 세상에 뜻대로 되는 일 없으니,
내일 아침 머리 풀고 조각배를 타려 하오.

棄我去者, 昨日之日不可留.
亂我心者, 今日之日多煩憂!
長風萬里送秋雁, 對此可以酣高樓.

蓬萊文章建安骨, 中間小謝又淸發.
俱懷逸興壯思飛, 欲上靑天覽明月.
抽刀斷水水更流, 擧杯銷愁愁更愁.
人生在世不稱意, 明朝散髮弄扁舟.

【宣州】宣城. 지금의 安徽 宣城.
【謝朓】謝朓(464~499)는 南朝 齊나라 때의 시인이며 행정가. 자는 玄暉.
陳郡 陽夏 사람. 귀족 출신으로 어머니는 宋나라 長城公主. 齊나라 中書
吏部郎을 역임했으며 永元(齊, 東昏侯의 연호,
499~501) 元年 江祐[江祏] 등과 始安王 遙光

謝靈運《三才圖會》

을 옹립하려다가 죄에 걸려 옥사함. 당시 36세.
사조는 풍격이 秀逸하여 소위「新變體」를
창시했으며 五言詩의 律詩化에 지대한 영향
을 미쳤음. 永明體의 대표적 시인이며 李白이
매우 숭앙했던 인물.《南齊書》(47) 및《南史》
(19)에 傳이 있음.
【謝朓樓】'謝公樓', '北樓'라고도 한다. 謝朓가 宣城太守로 있을 때 지은 것
이며, 唐나라 때는 '疊嶂樓'라 불렀음.
【餞別】'祖餞', '餞行'과 같음. 길을 떠나보낼 때 여는 잔치. 고대 黃帝의 아들
유조(纍祖)가 먼 길을 떠나 도중에 죽자, 사람들이 그를 '路神'으로 여겨 길
떠나는 자를 보호해 달라는 뜻으로 제를 올리고, 술자리를 마련하기 시작한
것에서 유래되었다 함.(《四民月令》)
【校書】직책 이름. 校書郎. 秘書省의 문서관리를 담당했던 관직.
【叔雲】'叔'은 族叔. '雲'은 李白의 족숙인 李雲이라는 사람 이름.
【棄我去者】나를 버리고 가는 자. 시간, 세월을 의미함.
【亂心我者】오늘 나의 마음을 혼란하게 하는 것, 이별을 의미함.
【蓬萊文章】秘書省을 뜻하며 李雲이 秘書省 校書郞으로써 그 문장이 뛰어
났었음을 지칭한 것.《後漢書》竇章傳의 李賢 주에 의하면 東漢 때 官家의
著述과 朝廷의 圖書 所藏處였던 東觀을 '老氏藏室'이라 불렀으며 여기서의

老氏는 老子, 즉 道家를 의미하며 도가에서는 蓬萊山을 이상세계로 보았고, 그곳에 秘錄과 幽經이 많이 소장되어 있다고 믿어 蓬萊로써 秘書省을 대신하여 일컬은 것임. 그리하여 "老氏藏書室, 道家蓬萊山"이른 말이 생겼다 함.

【建安骨】建安風骨을 가리킴. 建安은 東漢 獻帝의 연호(196~220)로써 이 당시의 曹氏의 三父子(曹操·曹丕·曹植)와 建安七子(孔融·王粲·劉楨·徐幹·陳琳·應瑒·阮瑀)들이 활동하여 그 詩風이 慷慨하여 흔히 '建安風骨'이라 함.《文心雕龍》風骨篇과 時序篇에 "雅好慷慨", "並志深而筆長, 故梗槪而多氣也"라 함. 여기서는 이운의 문장이 건안풍골을 지녔음을 말한 것.

【小謝】謝朓를 가리킴. 남조 시대 대표적 시인으로 謝靈運을 大謝, 謝朓를 小謝라 불렀으며 여기서는 이백이 자신을 小謝에 비유한 것.

【淸發】淸新發秀. 아주 뛰어난 재능을 가졌음을 말함.

【覽明月】'覽'은 '攬'과 같음. '끌어 잡아당김.' '明月'은 원작에는 '日月'로 되어 있으나《李太白集》에는 '明月'로 되어 있음.

【散髮】세상의 예속에 얽매이지 않음을 말함.《後漢書》袁閎傳에 "黨事將作, 閎遂散髮絶世"라 함.

【弄扁舟】《全唐詩》注에 "一作『擧櫂還滄洲』"라 함. '弄'은 '乘, 浮'와 같음. '포부를 펼 수 없어 세상을 피하여 은거할 것'이라는 뜻을 가지고 있음. 《論語》公冶長에 "子曰:「道不行, 乘桴浮于海. 從我者, 其由與?」"라 하였고, 《史記》貨殖列傳에 范蠡의 사라짐을 두고 "乘扁舟浮於江湖"라 함.

참고 및 관련 자료

1. 天寶 말 이백이 宣城에서 隱居할 때 族叔 李雲을 餞別하며 지은 것임. 이백은 천보 3년(744) 장안을 떠나 이미 10년이나 되었으며, 그때의 좌절과 은둔을 함께 토로한 것으로 보임.

2. 제목은《全唐詩》주에 표제를 혹〈陪侍御叔華登樓歌〉라 함.

3. 韻脚은 留·憂·樓에서 骨·發·月로 바꾸었다가 다시 流·愁·舟로 換韻함.

050

〈走馬川行奉送封大夫出師西征〉 ························· 岑參

주마천에서
봉대부의 서정 출사를 봉송하며 읊음

그대는 보지 못하였는가? 주마천과 설해의 가에,
끝없이 펼쳐진 모래벌판 누런 먼지 하늘로 빨려들고.
서역 윤대 땅 9월 밤바람은 울부짖어,
냇가 부서져 널려 있는 돌들은 크기는 말만한 데도.
바람에 휩쓸려 온 땅에 가득 어지러이 날리는 것을,
흉노 땅 시들어가는 누런 풀에 말들이 살이 찌네.
금산 서쪽에서 연기 안개로 전투를 일으키니,
한나라 대장군 서쪽으로 출정하시네.
장군의 황금 갑옷 밤에도 벗지 못하고,
한밤중 행군하매 창으로 서로들 치고.
바람 끝은 칼날처럼 매서워 얼굴을 베어내는 듯,
말의 털은 눈이 쌓여도 땀으로 모두 증발시키네.
오화마, 연전마에는 곧바로 고드름이 달릴 정도,
군막에서 격문을 초안하니 벼루의 물이 얼었구나.
오랑캐 기마병들 이 소식 듣고 간담이 서늘하려니,
짧은 무기로는 감히 덤비지 못할 것임을 미리 짐작하고서
거사국 서문에서 승리의 첩보 알려오기를 기다리도다.

君不見走馬川雪海邊, 平沙莽莽黃入天.

輪臺九月風夜吼, 一川碎石大如斗.

隨風滿地石亂走, 匈奴草黃馬正肥.

金山西見煙塵飛, 漢家大將西出師.

將軍金甲夜不脫, 半夜軍行戈相撥.

風頭如刀面如割, 馬毛帶雪汗氣蒸.

五花連錢旋作冰, 幕中草檄硯水凝.

虜騎聞之應膽懾, 料知短兵不敢接.

車師西門佇獻捷!

【走馬川】지명. 구체적으로는 알 수 없음. 西域 龜玆國(지금의 新疆 高車)의
냇물이 아닌가 함. 高步瀛의《唐宋詩舉要》에 "走馬川未詳. 疑卽《水經》河水
之龜玆川"이라 함.

【行】歌曲의 한 장르이며 문체의 이름.《文體明辨》에 "步驟馳騁, 疎而不滯
者曰行"이라 함.

【奉送】받들어 보내드림. 送行과 같음.

【封大夫】封常淸. 唐나라 때의 유명한 장군. 安西四鎭節度副使, 北庭都護,
伊西節度使 등을 역임하였으며 岑參을 判官으로 추천함.《舊唐書》(104)와
《新唐書》(135)에 전이 있음. 그가 御史大夫를 지낸 적은 없으나 잠삼이
높여서 부른 것임.

【走馬川】원본에는 "走馬川行"으로 되어 있으나 '行'은 衍字임. 제목의 '行'
자가 잘못 들어간 것.

【雪海邊】'雪'은 혹 '雲海邊'으로도 표기하며《全唐詩》注에는 '滄海邊'이라
하였음. '雪海'는《新唐書》西域傳에 "勃達嶺西南至蔥嶺贏二千里, 水南流
者經中國入于海, 北流者經胡入于海, 北三日, 度雪海, 春夏常雨雪"이라 함.
지금의 준게르(准葛爾) 설원을 말함.

【輪臺】西域의 지명. 당대 北庭都護府가 있던 곳. 지금의 新疆 米泉縣. 그러나 타림(塔里木)사막 북쪽에 달리 윤대라는 지명이 있음. 岑參이 封常淸을 따라 이곳에서 屯兵하였음.

【匈奴】고대 玁狁, 狄. 漢代에 극성하여 중원과 대치하였으며, 唐代에는 回鶻 (위구르)을 가리키며, 그 후예의 하나는 훈(Hun)족이 됨.《史記》匈奴傳에 "秋, 馬肥, 大會蹛林, 課校人畜計"라 함.

【金山】알타이(阿爾泰)山. 內蒙古와 新疆, 러시아와의 경계지역 산맥이며 도시 이름. '알타이'는 몽고어로 '금'을 뜻함. 天山은 그 산맥 남쪽 끝에 있음.

【漢家大將】봉상청을 가리킴. 唐詩에서는 唐나라를 漢나라로 代稱하였음.

【戈相撥】밤에 행군할 때 군인들의 무기가 서로 부딪쳐 소리를 냄.

【五花·連錢】모두 良馬의 이름.《名畫要錄》에 "開元內廐有飛黃照夜浮雲 五花之乘"이라 하였고,《爾雅》釋畜 "靑驪麟駬"의 郭璞 주에 "色有深淺, 斑駁隱粼, 今之連錢驄"이라 함.

【草檄】고대 적을 성토하기 위한 檄文이 있었으며, 이를 초안함을 말함.

【膽慴】간담이 서늘할 정도로 두려움.

【短兵】도검류의 짧은 무기.《九歌》國殤에 "操吳戈兮披犀甲, 車錯轂兮短 兵接"이라 함.

【車師】한나라 때 西域 36국의 하나. 姑師로도 표기함. 唐나라 때 北庭都 護府의 관할지역. 지금의 新疆 투르판(吐魯番) 일대에 있었음. 혹 '軍師' 로도 표기되어 있음.

【佇獻捷】승리의 첩보를 바쳐오기를 기다림.

참고 및 관련 자료

1. 이는 天寶 13년(743) 당시 北庭都護이며 伊西節度使, 瀚海軍使의 직함을 가지고 있던 封常淸이 조정에 글을 올려 岑參을 安西北庭節度判官으로 삼아 줄 것을 청하였으며, 그의 군대는 輪臺(지금의 新疆 輪臺)에 있었음. 이때에 지은 것으로 보임.

2. 제복은〈走馬川行〉으로 되어 있고 注에 "奉送封大夫出師西征"이라 함.

3. 沈德潛의《唐詩別裁》에 "封大夫, 卽封常淸也. 參常從封常淸屯兵輪臺, 故多邊塞之作"이라 함.

4. 韻脚은 邊·天으로 시작하여 吼·斗·走로, 다시 肥·飛로, 師, 脫·撥·割, 蒸·冰·凝, 懾·接·捷으로 하여 7번 換韻하였으며, 이에 대해 沈德潛은《唐詩別裁》에서 "句句用韻, 三句一轉, 此〈嶧山碑〉文法也, 〈唐中興頌〉亦然"이라 함.

051

〈輪臺歌奉送封大夫西征〉 ·························· 岑參

윤대에서 봉대부의 서정을 노래함

윤대성 위에서 밤중 호각 소리 들리자,
윤대성 북쪽의 오랑캐 별이 떨어진다.
군의 첩보가 어젯밤 거려를 지나 도착하였는데,
선우의 군대가 이미 금산 서쪽까지 와 있다고 하네.
수루에 올라 서쪽을 바라보니 연기와 먼지 까맣게 덮였고,
한나라 군대는 윤대 북쪽에 주둔하여 있구나.
상장군이 두 깃발을 앞세우고 서쪽으로 출정하고자,
새벽에 피리를 불어 대군을 출발시키도다.
사변에서 전투 개시 북 울리니 설해가 용솟음치고,
삼군이 함성 지르니 음산이 요동치는구나.
변방 병사들의 기세는 구름이 이어져 모여든 듯,
전쟁터의 백골들은 풀뿌리로 휘감겼네.
검하에는 바람이 급해 눈 조각이 멀리 휘날리고,
사구에는 돌이 얼어 말발굽을 이탈시키네.
봉상청 장군께서는 왕실을 위해 고생도 달게 여겨,
변방의 먼지를 잠재웠노라 임금께 보고하겠노라 맹세하네.
예로부터 청사에 이름 남긴 분 그 누가 드러나지 않으리오만,
이제 보니 봉대부의 공명은 옛사람보다 낫도다.

輪臺城頭夜吹角, 輪臺城北旄頭落.

羽書昨夜過渠黎, 單于已在金山西.

戍樓西望煙塵黑, 漢兵屯在輪臺北.

上將擁旄西出征, 平明吹笛大軍行.

四邊伐鼓雪海涌, 三軍大呼陰山動.

虜塞兵氣連雲屯, 戰場白骨纏草根.

劍河風急雪片闊, 沙口石凍馬蹄脫.

亞相勤王甘苦辛, 誓將報主靜邊塵.

古來青史誰不見? 今見功名勝古人.

【輪臺】지명. 앞 장 참조.

【歌】詩體의 한 장르.《文體明辨》에 "其放情長言, 雜而無方者曰歌"라 함.

【角】군중에서 신호용으로 부는 악기. 지금의 호각 같은 것

【旄頭】별 이름.《史記》天官書에 "昴曰旄豆, 胡星也"라 하여 오랑캐의 사기가
기울었음을 상징함. 혹 깃발로도 풀이함.

【羽書】羽檄. 깃에 달아 급히 연락하는 군중의 명령서.

【渠黎】지명. 고대 서역의 나라 이름. 지금 新疆 輪臺縣 서남에 있음.

【單于】漢나라 때 흉노들이 자신들의 우두머리를 선우(單于)라 불렀음.《漢書》
匈奴傳에 "單于者, 廣大之貌, 言其象天, 單于然也"라 함.

【金山】알타이 산. 앞 장 참조.

【煙塵黑】적이 쳐들어오는 기세와 모습을 표현한 것.

【上將】上將軍. 封常清을 가리킴.

【擁旄】당나라 제도에 節度使가 旄節 한 쌍을 부관에게 내려주었으며,
이를 '雙節'이라 하고 이를 받은 부관이 양쪽으로 세워 앞서 가며 길을
안내함. '旄'는 깃발에 쇠꼬리를 달아 표시한 것이며 뒤에는 새의 깃으로
대신하였다 함.

【平明】날이 막 밝아옴.

【雪海】 앞장의 주를 참고할 것.

【陰山】 山脈의 이름. 河套 서북에서 내몽고 남부를 이어 興安嶺과 이어지는 긴 산맥. 북방 이민족과 경계를 이루는 주요 지형임. 高步瀛의 《唐宋詩擧要》에 "以地勢言距輪臺·渠黎頗遠, 此蓋借用, 否則騰格里等山言耳"라 함.

【劍河】 물 이름. 《新唐書》 回鶻傳에 "回鶻牙北六百里를, 得仙娥河. 河東北曰雪山, 地多水泉. 靑山之東有水曰劍河"라 하였음.

【雪片】 〈四部叢刊〉과 〈章燮本〉에는 '雪片'으로 되어 있으나 원본은 '雲片'으로 되어 있음.

【沙口】 지명. 구체적으로는 알 수 없음.

【亞相】 御史大夫는 三公의 하나이며, 재상의 다음 지위이므로 이렇게 부른 것임. 여기서는 封常淸을 가리킴.

【勤王】 내란이나 외적의 침입에 王室을 보위하기 위하여 조직되는 군대. 이를 '勤王兵'이라 함.

【靑史】 고대 竹簡에 역사나 문서를 기록하였으며, 죽간이 원래 푸른 것이어서 역사기록을 이렇게 불렀음.

참고 및 관련 자료

1. 이 역시 앞장의 후속 작품이며, 제목은 〈輪臺歌〉라 하고 주에 "奉送封大夫西征"으로 되어 있음.

2. 淸 翁方綱의 《石洲詩話》에 "嘉州之奇峭, 入唐以來所未有. 又加以邊塞之作, 奇氣益出. 風會所感, 豪杰挺生, 遂不得不變出杜公矣"라 함.

3. 〈四部叢刊〉 《岑嘉州集》에는 "封大夫, 封常淸也. 天寶四載, 以高仙芝爲安西四鎭節度使, 仙芝署常淸爲判官, 任以軍事, 仙芝嘗破小孛律王及其旁二十餘國, 題云 〈西征〉, 必此時也"라 함.

4. 韻脚은 角·落, 黎·西, 黑·北, 征·行, 涌·動, 屯·根, 闊·脫, 辛·塵, 見·人 등 8번 換韻함.

052

〈白雪歌送武判官歸京〉 .... 岑參
백설에 무판관의 귀경을 보내며 노래함

북풍이 땅을 말아 오니 백초도 모두 꺾이고,
오랑캐 땅 팔월 날씨에 벌써 눈이 흩날리네.
갑자기 하룻밤 새 봄바람이 불어오더니,
천만 그루 모든 나무에 눈꽃이 피었구나.
구슬주렴에 흰 꽃이 날아들어 비단 휘장 적시니,
여우 갖옷도 따뜻하지 않고 비단 이불도 얇기만 하구나.
장군은 각궁도 당길 수 없는 추위요,
도호의 철갑옷은 차가워도 그대로 입고 있네.
넓은 사막 종횡으로 백길 얼음이 덮이고,
근심스런 구름은 참담하게 만 리에 엉겨 있네.
중군에서 술을 내어 돌아가는 그대를 대접하며,
호금과 비파에 강적까지 갖추었네.
분분히 휘날리는 저녁 눈이 막사 문에 뿌리는데,
바람이 깃발을 잡아당겨 붉은 기를 흔들 수도 없네.
윤대의 동문에서 그대를 보내노니
떠날 때 오는 이 눈, 천산 길에 가득하리.
산을 돌고 길을 돌아 그대는 보이지 않는데
눈 위의 말발굽 자국만 부질없이 남았구려.

北風卷地白草折, 胡天八月卽飛雪.
忽如一夜春風來, 千樹萬樹梨花開.
散入珠簾濕羅幕, 狐裘不暖錦衾薄.
將軍角弓不得控, 都護鐵衣冷猶著.
瀚海闌干百丈冰, 愁雲黲淡萬里凝.
中軍置酒飲歸客, 胡琴琵琶與羌笛.
紛紛暮雪下轅門, 風掣紅旗凍不翻.
輪臺東門送君去, 去時雪滿天山路.
山廻路轉不見君, 雪上空留馬行處.

【歌】 詩體의 한 장르. 앞 장을 참조할 것.

【武判官】 岑參의 동료이며 封常淸幕府의 일원으로 判官의 직책을 지냈던 인물. 武則天의 일족으로 성이 武氏였음을 알 수 있으며, 복무기간을 마치고 서울 長安으로 돌아감. 판관은 군대에서 작전을 모책하는 參謀이며 동시에 군법을 집행하는 軍法官.

【白草】 변방 사막에 자라는 풀로 녹색이 적고 거의 흰색에 가까움. 낙타나 말, 소 등의 먹이가 됨. 《漢書》 西域傳 顔師古 주에 "白草, 似莠而細, 無芒, 其乾熟時正白色, 牛馬所嗜也"라 하였고, 李頻의 〈送邊將〉에 '悠揚落日黃雲動, 蒼莽陰風白草翻'이라 함.

【忽如】 《全唐詩》에는 '忽然'으로 되어 있음.

【梨花】 雪花를 비유함. 눈이 내려 나무에 배꽃이 핀 것과 같음.

【角弓】 角質을 써서 새기고 수식한 활.

【都護】 변방 강역을 수호하기 위하여 제정한 관직 이름. 唐나라 때에는 安東·安西·安南·安北·單于·北庭의 여섯 大都護府를 두어 이민족과 변방을 다스렸음.

【鐵衣】 철로 만든 갑옷.

【冷猶著】 일부 판본에는 '冷難著'으로 되어 있음. '著'은 '착'으로 읽음.

【瀚海】大沙漠. 北庭都護府에 瀚海軍이라는 군 조직이 있었음.

【闌干】종횡으로 얽힌 모습을 표현하는 疊韻連綿語.

【黲淡】〈四部叢刊〉의《岑嘉州集》과 章燮의 주석본에는 '慘淡'으로 되어 있음. 참혹하며 담담함을 표현하는 疊韻連綿語.

【中軍】고대 左軍·中軍·右軍 등 三軍을 두었으며 中軍을 통솔함을 말함.

【轅門】官府나 幕府의 門. 그 앞에 수레를 세워 경계를 삼아 이름이 붙여짐.

【紅旗】天寶 9년 5월부터 여러 衛와 節度에서 緋色(붉은색 계통)의 깃발을 사용하였으며, 뒤에는 모두 赤色(紅色)으로 고쳤음. 따라서 朱旗와 같음. 杜甫〈諸將〉에 "曾閃朱旗北斗殷"이라 함.

【天山】雪山, 白山이라고도 하며 지금 新疆 일대에 남북 두 갈래로 뻗어있는 산맥. 그러나 당대 伊州와 西州 일대의 산을 모두 天山이라 불렀음.

【輪臺】지명. 앞장의 주를 참조할 것.

참고 및 관련 자료

1. 제목은 〈白雪歌〉로 되어 있으며 주에 "送武判官歸京"이라 하였음. 한편 '歸京'에는 원래는 '京'자가 없으나 〈四部叢刊〉《岑嘉州集》과 《全唐詩》에 의해 補入함.

2. 이 시 역시 앞의 2수와 연결되어 있으며 변새시의 절창임.

3. 韻脚은 折·雪, 來·開, 幕·薄·著, 冰·凝, 客·笛, 門·翻, 路·處 등 7번 換韻함.

053

〈韋諷錄事宅觀曹將軍畫馬圖〉 ⋯⋯⋯⋯⋯⋯⋯⋯⋯⋯⋯ 杜甫
녹사참군 위풍의 집에서
조장군의 말 그림을 보고

당나라가 들어선 이래 말 그림에 있어서는,
그 신묘함에 있어서 오직 강도왕을 꼽을 정도였다네.
그런데 조패 장군이 이름을 얻은 지 30여 년,
사람 사는 세상에 다시 진짜 승황을 보게 되었네.
일찍이 현종의 조야백이라는 말을 그려내자,
용지에 열흘 동안 말 날아가는 모습이 벼락 같았다네.
궁전 안의 창고에서 진홍색 마노옥쟁반을 하사하였고,
첩여는 임금의 조서를 전달하고 재인은 자주 그를 찾았네.
쟁반을 하사하자 장군은 절하고 물러서며 예를 갖추었고,
함께 내린 가볍고 가는 비단 연이어 서로 나는 듯이 뒤따르네.
귀척과 권문들 그의 필적을 얻으면,
비로소 그 집 병풍에 광채가 드날림을 알아차리게 된다네.
지난날 태종께서는 권모와拳毛騧라는 말을 가지고 있었고,
근래 곽자의郭子儀 집안에는 사자화獅子花라는 준마가 있었지.
지금 이 두 마리 말이 그림으로 그려줬으니,
알아보는 이로 하여금 다시 한참 동안 감탄을 자아내게 하네.
이들 말은 모두가 싸움에 나가면 만인을 상대하는 명마,
흰 비단 속 그림에서 아득히 모래바람을 일으키네.
그 나머지 일곱 필도 역시 뛰어나긴 마찬가지,

아득히 마치 찬 공중에 안개 눈을 뿌리는 듯,

말발굽 내달아 가래나무 가로수 긴 도로를 휘달리니,

말 살피는 관리와 마구간 역부들 줄지어 늘어섰네.

아름답다, 그림 속 아홉 필 말들 신준함을 다투니,

돌아보니 청고한 기운이 깊고 안온하여라.

빌어 묻건대 이토록 고심하며 말을 사랑한 사람이 그 누구이던가?

뒤로는 위풍韋諷이요, 옛날에는 지둔支遁이 있었지.

기억하건대 현종이 옛날 신풍궁新豊宮에 행차할 때,

의장 깃발 취화기翠華旗는 동쪽을 향해 나부꼈지.

수많은 말들이 흐드러져 삼만 필은 되었으니,

모두가 이 그림 속 말들과 근골이 같았었네.

구슬을 바쳐 그 일로 현종이 죽고 나서,

다시는 강물에 나가 교룡을 쏘았다는 위풍은 사라지고 말았네.

그대는 보지 못하였는가? 금속퇴 현종의 무덤 앞 소나무 잣나무에,

용매 같은 준마는 모두 사라지고 새들만이 바람맞아 우짖고 있음을!

國初以來畫鞍馬, 神妙獨數江都王.

將軍得名三十載, 人間又見眞乘黃.

曾貌先帝照夜白, 龍池十日飛霹靂.

內府殷紅瑪瑙盤, 婕好傳詔才人索.

盤賜將軍拜舞歸, 輕紈細綺相追飛.

貴戚權門得筆跡, 始覺屛障生光輝.

昔日太宗拳毛騧, 近時郭家獅子花.

今之新圖有二馬, 復令識者久嘆嗟.

此皆騎戰一敵萬, 縞素漠漠開風沙.

其餘七匹亦殊絕, 逈若寒空雜煙雪.

霜蹄蹴踏長楸間, 馬官廝養森成列.

可憐九馬爭神駿, 顧視清高氣深穩.

借問苦心愛者誰, 後有韋諷前支盾.

憶昔巡幸新豐宮, 翠華拂天來向東.

騰驤磊落三萬匹, 皆與此圖筋骨同.

自從獻寶朝河宗, 無復射蛟江水中.

君不見金粟堆前松柏裏, 龍媒去盡鳥呼風!

【韋諷】사람 이름으로 낭주(閬州)의 錄事參軍을 지냈던 인물. 당시 그는
成都에 살고 있었으며 두보의 다른 시〈送韋諷錄事上閬州錄事參軍〉에 의하면
그는 매우 정직하고 식견이 있었다 함.

【曹將軍】曹霸. 唐나라 때 將軍을 지냈으나, 도리어 화가로서 이름났던
인물. 유명한 韓幹은 그의 제자였음. 安史의 난으로 蜀 땅을 유랑하였음.
《歷代名畫記》(9)에 "曹霸, 魏曹髦之後, 髦畫稱於後代, 霸在開元中已得名.
天寶末, 每詔寫御馬及功臣, 至左武衛將軍"이라 함.

【國初】당나라가 건국한 이래.

【鞍馬】말 그림을 일컫는 그림 작법의 술어.

【神妙】出神入妙의 줄인 말인 동시에 그림에 있어서의 神品과 妙品 등 최고
작품을 말함.

【江都王】唐 太宗(李世民)의 조카 李緒. 역시 鞍馬 그림에 뛰어났었음. 江都
(지금의 江蘇 揚州)王에 봉해짐. 《歷代名畫記》(10)에서 "江都王緒, 霍王元
軌之子, 太宗皇帝猶子也. 多才藝, 善書畫, 鞍馬擅名. 垂拱中官至金州刺史"
라 함.

【三十載】당나라 때는 '年'을 '載'라 함. 30년은 廣德 2년(764)으로부터 30여 년
전은 開元(713~741) 연간에 해당함.

【乘黃】神馬 이름. 《管子》 小匡篇에 "河出圖, 洛出書, 地出乘黃"이라 함. 《廣川
畫跋》에 "乘黃狀如狐, 背有角, 霸所畫馬, 未嘗如此, 特論其神駿耳"라 함.

【照夜白】역시 駿馬의 이름. 현종이 타던 말.《明皇雜錄》에 "上所乘馬, 有玉
花驄·照夜白"이라 하였으며,《歷代名畫記》(9)에는 "玄宗好大馬, ……西域
大宛歲有來獻, ……遂命悉圖其駿, 則有玉花驄, 照白夜等"이라 함. 宋 郭茂倩의
《樂府詩集》에 唐 李濬의《松窗雜錄》을 인용하여 "開元中, 禁中木芍藥花方
繁開, 帝乘照夜白, 太眞妃以步輦從. 李龜年以歌擅一時. 帝曰:「賞名花, 對妃子,
焉用舊樂辭爲?」遂命李白作〈淸平調〉三章, 令梨園諸子略撫絲竹以促歌, 帝自
調玉笛以倚曲"이라 함.

【龍池】지명. 長安 南內 南薰殿 북쪽에 있음. 興慶宮은 玄宗이 제위에 오르기
전 상서로운 기운이 있었음. 즉 그곳 옆에 우물이 있어 어느 날 물이 솟아
못이 되었고 항상 안개가 끼어 黃龍이 출몰하였음. 이에 中宗 때 이를 넓혀
못으로 만들고 이름을 '龍池'라 함. 龍은 말을 뜻하며《周禮》에 "凡馬八尺
以上謂龍"이라 하며 이러한 용을 '駥'이라 불렀음.

【霹靂】벼락, 疊韻連綿語. 그곳의 용이 벼락처럼 날아오름.

【內府】곧 內庫. 선제가 황가의 보물을 조장군에게 하사하였음을 말함.

【殷紅】짙은 홍색. 深紅色.

【瑪瑙】碼碯로도 표기하며, 보석 이름.

【盤】다른 판본에는 盌으로 되어 있으며 이는 椀과 같음. 주발, 밥공기.

【婕妤】궁중 女官의 명칭. 倢伃로도 표기함.《新唐書》百官志에 "唐因隋制,
婕妤九人, 正三品"이라 함.

【才人】역시 女官의 명칭. 당나라 초기에는 才人 9인을 두었으며, 正五品
이었음. 뒤에 7人을 두어 궁전의 잡다한 일을 관리하도록 하였음.

【拜舞】신하가 천자를 조견하거나 물러설 때, 하사품을 받고 감사 드릴 때
표하는 일종의 敬儀. 춤을 추는 것이 아니며, 정식으로 手舞足蹈의 모습을
취하는 것이라 함.

【太宗】唐 太宗 李世民. 고조 李淵의 둘째 아들로 秦王에 봉해졌으며,
玄武門 정변을 일으켜 형 李建成과 아우 李元吉을 죽이고 제위에 오름.
뒤에 房玄齡, 杜如晦, 魏徵 등을 기용하여 貞觀의 치적을 이었으며, 당나라를
大帝國으로 성장시킴. 627~649년 재위.《貞觀政要》를 참고할 것.

【拳毛騧】'권모와'로 읽음. '騧'는 원음은 '왜.' 당 태종은 태어나 죽을 때까지
모두 여섯 마리 말을 함께하여 일생을 마쳤다. 죽은 뒤 자신의 능묘 昭陵에
이 여섯 말의 형상을 돌로 만들어 세웠음. 이를 '昭陵六駿'이라 하며 그중
하나가 이 '拳毛騧'였음. '蜷毛騧'라고도 표기함. 騧는《爾雅》에 "白馬黑喙

曰騧"라 함. 章注에《金石錄》을 引用하여 "太宗六馬之一, 其一曰拳毛騧,
黃馬黑喙"라 함.

【郭家】郭子儀의 집안을 가리킴. 李光弼과 함께
安史의 난을 평정하여 최고의 공을 세운 將軍.
太尉, 中書令에 올랐으며 汾陽郡王에 봉해졌음.
호는 尙父.

郭子儀《三才圖會》

【師子花】'獅子花'로도 표기하며 역시 말 이름.
이는 范陽節度使 李德山이 바친 것으로 몸에
아홉 가지 무늬가 있었다 함.《杜陽雜編》
(卷上)에 "副元帥郭子儀克復京都, 上遷宮闕,
因命御馬九花虯並紫玉鞭轡以賜"라 하였고,
原注에 "亦有獅子驄, 皆其類"라 함.

李光弼《三才圖會》

【縞素】그림을 그리기 위한 흰 비단.

【動煙雪】혹 '雜霞雪'로 된 판본도 있음.

【霜蹄】말의 굽.《莊子》馬蹄篇에 "馬, 蹄可以
踐霜雪"이라 함.

【長楸】楸는 가래나무. 가로수로 이 나무를 많이 심어 街路, 道路를 대신하는
말로 쓰였음.

【馬官廝養】말을 관리하는 일꾼과 마구간에서 말을 기르는 천한 일을 맡은
사람.

【支遁】晉나라 때의 고승. 자는 道林, 속성은 關氏. 25세에 출가하여 支硏山에
은거하여 支遁, 支道林, 林公 등으로 불림. 慧皎《高僧傳》(4)에 전이 있음.
鶴과 말을 좋아하였으며《世說新語》言語篇에 "支道林常養數匹馬, 或言道人
畜馬不韻. 支曰:「貧道重其神駿」"라 함.

【新豐宮】臨潼의 華淸宮. 新豐은 지금의 陝西省 臨潼縣 동북. 高祖 7년
(B.C.200)에 고조 劉邦이 자신의 아버지를 太上皇으로 모셔왔을 때, 그
아버지가 고향 豐邑 생각에 빠지자, 이곳에 고향과 똑같이 새로운 마을을
건설하고 풍읍의 백성들까지 모두 이주시켜 新豐이라 한 것임.《元和郡縣志》
에 "漢七年, 高祖以太上皇思東歸, 於此置縣, 徙豐人以實之, 故曰新豐. 華淸
宮在驪山上, 開元十一年初置溫泉宮, 天寶六年, 改爲華淸宮"이라 함.《西京
雜記》(2)에 "太上皇徙長安, 居深宮, 悽愴不樂. 高祖竊因左右問其故, 以平生
所好, 皆屠販少年, 酤酒賣餠, 鬪雞蹴踘, 以此爲歡, 今皆無此, 故以不樂. 高祖

乃作新豐, 移諸故人實之, 太上皇乃悅. 故新豐多無賴, 無衣冠子弟故也. 高祖
少時, 常祭枌楡之社. 及移新豐, 亦還立焉. 高帝旣作新豐, 並移舊社, 衢巷棟宇,
物色惟舊. 士女老幼, 相攜路首, 各知其室. 放犬羊雞鴨於通塗, 亦競識其家.
其匠人胡寬所營也. 移者皆悅其似而德之, 故競加賞贈, 月餘, 致累百金"이라 함.
한편 당나라 현종은 매년 가을이면 楊貴妃와 함께 이 華淸池의 溫泉宮으로
가서 겨울을 넘긴 뒤, 봄이 되면 長安 本宮으로 돌아오곤 하였다 함.

【翠華】 天子의 의장 깃발. 물총새의 깃으로 장식하였다 함.

【騰驤】 말이 신나게 뛰는 모습. 현종이 驪山으로 행차할 때 수만 필의 말이 따라
나섰음을 말함.《資治通鑑》에 의하면 당나라 초기 24만 필이었던 말이 개원
13년 43만 필로 늘어났으며, 泰山에 封禪을 나설 때 그중 수만 필이 동원
되었는데 이 말을 색깔별로 구분하여 마치 비단을 깔아놓은 것과 같았다 함.

【磊落】 아주 흐드러지게 많은 모습을 표현하는 雙聲連綿語.

【獻寶朝河宗】 玄宗이 죽었음을 말함.《舊唐書》肅宗紀에 "上元二年(761)
建己月(四月)壬子, 楚州刺史崔侁獻定國寶玉十三枚. 表云:「楚州寺尼眞如者,
恍惚上昇, 見天帝, 帝授以十三寶, 曰: '中國有災, 宜以第二寶鎭之.'甲寅, 太上
皇帝崩於西內神龍殿"이라 함. 이 사실은 마치 周나라 때 穆王(穆天子)의 고사와
비슷하여 이를 對比한 것임. 즉《穆天子傳》(1)에 "天子西征, ……河宗伯夭逆
天子燕然之山, 勞用束帛加璧. 己未, 天子大朝于黃之山, 乃披圖視典, 用觀天
子之瑞器"라 하였으며 이 일이 있고 나서 목왕은 승천하고 말았음.

【無復射蛟江水中】 玄宗이 죽은 뒤에 사냥 나가 蛟龍을 잡은 일이 다시는
없게 되었음을 말함.《漢書》武帝紀에 "元封五年冬行南巡狩, 自尋陽浮江,
親射蛟江中, 獲之"라 한 고사를 원용한 것. 멋진 말을 타고 나서서 강에서
교룡을 쏘듯 위풍을 세웠던 기개는 현종이 죽은 뒤에는 더 이상 볼 수
없음을 말함.

【金粟堆】 山 이름. 玄宗의 陵墓가 있는 곳. 金粟山, 혹은 金粟堆라 함. 그곳의
돌들이 마치 황금 좁쌀 같아 지명이 된 것임. 陝西省 蒲城縣 東北에 있으며
능묘는 泰陵.

【松柏裏】 묘를 일컫는 말. 고대 묘 주위에 소나무와 잣나무를 심었음.

【龍媒】 말 이름.《漢書》郊祀志에 실려 있는 樂府〈天馬歌〉에 "天馬來,
龍之媒"라 함.

【鳥呼風】 현종의 태릉에 새들이 바람을 맞아 우짖음. 죽은 뒤의 쓸쓸함을
표현한 것.

1. 이 시는 장군 杜甫가 廣德 2년(764) 東川에서 成都로 돌아온 뒤 지은 것
으로 閬州錄事 韋諷의 집에서 曹霸가 그린 말 그림을 보고 唐 玄宗 생시
말에 대한 멋진 위풍과 고사 등을 회상하여 읊은 것임.

2. 淸 施均父의 《硯傭說詩》에 "絶大波瀾, 無窮感慨, 學者熟此, 可悟開拓
之法, 『皆與此圖筋骨同』一句作鉤勒, 更無奔放不收之病, 味之"라 함

3. 韻脚은 王・黃, 白・靂・索, 飛・輝, 花・嗟・沙, 雪・列, 穩・遁, 東・同・中・風
으로 7번 換韻함.

4. 《杜詩諺解》初刊本(16)

나랏 처서므로셔 오매 鞍馬 그리리를

神妙호믈 ᄒ올로 江都王을 혜ᄂ니라

將軍의 일훔 어던 디 셜흔 히니

人間애 쏘 眞實ㅅ 乘黃을 보리로다

先帝ㅅ 照夜白을 일즉 그리니

龍 잇ᄂ 모새 열흐를 霹靂이 ᄂ랫더라

內府엣 검블근 碼碯盤을

婕妤ㅣ 詔命을 傳ᄒ야ᄂᆯ 才人이 어더

盤을 將軍을 주어시ᄂᆯ 절ᄒᆞᆸ고 춤처 가니

가비야온 깁과 ᄀᆞᄂᆞᆫ 기비 서르 조차 ᄂ랫더라

貴戚과 權門괘 筆迹을 어데사

屛風障子애 비치 나믈 비르수 아ᄂ니라

昔日에 太宗ㅅ ᄐ더신 拳毛騧와

近時예 郭子儀 지빗 師子花ㅣ

이젯 새 圖애 두 ᄆ리 잇ᄂ니

쏘 아던 사ᄅᆞᄆᆞ로 ᄒᆞ여 오래 슬케 ᄒᆞᄂ다

이 다 타 사호매 ᄒᆞ나히 萬馬를 對敵ᄒᆞ더니

힌 기베 漠漠히 ᄇᆞᄅᆞ맷 몰애 여렛ᄂ ᄃᆞ시 그렛도다

그 나믄 닐굽 匹이 쏘 달오미 ᄀᆞ장ᄒᆞ니

아ᅀᆞ라히 치운 虛空애 ᄂᆡ와 눈괘 뮈ᄂ ᄃᆞᆺᄒᆞ도다

서리 블올 바리 긴 ᄀᆞ래나못 서리예셔 넓ᄂ니

믈 ᄀᆞᅀᆞᆷ아ᄂ니와 치ᄂ니왜 森然히 行列이 이렛도다

可히 듯온 아홉 ᄆ리 ᄃ토아 神俊ᄒ니
도라보미 믈ᄀ며 놉고 氣運이 기퍼 安穩ᄒ도다
문노라 ᄆᄉ매 심히 ᄉ랑ᄒᄂᆞᆫ 누고
後엔 韋諷이 잇고 알ᄑᆡᆫ 支遁이로다
ᄉ랑ᄒ니 녜 新豐宮의 巡幸ᄒ실 제
翠華ㅣ 하ᄂᆞᆯ해 다텨 東녀그로셔 向ᄒ야 오더니라
ᄂᆞ숫ᄂᆞᆫ 놉고 큰 三萬匹이
다 이 圖앳 筋骨와로 ᄀᆞᆮ더라
珍寶를 進獻ᄒ야 河宗이 朝會ᄒᄆᆞ로브터
다시 江水ㅅ 가온ᄃᆡ 龍을 소디 몯ᄒ시니라
그ᄃᆡᄂᆞᆫ 보디 아니ᄒᄂᆞᆫ다 金粟堆ㅅ 앏 松柏 소개
ᄆᆞᆯ 다 나니거늘 새옷 ᄇᆞᄅᆞ매셔 우놋다

王諱子儀華州鄭縣人自武舉補左衛長史累遷同平章事平安史之亂功居第一加司徒封代國公德宗賜號尚父封汾陽王諡忠武

郭子儀(忠武)《晚笑堂畫傳》

054

〈丹靑引贈曹霸將軍〉 ·· 杜甫

단청을 노래하여 조패장군에게 드림

장군 조패 그대는 위 무제 조조의 후손,
지금은 서민으로 강등되어 몰락한 집안이 되고 말았네.
그 옛날 영웅으로 할거했던 일 비록 옛 이야기지만,
문채와 풍류는 지금도 남아 있네.
글씨에 뜻을 두어 처음에는 위부인을 따라 배웠으나,
다만 왕희지를 넘어서지 못함을 한스럽게 여겼지.
그러나 그림에는 늙음이 장차 이를 것도 모르고 깊이 빠진 채,
부귀는 나에게 뜬구름 같은 것이라 여겼지.
개원 연간에 늘 황제의 부름을 받아,
은덕을 입어 자주 남훈전에 오르셨지.
능연각 공신 그림 색깔이 퇴색하여,
장군께서 보수를 마치니 생동하는 얼굴로 살아났네.
훌륭한 공신들 머리 위에 진현관을 씌우고,
용맹한 장수들 허리에는 대우전을 채우셨네.
포국공, 악국공의 머리카락은 세우 흔들리게 하셨고,
영웅의 자태는 방금 신나게 전투를 치르고 온 모습인 듯.
현종의 어마 옥화총이란 말은,
많은 화공들이 그렸지만 그림마다 실제와 너무 달랐다네.

오늘 그대가 궁궐 붉은 섬돌로 불려가서,

창합문 아래에 우뚝 서니 긴 바람이 일도다.

임금의 조칙에 그대는 흰 비단을 한 번 털고,

마음속으로 이리저리 구상하여 그림을 얽어냈다네.

잠깐 뒤에 아홉 길 하늘에서 진짜 용 같은 말 그림이 나타나자,

만고의 범속한 말들은 일시에 씻겨 나가고 말았네.

옥화총 말 그림을 어탑 위에 펼치니,

어탑 위의 말 그림과 뜰아래 진짜 말이 서로 우뚝 마주 향하네.

지존께서 웃음 머금고 금 하사하기를 재촉하시니,

어인과 태복들은 모두가 놀라와 어쩔 줄 몰라하네.

그의 제자 한간은 일찍 경지를 터득하여,

역시 말 그림에 특수한 모습도 그려내었네.

한간은 그러나 겉모습만 그릴 뿐 골상은 그려내지 못하여,

화류마로 하여금 그 기상을 잃게 하니 차마 보아 줄 수가 없네.

장군만은 그림에 신명함이 있으니,

어쩌다 훌륭한 선비 만나면 그를 진짜처럼 그려 주었지만,

지금은 전쟁 속에 강호를 떠도는 신세,

자주 길가는 보통 사람도 그려 주고 있다네.

삶의 길이 궁하여 도리어 속세로부터 백안시당하니,

세상에 그대처럼 가난한 이도 더는 없구려.

다만 보노라, 예로부터 이름난 위대한 사람은

해가 마치도록 힘듦과 고달픔이 그 몸을 얽매어 묶었음을!

將軍魏武之子孫, 於今爲庶爲淸門.

英雄割據雖已矣, 文采風流今尙存.

學書初學衛夫人, 但恨無過王右軍.

丹青不知老將至, 富貴於我如浮雲.

開元之中常引見, 承恩數上南薰殿.

凌煙功臣少顔色, 將軍下筆開生面.

良相頭上進賢冠, 猛將腰間大羽箭.

褒公鄂公毛髮動, 英姿颯爽猶酣戰.

先帝天馬玉花驄, 畫工如山貌不同.

是日牽來赤墀下, 迥立閶闔生長風.

詔謂將軍拂絹素, 意匠慘淡經營中.

斯須九重眞龍出, 一洗萬古凡馬空.

玉花卻在御榻上, 榻上庭前屹相向.

至尊含笑催賜金, 圉人太僕皆惆悵.

弟子韓幹早入室, 亦能畫馬窮殊相.

幹惟畫肉不畫骨, 忍使驊騮氣凋喪.

將軍畫善蓋有神, 偶逢佳士亦寫眞.

卽今漂泊干戈際, 屢貌尋常行路人.

途窮反遭俗眼白, 世上未有如公貧.

但看古來盛名下, 終日坎壈纏其身!

【丹靑】 그림의 다른 말.

【引】 詩體의 한 장르. 《文體明辨》에 "述事本末, 先後有序, 以抽其臆者曰引" 이라 함.

【曹霸】 당나라 때 장군을 지냈으나 도리어 화가로서 이름났던 인물. 유명한 韓幹은 그의 제자였음. 두보와 친분을 가지고 있었던 것으로 보임. 三國

魏나라 曹氏의 후예. 즉 魏 武帝(曹操)의 曾孫인 高貴鄕公 曹髦의 후손. 《歷代名畫記》(9)에 전이 있음.

【魏武】魏 武帝. 삼국시대 魏나라 曹操(155~220). 자는 孟德. 어릴 때는 阿瞞으로 불렸음. 沛國 출신으로 기지와 변화는 물론 문장에도 뛰어났으며, 曹丕의 아버지로 한말 세력을 키워 魏나라를 건립하는 기초를 세움. 아들 曹丕가 獻帝로부터 나라를 禪讓받아 魏나라를 세운 뒤, 아버지 曹操를 武帝로 추존함.《孫子略解》,《兵書接要》,《曹操集》등이 있음.《三國志》(1)에 紀가 있음.

【爲庶】玄宗 天寶 末에 曹霸는 죄를 얻어 장군 직위가 삭탈되고 서민으로 강등되었음.

【淸門】淸寒한 가문. 寒門의 다른 말. 몰락한 집안.

【今尙存】일부 본에는 '猶尙存'으로 되어 있음.

【割據】동한 말 천하가 셋으로 할거되어 魏, 蜀, 吳 삼국이 됨을 말함.

【文采風流】曹操, 曹丕, 曹植 三父子는 漢末 建安文學의 대표자이며, 領袖로 흔히 '三曹'라 불렸음. 아울러 조패의 직계 선조인 曹髦 또한 畫家로 이름을 날려 《歷代名畫記》에 "髦畫稱于後世"라 할 정도였음.

【衛夫人】晉나라 河東 安邑(지금의 山西 夏縣) 사람으로 이름은 鑠, 자는 茂漪(茂猗), 李矩의 아내로 隸書에 뛰어났으며, 鍾繇의 書法을 정통으로 이어 받았음. 특히 서예 이론인 〈筆陣圖〉가 유명하며 王羲之는 그를 따라 배웠음. 張懷瓘의 《書斷》에 "衛夫人, 名鑠, 字茂猗. ……隸書尤善, 規矩鍾公, 右軍少嘗師之"라 함. 한편 唐代에 이르러 그의 이론을 중시하여 《佩文齋書畫譜》에 인용된 《唐人論書》에는 "衛夫人書如揷花舞女, 低昻美容; 又如美女登臺, 仙娥弄影, 紅蓮映水, 碧沼浮霞"라 하였음.

【王右軍】王羲之. 생졸 연대는 각가의 주장이 달라 321~379, 혹 303~361, 혹 309~365년으로 보고 있음. 자는 逸少. 琅邪 臨沂(지금의 山東省) 사람으로 주로 會稽 山陰(지금의 浙江省 紹興)에 살았으며 벼슬이 右軍將軍, 會稽內史 등을 역임하여 흔히 '王右軍'으로 불림. 어린 나이에 衛夫人에게 글씨를 배웠으며, 뒤에 前代 각가의 墨跡을 두루 섭렵하였으며, 특히 張芝와 鍾繇의 글씨를 정밀히 익혀 漢魏의 樸實한 서풍을 근거로 다시 姸美하고

王羲之(右軍)《晚笑堂畫傳》

流便한 今體를 창조하였음. 그리하여 草書·正書(楷書)·行書 등에 고르게 뛰어난 재질을 발휘하여 書藝史上「繼往開來」의 공헌을 한 것으로 널리 평가받고 있음. 그의 서법은 역대 서학의 전형으로 지금도 칭송되고 있으며 『書聖』으로 추앙됨. 지금 전하는 墨跡 摹本으로는 〈蘭亭序〉, 〈快雪時晴〉, 〈喪亂〉, 〈孔侍中〉, 〈奉橘〉, 〈二謝〉 등의 帖이 있으며 刻本으로는 〈樂毅論〉, 〈蘭亭序〉, 〈十七帖〉 등이 유명함. 《晉書》(80)에 傳이 있으며, 그 외에 그에 관한 評傳으로는 朱傑勤의 《王羲之評傳》(1948)이 널리 알려져 있음. 張懷瓘의 《書斷》에는 "尤善書, 草隷八分飛白章行, 備精諸體, 自成一家, 千變萬化, 得之神功, 自非造化發靈, 豈能登峰造極?"이라 함.

【丹靑】 그림을 대신하여 쓴 말. 원래는 丹砂와 靑雘. 《山海經》 南山經에 "其陽多玉, 其陰多靑雘"이라 하였으며, 청확(靑雘)은 돌에서 나는 油脂의 일종. 《說文》에 "雘, 善丹也"라 함. 고대 아주 중요한 푸른색 顔料로 사용하였으며 '丹靑'은 바로 여기에서 비롯된 말임.

【不知老之將至】 늙음이 장차 오리라는 것을 알지 못한 채 어떤 일에 열중임. 《論語》 述而篇에 "葉公問孔子於子路, 子路不對. 子曰:「女奚不曰:『其爲人也, 發憤忘食, 樂以忘憂, 不知老之將至』云爾.」"라 함.

【富貴於我如浮雲】 《論語》 述而篇에 "子曰:「飯疏食飮水, 曲肱而枕之, 樂亦在其中矣. 不義而富且貴, 於我如浮雲.」"이라 함.

【開元】 唐 玄宗의 연호. 713~741년까지 29년간임. 盛唐의 성세를 이루었던 시기.

【數】 자주. '삭'으로 읽음.

【南薰殿】 《全唐詩》에는 '南熏殿'으로 되어 있음. 唐나라 宮殿 이름. 《長安志》 (9)에 "南內興慶宮, 宮內正殿曰興慶殿, 前有瀛洲門, 內有南薰殿, 北有龍池"라 함.

【凌湮】 凌煙閣. 궁궐 서쪽 三淸殿 옆에 세웠던 누각으로 褚遂良이 현판을 썼으며 貞觀 17년(643) 2월 이곳에 功臣 長孫無忌, 杜如晦, 魏徵 등 24명의 초상을 閻立本으로 하여금 이를 그림으로 그리도록 하여 표창하였음. 한편 《歷代名畵記》(9)에 "閻本立, 貞觀十七年, 詔畵凌湮閣功臣二十四人圖, 上自爲讚"이라 하였으며, 《貞觀政要》 任賢篇에 "因令起居褚遂良詣其靈帳讀訖焚之, 其悲悼也若此. 又令與房玄齡·長孫無忌·杜如晦·李靖等二十四人, 圖形於凌煙閣"일 하였음. 그런데 이 그림이 시간이 흘러 퇴색하자, 唐 玄宗 開元 연간에 조패에게 명하여 다시 보수하도록 하여 그림이 다시 완성되자

생동감이 돌았다 하며, 이에 '別開生面'이라는 성어는 여기에서 비롯되었다 함.

【進賢冠】 모자 이름. 《後漢書》 輿服志에 "進賢冠, 古緇布冠也. 文儒者之服"이라 함. 검은색 모자로 당대 백관들의 조복이며 모두 이 진현관을 썼음. 24공신의 문관의 그림에 이러한 모습을 그려 넣었음을 말함.

【大羽箭】 화살 이름. 唐 太宗 李世民이 즐겨 쓰던 화살. 《酉陽雜俎》(1)에 "太宗好用四羽大箭長箭, 嘗一射洞門闔"이라 함. 역시 24공신 중에 무관의 그림에는 이 모습을 재현하여 그려 넣음.

【褒公·鄂公】 褒公은 段志玄을 가리키며 太宗 때 輔國大將軍, 揚州都督 등을 역임하였고 褒國公에 봉해짐. 24공신의 제10번째 그림. 鄂公은 울지경덕(尉遲敬德)을 가리키며 태종 때 開府儀同三司 등을 역임하였고 鄂國公에 봉해짐. 7번째 화상에 올라 있음. 《貞觀政要》 등을 참조할 것. 모두 唐나라의 開國功臣으로 淩湮閣 24功臣이며 여기서는 이 두 사람을 들어 나머지 모두를 대신한 것임.

【先帝】 당 현종을 가리킴.

【颯爽】 시원하고 용감한 모습을 표현하는 雙聲連綿語.

【來】 《全唐書》 注에 '一作猶'라 함.

【酣戰】 즐겁게 싸움. 자신감을 가지고 싸움에 나섬.

【天馬】 황제의 말. 御馬로 표기된 판본도 있음.

【玉花驄】 玉花驄은 玄宗이 타고 다니던 名馬. 西域에서 나는 준마.

【貌不同】 그림과 실제 말의 모습이 다름.

【赤墀】 丹墀와 같음. 붉은색을 칠한 궁궐 앞의 섬돌. 墀는 '지'로 읽음. 《漢官儀》에 "以丹漆階上地曰丹墀"라 함.

【迥立】 우뚝 서 있음.

【閶闔】 紫微宮의 天門. 閶闔門. 《洛陽伽藍記》(序)에 "次北曰「閶闔門」. 漢曰「上西門」, 上有銅璇璣玉衡, 以齊七政. 魏晉曰「閶闔門」, 高祖因而不改"라 함.

【謂】 '稱', '命'과 같음.

【意匠】 마음속에 그리거나 만들고자 하는 형상을 미리 구상하여 품고 있음. 晉 陸機의 〈文賦〉에 "意司契而爲匠"이라 함.

【慘澹經營】 깊이 고심하여 설계하고 구상함. '慘澹'은 疊韻連綿語로 고심함을 뜻하며, '經營'역시 疊韻連綿語로 이리저리 얽어 냄. 여기서는 그림을 구상하여 그려냄을 뜻함.

【斯須】 '須臾'로도 표기된 판본이 있으며, 둘 모두 '아주 짧은 시간'을 표현

하는 雙聲連綿語와 疊韻連綿語임.

【九重】 아홉 겹의 높은 하늘.

【眞龍】 말 형상이 마치 높은 하늘에서 내려온 진짜 용과 같음.

【玉花卻在御榻上】 玉花는 玉花驄, 御榻은 皇帝가 앉는 자리. 玉花驄을 그린 그림이 御榻 위에 걸려 있어 뜰 앞에 진열한 말과 구별할 수 없을 정도로 정교함을 말함.

【至尊】 皇帝. 지극히 존귀한 사람이라는 뜻.

【圉人太僕】 圉人은 말 기르는 사람, 太僕은 말을 관장하는 官員. 《周禮》 夏官에 "圉人掌養馬芻牧之事"라 하였고, 《漢書》 百官公卿表에는 "太僕, 秦官, 掌輿馬"라 함. 唐나라 때는 태복시(太僕寺)와 사어시(司馭寺)를 설치하고 正卿을 두었음.

【惆悵】 '惆愴'과 같으며 雙聲連綿語. 그림 솜씨에 놀라기도 하고, 슬퍼하기도 하면서 동시에 황제의 재촉 명령에 어쩔 줄 몰라 함.

【韓幹】 唐代의 畫家로 曹霸의 弟子. 人物畫와 馬畫에 뛰어났음. 지금도 그의 그림이 남아 있어 〈韓幹牧馬圖〉가 유명함. 王維가 그의 그림을 보고 추천하여 이름이 오르기 시작하였으며, 玄宗이 특히 말을 좋아하여 그로 하여금 준마를 그리도록 하였음. 《歷代名畫記》⑼에 "韓幹, 大梁人. 玉右丞維見其畫, 遂推奬之. 官至太府寺丞. 善寫貌人物, 尤工鞍馬. 初師曹霸, 後自獨擅"이라 함. 《圖繪寶鑑》에도 그의 사적이 실려 있음.

【入室】 경지에 오름. 《論語》 先進篇에 "子曰:「由之瑟奚爲於丘之門?」 門人 不敬子路. 子曰:「由也升堂矣, 未入於室也.」"라 함.

【窮殊相】 각기 다른 형태를 끝까지 궁구하여 표현해 냄.

【畫肉不畫骨】 골상을 제대로 그려내지 못함. 한편 《明心寶鑑》, 《昔時賢文》 등에 "畫虎畫皮難畫骨, 知人知面不知心"이라 함.

【驊騮】 고대 준마 이름.

【畫】 《全唐書》注에는 '一作盡'이라 함.

【偶逢佳士】 원본에는 '必逢佳士'로 되어 있으나 《杜少陵詩集》에 의해 고침.

【寫眞】 본 모습 그대로 그려냄. 梁 蕭綱의 〈詠美人看畫〉에 "誰能辨寫眞?" 이라 함.

【白眼】 白眼視함. 무시함. 혐오하는 눈빛으로 봄. 晉나라 때 阮籍의 고사에서 유래됨. 《晉書》 阮籍傳에 "阮籍, 能爲靑白眼. 見禮俗之士, 以白眼對之. 及嵇 喜來弔籍作白眼, 喜不懌而退. 喜弟康聞之, 乃齎酒挾琴造焉. 籍大悅, 乃見

靑眼. 由是禮法之士, 疾之若讐, 而帝每保護之"라 하였고,《世說新語》주에
"能爲靑白眼. 見凡俗之士, 以白眼對之, 見異才之人, 以靑眼對之"라 함.
【坎壈】'감람'으로 읽으며 불우하고 힘든 생활을 뜻하는 疊韻連綿語.《楚辭》
　　九辯에 "坎壈兮, 貧士失職而志不平"이라 함. 雙聲連綿語 '坎坷(轗軻)'와 같음.

참고 및 관련 자료

1. 원 제목은 〈四部叢刊〉본과 章燮 주에는 〈丹靑引〉이라 하고 그 아래
부제로 '贈曹將軍霸'로 되어 있음. 이 시는 조패에게 지어 준 小傳에 가깝
다고 할 수 있음.

2. 淸 施均父의《硯傭說詩》에 "〈丹靑引〉, 畫人是賓, 畫馬是主, 却從善書
引其善畫, 從畫人引起畫馬, 又用韓幹之畫肉, 墊將軍之畫骨, 末後搭到畫人,
章法錯綜絶妙, 學者亟宜究心, 唯收處悲涼不可學"이라 함.

3. 韻脚은 孫·門·存, 軍·雲, 見·殿·面·箭·戰, 驄·同·風·中·空, 上·向·悵·相·
喪, 神·眞·人·貧·身으로 모두 5번 換韻함.

4.《杜詩諺解》初刊本(16)
將軍은 魏ㅅ 武王이 子孫이니
이제 庶人이 ᄃᆞ외아 淸寒ᄒᆞᆫ 家門이 ᄃᆞ외얏도다
英雄의 버혀 브터슈미사 비록 말리나
文彩와 風流ᄂᆞᆫ 이제 오히려 잇도다
글 수믈 빈호ᄃᆡ 衛夫人의게 처섬 빈호니
오직 王右軍의게 넘디 몯호믈 뉘읏놋다
그림 그리기예 늘구미 將次 오믈 아디 몯ᄒᆞᄂᆞ니
가ᅀᆞ멸며 貴호미 내게 ᄠᅳᆫ구룸 ᄀᆞᆮᄒᆞ니라 너기놋다
開元中에 샹녜 혀 보시니
恩澤을 닙ᄉᆞ와 南薰殿에 ᄌᆞ조 오ᄅᆞ니라
凌煙閣앳 그롓ᄂᆞᆫ 功臣이 ᄂᆞᆺ비치 젹거늘
將軍이 부들 ᄂᆞ리와 산 ᄂᆞ츨 여러 내니라
어딘 宰相의 머리 우희 進賢冠을 셋고
勇猛ᄒᆞᆫ 將軍의 허릿 ᄉᆞ이옌 大羽箭이로다
褒公과 鄂公의 머릿터리 뮈ᄂᆞ니

豪英혼 양지 싁싁ᄒ니 흐들히 사호다가 온 듯ᄒ도다
先帝ㅅ 天馬玉花驄을
畵工이 뫼ᄀ티 이셔셔 그료ᄃᆡ 굳디 아니터라
이 나래 赤墀ㅅ 아래 잇거 와
閶闔애 횟돌아 셰니 긴 ᄇᆞ르미 나더라
將軍을 下詔ᄒ야 니르샤 흰 기베 뻐러 그리라 ᄒ시니
意匠이 經營ᄒᄂᆞᆫ 中에 어렵더라
아니한 더데 九重에 眞實ㅅ 龍이 나
萬古앳 凡馬ᄅᆞᆯ ᄒᆞᆫ번 시서 뷔니라
玉花ㅣ 도ᄅᆞ혀 御榻 우희 이시니
榻 우콰 뜰 알픠 구즈기 서르 向ᄒ얫도다
님그미 우수믈 머그샤 金을 주라 뵈아시니
圉人太僕은 다 슬허 ᄒᆞᆫ놋다
弟子 韓幹이 일 지븨 드니
ᄯᅩ 能히 ᄆᆞᄅᆞᆯ 그려 다ᄅᆞᆫ 양ᄌᆞᄅᆞᆯ 다 ᄒᆞᄂᆞ니라
幹은 오직 고기ᄅᆞᆯ 그리고 ᄲᅧᄅᆞᆯ 그리디 몯ᄒᆞᄂᆞ니
ᄎᆞ마 驊騮로 히여 氣運을 브스왜에 ᄒᆞ리아
將軍의 다 잘 ᄒᆞ요미 神妙ᄒᆞ미 잇ᄂᆞ니
반ᄃᆞ기 佳士ᄅᆞᆯ 맛보아ᄃᆞᆫ ᄯᅩ 眞樣을 그리더라
곧 이제ᄂᆞᆫ 干戈ㅅ ᄀᆞᅀᅵ 브터 ᄃᆞ녀셔
샹녯 길 녀ᄂᆞᆫ 사ᄅᆞᄆᆞᆯ ᄌᆞ조 그리놋다
길히 窮ᄒ야 도로혀 俗人의 눈 흘긔여 보믈 맛나니
世上애 그ᄃᆡᄀᆞ티 가난ᄒ니 잇디 아니 ᄒᆞ니라
녜로 오매 盛혼 일훔 아래ᄅᆞᆯ 오직 보라
나리 ᄆᆞᆺᄃᆞ록 어려운 이리 모매 얼켯ᄂᆞ니라

055

〈寄韓諫議〉 ·· 杜甫

한간의에게 부침

지금 내 달리 즐거움이 없어 악양에 있는 그대를 그리워하고 있다오.
몸은 그대에게 날아가고자 하나 병들어 침상에 누워 있는 신세.
훌륭하신 그대 곱고 곱게 가을 물을 격하여 있으니,
동정호 물에 발을 씻고 팔황을 바라보리라.
기러기는 아득히 날아가고 해와 달은 흰빛인데,
푸른 단풍잎 붉게 물들고 하늘에는 서리가 내리네.
하늘 선경의 궁궐에는 많은 제왕들이 북두성에 모여들어,
혹은 기린을 타고 더러는 봉황을 타고 다니네.
부용 깃발에 연무가 떨어지니,
그 그림자 거꾸로 소상 물에 잠겨 흔들리네.
성궁의 제후왕들 잔치 술에 취해 있고,
우인羽人은 드물어 임금 곁에 있지 않구려.
얼핏 듣건대 옛날 적송자赤松子라 하는 이가 그대였다니,
아마 한漢나라 때 한韓나라 출신 장량張良인가 하였소.
옛날 유방을 따라 장안을 안정시켰는데,
군영 장막은 변함없으니 마음만 상합니다.
나라의 성패에 내 어찌 감히 나서리오만,
썩은 내 눈살 찌푸릴 바엔 풍향楓香이나 먹으리다.

주남에 머무름은 예로부터 애석한 일,
남극성 노인성이 응당 그대를 장수케 할 것이니,
아름다운 그대께선 어찌 가을 물 저 밖에 계시는가?
어찌하면 그대로 하여금 저 옥당에서 다시 공헌토록 해드릴꼬?

今我不樂思岳陽, 身欲奮飛病在床.
美人娟娟隔秋水, 濯足洞庭望八荒.
鴻飛冥冥日月白, 靑楓葉赤天雨霜.
玉京群帝集北斗, 或騎麒麟翳鳳凰.
芙蓉旌旗煙霧落, 影動倒景搖瀟湘.
星宮之君醉瓊漿, 羽人稀少不在旁.
似聞昨者赤松子, 恐是漢代韓張良.
昔隨劉氏定長安, 帷幄未改神慘傷.
國家成敗吾豈敢, 色難腥腐餐楓香.
周南留滯古所惜, 南極老人應壽昌.
美人胡爲隔秋水, 焉得置之貢玉堂?

【韓諫議】이름은 韓注. 구체적으로 알 수 없으며 이 시로 보아 楚나라 사람인
듯. 諫議는 벼슬 이름으로 諫議大夫를 지냈던 인물이었음을 알 수 있을
뿐임.
【岳陽】지금의 湖南省 岳陽縣. 韓諫議의 집이 그곳에 있었으며 그곳의 洞庭湖
가에 있음.
【美人】사랑하여 그리워하는 사람. 흔히 君王이나 君子를 대신하여 칭하는
말로도 쓰임.《離騷》에 "惟草木之零落兮, 恐美人之遲暮"라 하였음. 여기서는
韓諫議를 가리킴.

【秋水】맑고 깨끗한 가을 물을 뜻함. 한간의의
고결한 품격을 비유함.

【濯足】《楚辭》漁夫辭에 "滄浪之水淸兮, 可以濯
我纓; 滄浪之水濁兮, 可以濯吾足"이라 하였으며,
그 주에 "滄浪之水, 近在楚都"라 하여 당연히 이
洞庭湖와 같은 水系였을 것으로 봄. 洞庭은 湖南
과 湖北의 경계에 있는 아주 큰 호수.

【八荒】우주의 드넓은 極地. 아주 멀고 아득한
천지, 우주. 四方四隅를 八荒이라 함.

【鴻飛冥冥】《法言》問明에 "鴻飛冥冥 弋人何篡焉"
이라 함. 여기서는 그가 세상을 피할 뜻이 있음을
말한 것임.

杜甫(工部)《晩笑堂畵傳》

【雨霜】서리가 내림. '雨'는 동사로 쓰였음.

【玉京羣帝集北斗】하늘의 북극성은 모든 별들이 그를 중심으로 동심원으로
움직이듯이, 여러 제후왕과 신하들이 천자를 모시기 위해 모여들었음을 말함.
玉京은 원래 道家에서 말하는 천상의 天宮.

【或騎麒麟翳鳳凰】麒麟이나 鳳凰은 모두 상서로운 상상의 동물. '翳'는
'그림자가 가리다'의 뜻이나 여기서는 '타다'의 뜻임. 《集仙錄》에 의하면
神仙들이 모두 모였을 때면 지위가 높은 자는 麒麟을 타고 그 다음 지위는
龍을 탄다고 하였음.

【芙蓉】꽃 이름. 원래 연꽃과는 전혀 多年生 陸地 草本 花草植物이지만, 흔히
'연꽃'으로 해석하고 있음.(《杜詩諺解》)

【倒景】'景'은 '影'과 같음. 倒影. 그림자가 거꾸로 나타남.

【瀟湘】瀟江과 湘江. 瀟江은 湖南 寧遠縣 남쪽 九嶷山에서 발원하며, 湘江은
江西省 興安 陽海山에서 발원함. 이 물은 다시 湖南 零陵縣에서 합수하며
이로부터 두 물을 묶어 瀟湘이라 함.

【星宮之君】북두성의 天宮(玉宮)의 임금. 여기서는 황제를 지칭함.

【羽仙】멀리 유랑하고 있는 사람을 비유함.

【赤松子】고대 神農 때 雨師였던 신선. 《列仙傳》(卷上)에 "赤松子, 神農時雨
師也. 服水玉以敎神農, 能入火自燒. 往往至崑崙山上, 常止西王母石室中. 隨
風雨上下. 炎帝少女追之, 亦得仙, 俱去, 至高辛時爲雨師, 今之雨師本是焉"이라
하였고, 《漢書》顏師古注에 "赤松子, 仙人號也. 神農時爲雨師"라 함.

【韓張良】 漢興三傑의 하나. 字는 子房. 원래 韓나라 출신으로 韓나라가
秦始皇에게 망하자 복수를 결심하고 始皇을 博浪沙에서 저격, 실패로
끝나자 下邳로 도망갔다가 黃石公을 만났고, 다시 劉邦에게 합류하여
項羽를 멸하였음. 留侯에 봉해짐.《史記》留侯世家에 "張良曰:「吾以三寸
舌爲帝者師, 封萬戶, 位列侯, 布衣之極, 於良足矣. 願去人間事, 從赤松子
游耳.」"라 하여 신선술에 관심을 보였으며, 도교에서는 장량이 적송자를
따라 승천하였다고 부회하기에 이르렀음.《漢書》張良傳 참조. 여기서는
韓諫議를 비유한 것.

【帷幄】 전쟁에서 책략을 짜는 軍帳. 軍營 幕舍.《漢書》張良傳에 高祖가
장량을 칭찬하여 "運籌帷幄之中, 決勝千里之外, 吾不如子房耳"라 함.

【國家成敗】 韓諫議가 楚 땅에 은거하는 것은 나라에 불만이 있어서가 아니라,
성품이 고결하여 썩은 무리와는 함께할 수 없기 때문임을 말한 것. 이는
諸葛亮〈出師表〉의 "至于成敗利鈍, 非臣之明所能逆睹也"의 뜻을 원용한 것임.

【色難腥腐】 色難은 難色과 같음. 원하지 않음. 혐오함. 비린내 나고 썩은
고기나 먹는 일은 소인배의 짓이라 여긴 것.《莊子》秋水篇에 "惠子相梁,
莊子往見之. 或謂惠子曰:「莊子來, 欲代子相.」於是惠子恐, 搜於國中三日
三夜. 莊子往見之, 曰:「南方有鳥, 其名爲鵷鶵, 子知之乎? 夫鵷鶵, 發於南海
而飛於北海, 非梧桐不止, 非練實不食, 非醴泉不飲. 於是鴟得腐鼠, 鵷鶵過之,
仰而視之曰:『嚇!』今子欲以子之梁國而嚇我邪?」"의 고사를 원용한 것임.

【楓香】《爾雅》주에 "楓似白楊, 有脂而香, 稱楓香"이라 하였으며, 도가에서
이를 탕으로 끓여 약으로 삼음. 따라서 '이를 먹어 隱居의 지조를 지켜
선도를 찾음'을 뜻함.

【周南】 洛陽을 말함.《史記》太史公自序에 "是歲天子始建漢家之封, 而太史公
留滯周南, 不得與從事, 故發憤且卒. ……執遷手而泣曰:「余先周室之太史也,
……今天子接千歲之統, 封泰山, 而余不得從行, 是命也夫, 命也夫!」"라 함.
여기서는 韓注가 岳陽에 머물러 자신의 뜻을 펴지 못함을 세상 사람들이
애석하게 여기고 있음을 말한 것임.

【南極老人】 南極星. 별 이름. 老人星이라고도 하며,《晉書》天文志에 "南極星,
又名老人星. 見則天下治平, 主掌壽昌"이라 하였음.

【玉堂】 한나라 때 未央宮에 玉堂이 있었으며, 여기서는 조정을 의미함. 이
구절은 '한간의가 다시 중용되어 추천받아 조정에 나가 공헌 세울 것을
원한다'의 뜻임.

1. 이 시는 代宗 大曆 원년(766) 杜甫가 蜀을 떠나 夔州에 머물렀을 때 멀리 있는 한간의(韓注)를 그리워하며 지은 시임.

2. 淸 朱鶴齡의 《杜詩箋注》에 "依梁氏編在大曆元年, 故仍之"라 하여 두보 55세 夔州에 살 때라 하였음.

3. 韻脚은 陽·床·荒·霜·凰·湘·旁·良·傷·香·昌·堂.

4. 《杜詩諺解》初刊本(19)

이제 내 즐기디 아니ᄒ야셔 岳陽ᄋᆞᆯ ᄉᆞ랑ᄒᆞ노니

모미 ᄂᆞ라가고져 ᄒᆞ나 病ᄒᆞ야 床애 누어 잇노라

고온 사ᄅᆞ미 ᄀᆞᆲ 므레 주숨쳇ᄂᆞ니

洞庭 므레 발 싯고 八荒ᄋᆞᆯ ᄇᆞ라놋다

그려기 아ᅀᆞ라히 늘오 히 ᄃᆞ리 블ᄀᆞ니

프른 싣나모 니피 붉고 하ᄂᆞᆯ히 셔리ᄅᆞᆯ ᄂᆞ리오놋다

玉京에 群帝ㅣ 北斗에 모ᄃᆞ니

時或 麒麟도 ᄐᆞ며 鳳凰도 탓도다

蓮 고ᄌᆞ로 ᄆᆡᆼᄀᆞ론 旌旗오 雲霧 서리옛 音樂이로소니

그르메 갓고로 비취ᄂᆞᆫ 힛비츨 뭐워 瀟湘ᄋᆞᆯ 이어놋다

星宮엣 넘그믄 瓊漿ᄋᆞᆯ 머거 醉거늘

짓옷 니븐 사ᄅᆞ미 드므러 그 ᄀᆞᆺ이 잇디 아니ᄒᆞ도다

녯 赤松子ㅣ라 듣논 ᄃᆞᆺᄒᆞ니

저흗든 이 漢代옛 韓國ㅅ 張良인가 ᄒᆞ노라

녜 劉氏ᄅᆞᆯ 조차 長安ᄋᆞᆯ 安定ᄒᆞ고

帷幄이 고티디 아니 ᄒᆞ얫거늘 精神을 슬ᄒᆞ니라

나랏 일며 ᄒᆞ야듀매 내 엇뎨 구틔여 ᄒᆞ리오 ᄒᆞ고

顔色이 비리며 서근 거슬 어려이 너기고 楓香ᄋᆞᆯ 먹놋다

周南애 머므러슈믄 녜브터 슬논 배니

南極엣 老人星은 壽昌호ᄆᆞᆯ 相應ᄒᆞᄂᆞ니라

아름다온 사ᄅᆞ미 엇뎨 ᄀᆞᆲ 므레 주숨쳣ᄂᆞ니오

엇뎨 시러곰 두듸 玉堂애 바티려뇨

056

〈古柏行〉 ··· 杜甫

늙은 잣나무를 노래함

제갈공명 사당 앞의 늙은 잣나무,

가지는 푸른 구릿빛이요 뿌리는 돌 같도다.

서리 맞은 껍질은 빗물 흘렀고 둘레는 마흔 아름,

검은색 하늘에 닿아 이천 척이나 되도다.

임금과 신하가 이미 이곳에 함께 모여 제사를 받으니,

나무도 그처럼 사람들로부터 사랑받고 있구나.

구름이 다가오니 그 기운이 멀리 무협에 연결되고,

달이 솟아오르니 추운 기운이 설산의 흰색에 통하는구나.

기억하건대 어제는 구불구불 길을 돌아 금정의 동쪽으로 갔었지.

거기에는 선주 유비와 제갈량 사당이 함께 있었네.

아스라이 높은 가지와 줄기는 교외 들판에서 오래됨을 드러내고,

그윽한 단청은 빈 창문에 공허함을 더 하도다.

낙락한 모습으로 서려 있어 비록 제 땅을 얻었으나,

컴컴하고 어두운 속에 외롭게 높이 솟아 매운바람도 많이 맞는구나.

그렇게 스스로 버티고 서 있을 수 있는 것은 신명의 힘이요,

바르고 곧게 솟아 있을 수 있는 것은 조화옹의 덕분이로다.

큰 집이 기울 때면 이를 대들보나 기둥으로 쓸 수 있고,

1만 마리 소가 머리를 돌려 끌어당겨도 산처럼 중후하게 버티리라.

나무 속 무늿결을 드러내지 아니하여도 세상은 이미 경탄하였고,
베어내기를 사양한 적이 없었으니 누가 능히 이를 베어다 쓸꼬?
누의螻蟻 같은 소인배로 인한 괴로운 심사 어찌하면 면하랴?
향내나는 잎은 끝내 난새나 봉황 같은 군자의 쉼터가 될 것이로다.
지사와 은자들이여, 원망하거나 한탄하지 말라.
예로부터 큰 재목은 오히려 쓰이기 어려웠더니라!

孔明廟前有老柏, 柯如靑銅根如石.
霜皮溜雨四十圍, 黛色參天二千尺.
君臣已與時際會, 樹木猶爲人愛惜.
雲來氣接巫峽長, 月出寒通雪山白.
憶昨路繞錦亭東, 先主武侯同閟宮.
崔嵬枝幹郊原古, 窈窕丹靑戶牖空.
落落盤踞雖得地, 冥冥孤高多烈風.
扶持自是神明力, 正直原因造化功.
大廈如傾要梁棟, 萬牛回首丘山重.
不露文章世已驚, 未辭剪伐誰能送?
苦心豈免容螻蟻? 香葉終經宿鸞鳳.
志士幽人莫怨嗟, 古來材大難爲用!

【古柏】 제갈량 사당에 심어진 아주 오래된 잣나무.
【行】 歌曲의 한 장르이며 문체의 이름. 《文體明辨》에 "步驟馳騁, 疎而不滯
　者曰行"이라 함.

【孔明廟】夔州의 제갈량 사당인 武侯廟. 지금 四川省 奉節縣 入陳臺 아래에 있음.《唐宋詩擧要》(高步瀛) 九家注에 趙彦材의 말을 인용하여 “成都先主廟, 武侯祠堂附焉. 夔州則先主廟武侯廟各別. 今詠柏專是孔明廟而已, 豈非夔州柏乎? 公詩集中, 其在夔也屢有孔明廟詩, 於〈夔州十絶〉云: ‘武侯祠堂不可忘中有松柏參天長.’以絶句證之, 則此乃夔州之詩明矣”라 함.

【霜皮溜雨】서리맞은 껍질에 빗물이 흘러내림.

【雲來氣接巫峽長, 月出寒通雪山白】章燮注에는 이 구절을 ‘黛色參天二千尺’ 句의 아래에다 옮겨 놓았으며 “二句舊在愛惜之下, 今依須溪改正, 則氣順矣” 라 함.

【巫峽】四川省 巫山縣으로부터 湖北 巴東縣 사이에 걸려 있는 60리의 협곡, 西陵峽, 瞿塘峽과 함께 長江三峽의 하나.

【雪山】四川成 松潘縣 남쪽의 岷山. 만년설이 덮여 있음.

【錦亭】정자 이름. 成都 杜甫草堂 안에 있음. 錦江 가에 있어 이름을 錦亭이라 한 것임.

【閟宮】원래는 周나라 때 조상을 모시는 사당이었으나, 뒤에 범칭으로 사당을 일컫는 말로 쓰임. 여기서는 成都의 先主廟와 武侯廟를 가리킴. 成都의 諸葛武侯祠는 先主廟 곁에 있으며, 사당 앞에 큰 잣나무는 제갈량이 직접 심은 것이라 함.

【崔嵬】높은 모습을 나타내는 疊韻連綿語.

【落落】나무가 아주 높고 비범한 모습. 漢 杜篤의 〈首陽山賦〉에 “長松落落, 卉木蒙蒙”이라 함.

【窈窕】깊고 그윽한 모습을 나타내는 疊韻連綿語.《詩經》關雎에 “窈窕淑女, 君子好逑”라 함.

【戶牖】창문. 戶는 열고 닫을 수 있는 창문이며, 牖는 옹기의 둥근 틀로 만든 창문.

【盤踞】이리저리 서려 자리 잡고 있음.

【造化功】造物主의 功. 기묘함을 일컫는 말.

【萬牛】《全唐詩》 등에는 ‘萬牛’로 되어 있으나 〈四部叢刊〉본에는 ‘萬年’으로 되어 있음. ‘萬年’의 경우 “천만 년 후에도 사람들은 머리를 돌려 우러러 볼 것”이라는 뜻이 되며, ‘萬牛’의 경우 “수만 마리 소가 머리를 돌려 끌어 당겨도”의 뜻이 됨. 여기서는《杜詩諺解》의 해석을 따름.

【文章】나무의 무늿결. 그러나 제갈량의 뛰어난 문장과 품격 및 능력으로

보기도 함. 重義法 표현임.

【未辭剪伐誰能送】'送'은 '베어서 재목으로 보냄.' "베어내어 사용해도 좋다고 나무 스스로 거부한 적이 없었으니, 누가 능히 이를 베어다 써 줄 수 있을까?"의 뜻. 제갈량이 세상의 훌륭한 재목감이 됨을 잣나무에 비유한 것.

【螻蟻】 땅강아지와 개미. 小人을 비유함.

【鸞鳳】 난새와 봉황. 君子를 비유함.

【終經宿】 일부 본에는 '曾經宿'으로 되어 있어 '일찍이 난봉이 잠을 잤던 적이 있다'라 하여 과거의 일로 여겼으나, 《杜詩諺解》에는 '終經宿'으로 되어 있어 '마침내는 난봉이 잠을 자는 영광을 겪게 되리라'의 미래의 뜻으로 보았음.

【志士幽人】 다른 판본에는 모두 '志士仁人'으로 되어 있으나 《杜詩諺解》에는 '志士幽人'으로 되어 있어 이를 따름. 《論語》 衛靈公篇에 "志士仁人, 無求生以害仁, 有殺身以成仁"이라 함. '幽人'은 隱者를 뜻함.

【材大難爲用】 《莊子》 山木篇에 "莊子行於山中, 見大木, 枝葉盛茂, 伐木者止其旁而不取也. 問其故, 曰:「无所可用.」莊子曰:「此木以不材得終其天年夫!」"라 함.

참고 및 관련 자료

1. 이 시는 두보가 夔州의 제갈량 사당을 참관하면서, 그 앞에 오래되어 늙은 잣나무를 두고 노래한 것임.

2. 《杜詩詳註》에 王嗣奭은 "公生平極贊孔明, 蓋竊比之意. 孔明才大而不盡其用, 公嘗竊比稷契, 而人莫之用, 故篇終結出材大難用, 此作本詩發興於古柏者"라 함.

3. 韻脚은 石·尺·惜·白과 宮·空·風·功·重·送·鳳·用 등 둘로 나누어 사용하고 있음.

4. 《杜詩諺解》 重刊本(18)

孔明ㅅ 廟ㅅ 알픽 늘근 잣남기 잇ᄂᆞ니
가지ᄂᆞᆫ 프른 구리쇠 ᄀᆞᆮ고 불휘ᄂᆞᆫ 돌 ᄀᆞᆮ도다
서리 마즌 거프리 비 저저 마ᄋᆞᆫ 아ᄂᆞ미오
프른 비치 하늘헤 다ᄒᆞ니 二千자히로다
님금과 臣下쾌 ᄒᆞ마 時로 다ᄆᆞᆺ 맛ᄃᆞᄅᆞ니

諸葛亮(忠武) 《晚笑堂畫傳》

나모도 오히려 사르미 스랑 호요미 드외얫도다

구루미 오니 氣運이 武峽이 긴 딕 니엇고

드리 도드니 서늘호믄 雪山이 허연 딕 스뭇찻도다

뎌 주움 삐 길흘 錦亭 東 녀그로 버므러 가믈 스랑호니

先主와 武侯왜 기픈 宮이 흔 딕러라

노픈 가지와 웃듬괘 미햇 두들게 녜르외니

깁수윈 칠호욘 尸牖ㅣ 뷔엿더라

놉고 불휘 서려 비록 짜흘 어더시나

아ᄋᆞ라히 외로외오 노파 미온 브르미 하도다

더위자바 슈믄 스싀로 이 神明의 힘이로소니

正直호믄 본딕로 造化ㅅ 功을 因ᄒᆞ도다

큰 지비 ᄒᆞ다가 기울면 梁棟 밍글 오져 조오로이 너리리니

一萬 쇠 그어 가노라 머리를 도로혀셔 丘山 ᄀᆞ티 므거이 너리리로다

비츨 나토이 아니 ᄒᆞ야도 世예셔 ᄒᆞ마 놀라ᄂᆞ니

버휴믈 마다 ᄒᆞ이 아니 컨마른 뉘 能히 버혀보내리오

쁜 ᄆᆞᄋᆞᆷ 엇뎨 가야미 드러슈믈 免ᄒᆞ리오

곳다온 니픈 ᄆᆞᄎᆞᆷ매 鸞鳳자믈 디내리로다

뜯 가진 士와 幽隱ᄒᆞᆫ 사르믄 怨嗟ᄒᆞ디 말라

녜로 오매 材質이 큰 거슨 쁴유미 어려우니라

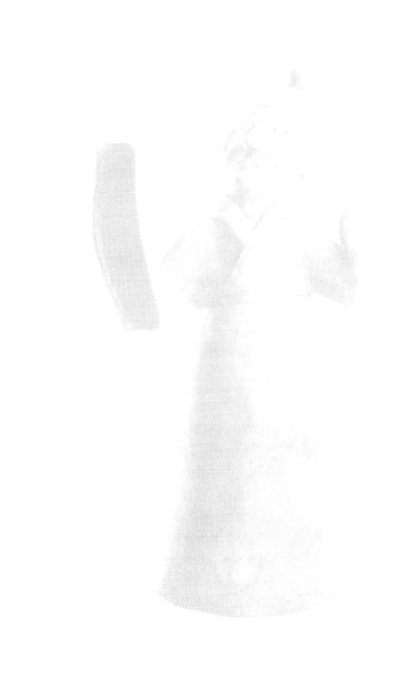

卷三：七言古詩

057

〈觀公孫大娘弟子舞劍器行〉幷序 ·························· 杜甫

공손대낭의 제자가
검기무 추는 것을 보고 노래함

대력大曆 2년(767) 10월 19일, 기주부夔州府의 별가別駕 원지元持의 저택에서
임영臨潁 출신 이십이낭李十二娘의 검기劍器 춤을 보게 되었는데 그 울기蔚跂
함을 대단하다 여겼다. 그 스승이 누구인가를 물어보았더니 "나는 공송
대낭公孫大娘의 제자입니다"라는 것이었다. 개원開元 5년(717), 내 아직 어린
나이였을 때, 기억하기로는 언성郾城에서 공손대낭의 검기혼탈무劍器渾脫舞를
구경한 적이 있는데, 유리瀏灕하고 돈좌頓挫함이 그 당시 으뜸이었다. 전두인
前頭人이라 하던 의춘원宜春院, 이원梨園 두 기방伎坊의 내인들과 밖에서
들어와 공봉供奉을 받는 예인들 중에 이 춤에 대하여 익히 알고 있었던
자는 성문신무황제현종 초에 오직 공손대낭 한 사람뿐이었다. 그 당시
그는 옥 같은 용모에 비단옷을 입었었는데 하물며 지금 나는 이미 흰
머리가 되고 말았음에랴! 지금 그 제자라 하는 이 여인도 역시 한창
나이의 젊은 얼굴은 아니로구나! 마침내 그 유래를 알아보니, 그 기예의
근원이 둘이 아님을 알겠도다. 옛 일을 떠올리며 감회에 젖어 애오라지
〈검기행劍器行〉을 짓노라. 옛날 오吳 땅 사람 장욱張旭은 초서에 뛰어나
서첩을 남겼는데 자주 업현鄴縣에 들러 공손대낭의 서하검기무西河劍器舞
를 보았고, 그로부터 초서가 크게 발전하여 호탕하고 격렬하였으니 공손
대낭의 춤이 어떠했는지 가히 알 수 있으리라!

옛날 아름다운 사람 공손대낭,
한번 검기를 추면 사방이 진동하였지.
구경꾼 산처럼 모여들어 놀라움에 넋을 잃었고,
하늘과 땅도 그를 위해 낮아졌고 높아졌지.
번쩍 빛나기는 마치 후예后羿가 해 아홉 개를 떨어뜨리는 것 같고,
건장하기는 마치 여러 신들이 용을 타고 비상하는 것 같았지.
무대에 나타날 때는 우레가 노한 벼락을 거두는 것 같았고,
끝낼 때는 마치 강해에 응고된 빛이 멈춘 듯하였어라.
붉은 입술 구슬 옷깃 둘 모두 적막히 사라졌는가 했더니,
지금 늦게나마 제자가 있어 그 정수를 전하고 있구나.
바로 임영臨潁의 미인이 이 백제성白帝城에 있으니,
묘한 춤 솜씨로 이 곡을 신묘하게 드날리네.
나와 더불어 문답을 거쳐 그 유래를 알고 나서,
그 옛날 내 보았던 당시를 생각하니 처절함이 더하는구나.
선제 현종의 시녀는 팔천 명이나 되었으나,
공손대낭의 검기무는 그중 제일이었지.
오십 년간 세월이 이렇게도 쉽게 흘러,
안사의 난 전쟁 먼지는 끊임없이 왕실을 어둡게 하네.
이원梨園의 제자들은 연기처럼 흩어지고,
여자 악대들의 남은 자태 차가운 햇빛에 비추도다.
금속퇴의 현종 무덤 앞 송백은 한 뼘 넘게 굵었으리,
구당瞿塘의 이 백제성 가을 풀은 쓸쓸하기 짝이 없다.
대모현과 빠른 관악기 소리 드디어 끝맺으니
즐거움이 다하고 슬픔이 오는 속에 동쪽 달이 솟는구나.
늙은 이 몸 갈 곳 몰라 하는 터에
발은 부르터 아픈 다리에 황량한 산의 슬픔이 휘돌아 밀려오네.

大曆二年十月十九日, 夔府別駕元持宅, 見臨潁李十二娘舞劍器, 壯其蔚跂. 問其所師, 曰:「余公孫大娘弟子也」開元五載, 余尚童稚, 記於郾城觀公孫氏舞劍器渾脫, 瀏灘頓挫, 獨出冠時. 自高頭宜春梨園二伎坊內人, 泊外供奉, 曉是舞者, 聖文神武皇帝初, 公孫一人而已. 玉貌錦衣, 況余白首! 今茲弟子, 亦匪盛顏. 既辨其由來, 知波瀾莫二. 撫事慷慨, 聊爲〈劍器行〉. 昔者吳人張旭, 善草書帖, 數嘗於鄴縣, 見公孫大娘舞西河劍器, 自此草書長進, 豪蕩感激. 即公孫可知矣!

昔有佳人公孫氏, 一舞劍器動四方.
觀者如山色沮喪, 天地爲之久低昂.
爤如羿射九日落, 矯如群帝驂龍翔.
來如雷霆收震怒, 罷如江海凝清光.
絳脣珠袖兩寂寞, 晚有弟子傳芬芳.
臨潁美人在白帝, 妙舞此曲神揚揚.
與余問答旣有以, 感時撫事增惋傷.
先帝侍女八千人, 公孫劍器初第一.
五十年間似反掌, 風塵澒洞昏王室.
梨園子弟散如煙, 女樂餘姿映寒日.
金粟堆前木已拱, 瞿塘石城草蕭瑟.
玳弦急管曲復終, 樂極哀來月東出.
老夫不知其所往, 足繭荒山轉愁疾.

【公孫大娘弟子】序에서 말한 李十二娘. 公孫大娘은 唐 開元 때의 유명한 무용가였으며, 이십이낭은 그의 제자.

【劍器】고대 樂舞의 이름.《文獻通考》樂考, 樂舞에 의하면, 여자가 춤을 추되 남자의 군복 복장을 하고 맨손으로 추며 健武精神을 표현하는 것이라 함.

【行】歌曲의 한 장르이며 문체의 이름.《文體明辨》에 "步驟馳騁, 疎而不滯 者曰行"이라 함.

【幷序】'並序', '倂序', '竝序'등으로도 표기하며 그 시의 내용, 제작 동기 등을 앞에 서문 형태로 써서 함께 제시함을 말함.

【大曆二年】大曆은 唐 代宗의 연호(766~779년까지 14년간임). 2년은 767년, 두보 56세 때임. 이 해에 두보는 蜀(成都)를 떠나 夔州에 머물고 있었음.

【夔府別駕】夔府는 夔州府. 지금의 四川省 奉節縣에 監營이 있었음. 別駕는 都督別駕. 도독의 副官으로 從四品 이하의 직급이었음.

【元持】인명. 구체적 생애는 알 수 없음.

【臨潁】지명. 당나라 때 河南道 許州에 속하였으며 지금의 河南 臨潁. 이십 이낭이 이곳 출신임을 말한 것.

【蔚跂】자태가 웅건하고 광채가 빛남.

【開元五載】다른 본에는 '開元三載'로 되어 있음.《全唐詩》注에 '一作五載'라 하여 이것이 타당함.《杜少陵詩集》에도 역시 '五載'(717)로 되어 있으며 이때 杜甫 나이 여섯이었음.

【童穉】'童稚'로도 표기하며 어린 나이. 당시 여섯 살 때였음을 말함.

【郾城】당나라 때 河南道 許州에 속하였으며, 지금의 河南 偃城으로 臨潁의 남쪽. 杜甫가 어렸을 때 이곳에서 살았었음.

【公孫氏】公孫大娘.《明皇雜錄》에 "時公孫大娘能爲鄰里曲, 及西河劍器・渾脫, 舞藝妍妙, 皆冠絶於時"라 함.

【劍器渾脫】'劍器'와 '渾脫'모두 樂舞 이름으로 西域 高昌(지금의 新疆 吐魯番) 에서 들어온 胡舞임. '渾脫'은 高昌語로 '囊袋'(주머니, 자루) 높은 모자를 쓰고 주머니에 물을 담아 이를 술처럼 뿌리는 것으로써 뒤에 長孫無忌가 새의 깃털로 모자를 만들어 사용하였다 함. 여기서는 이 두 악무를 혼합하여 하나의 춤으로 구성하였음을 말함.《文獻通考》舞部에 "劍器, 古武舞之曲名, 其舞用女妓雄妝, 空手而舞"라 함. '혼탈'은 역시 武曲으로 氈帽(털모자)를 벗어 던지며 추는 춤. 한편《資治通鑑》(209) 胡三省 주에 "長孫無忌以烏羊毛 爲渾脫氈帽, 人多效之, 謂之'趙公渾脫', 因演以爲舞"라 하여 趙國公 長孫

舞忌가 이 춤에 능하여 '趙公渾脫'이라 불렀다 함.

【瀏灕】 '流離, 流漓'등과 같음. 곡조의 흐름과 춤의 절조가 맞아 매우 유연하고 매끄러운 모습을 표현하는 雙聲連綿語.

【高頭宜春梨園二伎坊內人】 唐 崔令欽의 《敎坊記》에 "妓女入宜春院, 謂之內人, 亦曰前頭人, 常在上前頭也"라 하여 '高頭'는 '前頭'와 같으며 '內人'은 이를 두고 한 말임. 宜春은 宜春院. 즉 기녀들을 훈련시키는 舞樂院. 梨園은 역시 伶人들에게 음악과 무용을 가르치던 곳으로 지금의 陝西 長安縣에 있음. 뒤에는 劇院은 梨園이라고 하였으며, 배우나 영인, 예인들을 梨園子弟라 하였음. 이처럼 이들을 가르치던 곳을 통틀어 伎坊(妓坊), 혹은 敎坊이라 불렀음. 《明皇雜錄》에 "天寶中, 上命宮女數百人爲梨園弟子, 皆居宜春北院"이라 하였음.

【供奉】 官名. 玄宗 때 서울에 延正坊과 光宅坊 두 곳의 敎坊을 두어 노래와 춤을 잘하는 자들을 불러모아 그들을 곁에서 돌보도록 하였음.

【聖文神武皇帝】 玄宗(李隆基)의 존호. 開元 27년(739) 신하들이 현종에 이 존호를 올렸음.

【波瀾】 여기서는 그 춤의 형상과 유래를 뜻함.

【張旭】 호는 伯高. 당대 유명한 서예가. 吳中四士의 하나이며 李白의 詩, 裴旻의 劍舞와 더불어 당시 '三絶'이라 불렀음. 蘇州 사람으로 詩와 草書에 뛰어나 '草聖'이라 칭하였으며 《草書古詩四帖》을 남김. 《新唐書》藝文志 張旭傳에 "旭, 蘇州人, 嗜酒, 每大醉, 呼叫狂走, 乃下筆. 或以頭濡墨而書, 旣醒, 自視, 以爲神, 世號張顚. 自言始見公主擔夫爭道. 又聞鼓吹而得筆法意. 觀倡公孫舞〈劍器〉得其神"이라 하여 기행을 일삼은 것으로도 유명함. 《書斷》(3)에도 그의 전기가 실려 있으며, 《太平廣記》(63, 64)에는 "張旭草書得筆法, 後傳崔邈·顏眞卿. 旭言:「始吾聞公主與擔夫爭路, 而得筆法之得. 後見公孫氏舞劍器而得其神, 飮醉輒草書, 揮筆大叫, 以頭搵水墨中而書之, 天下呼爲張顚, 醒後自視, 以爲神異, 不可復得.」 後輩言筆札者, 歐虞褚薛, 或有異論. 至長史無間言.(《國史補》) 旭釋褐爲蘇州常熟尉. 上後旬日, 有老父過狀, 判去, 不數日復至, 乃怒而責曰:「敢以閒事, 屢擾公門.」 老父曰:「某實非論事, 但覩小公筆跡奇妙, 貴爲篋笥之珍耳.」 長史異之, 因詰其何得愛書? 答曰:「先父受書, 兼有著述.」 長史取視之, 信天下工書者也. 自是備得筆法之妙, 冠於一時.(《幽閒鼓吹》)"라 함.

【鄴縣】 지금의 河北 鄴城.

【河西劍器】劍器舞의 일종으로 河西지방에서 흥하였음. 호탕하고 격동적
　이었다 함.

【沮喪】얼굴에 색을 잃음. 놀라 망연자실함. 관객을 흡입함을 말함.

【爛如】섬광이 일어나듯 함.

【羿射九日落】有窮后羿. 고대 활의 명수로써 하늘에 열 개의 해가 동시에 떠
　만물이 견디지 못하자, 이를 활로 쏘아 아홉 개를 떨어뜨렸다 함.《淮南子》
　本經訓에 "堯之時, 十日並出, 焦禾稼, 殺草木, 堯乃使羿射十日, 萬民皆善"이라
　하였고, 高誘 注에 "十日並出, 射去九日"이라 함.

【矯】矯健함. 굳세고 씩씩함.

【群帝驂龍翔】群帝는 많은 神들. 諸神, 衆神을 뜻함. '驂龍翔'은 수레를 타고
　용처럼 비상함.《杜少陵集詳註》에 晉 夏侯玄의 賦를 인용하여 "又如東方
　群帝兮, 騰龍駕而翔翔"이라 함.

【來如雷霆收震怒, 罷如江海凝淸光】검무는 북으로 반주를 하며 춤이 시작
　되기 전에 북소리가 요란하다가 그치면 무인이 등장. 이에 '來如雷霆
　收震怒'라 표현한 것임. 그리고 춤이 끝나면 춤을 춘 자가 무대에 그대로
　옥처럼 서 있어 이를 '罷如江海凝淸光'이라 한 것임.

【芬芳】꽃 향기를 뜻하는 雙聲連綿語. 그러나 여기서는 李十二娘이 公孫
　大娘 춤의 精髓, 眞髓를 이어받아 전하고 있음을 뜻함.

【臨潁美人】公孫大娘의 제자 李十二娘이 臨潁人임을 말함. 臨潁은 지명. 지금
　河南省 許昌縣 南쪽임.《杜詩諺解》에는 '臨穎'으로 표기되어 있으나 '穎'은
　'潁'의 오기임.

【白帝】지금의 四川 奉節縣에 있는 白帝城. 夔州에 속하며 원래 이름은 魚腹
　이었으나 東漢 때 公孫述이 이곳에 이르렀을 때 백색 기운이 서린다 하여
　成나라를 세우고 근거지로 삼았으며 그 산을 白帝山이라 하였음. 白帝는
　서방의 帝王이라는 뜻.

【既有以】'以'는 이유, 유래, 원인, 발단의 뜻. 유래가 있음. 서문의 "既辨其
　由來"를 가리킴.

【先帝】玄宗을 가리킴.

【五十年】開元 5년(717)부터 大曆 2년(762).

【似反掌】如反掌과 같음. '손바닥 뒤집듯이 쉽다'의 뜻.《漢書》枚乘傳에
　"易于反掌, 安于泰山"이라 한 데서 유래됨. 여기서는 시간이 아주 쉽게
　흘러감을 말함.

【風塵】安祿山의 난을 두고 말한 것임.

【滃洞】서로 이어져 끝이 없는 모습을 표현하는 疊韻連綿語. 혹 '傾動'으로도 표기함. 여기서는 安祿山의 난리가 끝을 보이지 않음을 말함.

【金粟堆】玄宗 능묘인 泰陵이 있는 金粟山으로 金粟堆라고도 불렸음. 그곳의 돌이 금빛 좁쌀 같아 이름이 지어졌다 함. 지금의 陝西 浦城 東北에 있음.

【木已拱】《左傳》僖公 32년에 "中壽, 爾墓木已拱矣"라 함. '拱'은 두 손으로 함께 잡을 수 있는 굵기. 泰陵에 심은 송백이 이미 두 손으로 합할 정도로 자랐음. 玄宗은 寶應 원년(762) 4월에 죽었으며 廣德 원년(763) 3월에 태릉에 묻혔으며 그로부터 4~5년이 흘렀음. 세월의 무상함을 의미함.

【瞿塘】武峽, 西陵峽과 함께 長江三峽의 하나. 四川 奉節縣에 있으며 夔州 서쪽 瞿塘에 있음.

【石城】白帝城. 白帝山을 근거로 세운 長江 가의 험준한 성. 高步瀛의 《唐宋詩擧要》에 《淸一統志》를 引用하여 "夔州府, 石城山, 在雲陽縣東二里. 按, 此詩石城, 當卽指白帝城, 城據白帝山上"이라 함.

【玳弦急管】劍器舞에 쓰인 악기들. 고대 현악기는 주로 玳瑁로 휘(徽)를 장식하여 흔히 '玳弦'이라 불렸음. '急管'은 급하고 정밀한 소리를 내도록 조율한 관악기를 말함. 그러나 다른 본에는 '玳筵'으로 되어 있으며, 《杜詩諺解》에는 '玳瑁로 장식한 돗자리'로 보았음.

【老父】작자의 자신을 말함.

【足繭】너무 많이 걸어 다리에 굳은살이 박히거나 부르터서 생기는 병. 《戰國策》 趙策(1)에 "蘇秦說李兌曰:「雒陽乘軒車(里)蘇秦, 家貧親老, 無罷車駑馬, 桑輪蓬篋羸縢, 負書擔橐, 觸塵埃, 蒙霜露, 越漳河, 足重繭, 日百而舍, 造外闕, 願見於前, 口道天下之事.」"라 함.

참고 및 관련 자료

1. 이 시는 代宗 大曆 2년(767) 12월 19일, 혹은 그 뒤 두보가 蜀을 떠나 夔州에 머물 때 夔州別駕 元持의 저택에서 臨潁人 李十二娘의 〈劍器渾脫舞〉를 보고 자신이 여섯 살 때 보았던 公孫大娘의 춤을 회상하며 지은 것임. 당시 두보 나이 56세였음.

2. 宋 劉克莊의 《後村詩話》에 "此篇余〈琵琶行〉, 一如壯士軒昂赴敵場, 一如
兒女恩怨相爾汝; 杜有建安黃初氣, 白未脫長慶體矣"라 함.

3. 韻脚은 처음 平聲韻에서 入聲韻으로 換韻하는 형식을 취하고 있음. 즉
方·昂·翔·光·芳·揚·傷으로 시작하여 室·日·瑟·出·疾로 끝을 맺고 있음.

4. 《杜詩諺解》初刊本(16)
녜 고온 사ᄅᆞ먼 公孫氏 잇더니
ᄒᆞᆫ번 갈 가지고 춤 츠니 四方을 뮈우ᄂᆞ라
볼 사ᄅᆞ미 뫼ᄀᆞ티 이셔 ᄂᆞᆺ비치 브스왜니
하ᄂᆞᆯ콰 ᄯᅡ쾌 爲ᄒᆞ야 오래 ᄂᆞᆺ갑거니 놉거니 ᄒᆞ니라
빗나ᄆᆞᆫ 后羿ㅣ 아홉 ᄒᆡᄅᆞᆯ 소아 디ᄂᆞᆫ 듯ᄒᆞ고
구즉호ᄆᆞᆫ 한 天帝ㅣ 龍을 타 ᄂᆞᆺᄂᆞᆫ 듯ᄒᆞ고
올 제ᄂᆞᆫ 울에 震怒호ᄆᆞᆯ 가둔 듯ᄒᆞ고
ᄆᆞ·ᄎᆞ니 江海ㅣ 물ᄀᆞᆫ 비치 얼의옛ᄂᆞᆫ 듯ᄒᆞ도다
블근 입과 구슬 ᄉᆞ매왜 두 거시 다 괴외ᄒᆞ니
晩年에 弟子ㅣ 芬芳호ᄆᆞᆯ 傳ᄒᆞ도다
臨潁ㅅ ᄀᆞ옰 고온 사ᄅᆞ미 白帝城에 이시니
이 놀애ᄅᆞᆯ 神妙히 춤처 精神이 揚揚ᄒᆞ도다
날로 다ᄆᆞᆺᄒᆞ야 무르며 對答호미 이믜셔 뼈 호미 잇ᄂᆞ니
時節을 感歎ᄒᆞ며 이ᄅᆞᆯ 자바셔 슬후믈 더으노라
先帝ㅅ 侍女 八千人에
公孫의 갈ᄒᆞ로 춤 추미 처섬 第一이러라
쉬나ᄆᆞᆫ 힛 ᄉᆞ싀 솘바당 두위힐 후미 ᄀᆞᆮᄒᆞ니
ᄇᆞᄅᆞ매 드트리 ᄀᆞ득ᄒᆞ야 王室이 어드윗도다
梨園엣 弟子ㅣ 흐러가미 ᄂᆡ ᄀᆞᆮᄒᆞ니
女樂의 나ᄆᆞᆫ 양ᄌᆞ 치운 ᄒᆡ예 비취옛도다
金粟堆ㅅ 南녀긔 남기 ᄒᆞ마 ᄒᆞᆫ 우후미 ᄃᆞ외니
瞿塘ㅅ 石城엔 프리 蕭瑟ᄒᆞ도다
玳瑁 돗과 ᄲᆞᆯ른 뎌헤 놀애ᄅᆞᆯ ᄯᅩ ᄆᆞᄎᆞ니
즐거우미 ᄀᆞ장ᄒᆞ야 슬푸미 오니 ᄃᆞ리 東의셔 돋놋다
늘근 노미 그 갈 ᄃᆡᄅᆞᆯ 아디 몯ᄒᆞ야
거츤 뫼헤 바리 부르고 ᄀᆞ장 시름ᄒᆞ야 病ᄒᆞ얏노라

四時
古詩一首 律詩三十九首

春日戲題惱郝使君兄

使君高氣凌青霄憶昨歡娛常見招

運과하ᄂᆞᆫ호로 凌犯ᄒᆞ리던 이돌 ᄉᆞ랑 호노라

時鳴金驄襄佳人屢出董嬌饒 金驄襄ㅣ오ᄢ

饒ᄂᆞᆫ名姝ㅣ니 言郝使君이 遺馬迎浦而令
勸酒也ㅣ라ㅇ 더리고 ᄯᅢ로 時州令

裹ㅣᄀᆞ울오고ᄆ서ᄆᆞᆫ東流工水ㅁ飛ㅁ

《杜詩諺解》初刊本

058

〈石魚湖上醉歌〉幷序 ⋯⋯⋯⋯⋯⋯⋯⋯⋯⋯⋯⋯⋯⋯ 元結

석어호에서 취하여 부른 노래

나 만수漫叟는 공전公田의 쌀로 술을 빚어 휴가를 얻으면 술을 싣고
호수에 이르러 때로 한번 취하곤 한다. 즐거움에 취한 가운데에 호수
언덕에 의지하여 석어 돌 가운데로 팔을 뻗어 거기에 저장해 둔 술을
가리켜 작은 배에 싣고 오도록 하여 두루 함께 자리한 사람들과 마신다.
뜻은 저 파산 언덕 군산에서 술을 마시되, 함께 한 여러 사람들은 동정호
에 둘러앉아 술 배를 둥둥 띄워 파도에 부딪치면서 그 사이를 왕래함을
흉내내는 것이다. 이에 한 수의 노래를 지어 흥을 돕노라.

석어호는 마치 동정호와 같아,
여름 물은 군산에 가득하여 온통 푸름을 덮고자 하는구나.
산으로 술잔 삼고 물로써 술을 삼아,
술꾼들은 모여들어 호수 섬에 앉았도다.
거센 바람 연일 큰 풍랑을 일으켜도,
술 실은 작은 배 가로막지 못하도다.
내 큰 술바가지 들고 파산 언덕에 올라앉아,
이 자리에 모인 사람들 술로써 근심을 날려버리게 하리라.

漫叟以公田米釀酒, 因休暇, 則載酒於湖上, 時取一醉;
歡醉中, 據湖岸, 引臂向魚取酒, 使舫載之, 徧飲坐者.
意疑倚巴丘, 酌於君山之上, 諸子環洞庭而坐, 酒舫泛
泛然, 觸波濤而往來者, 乃作歌以長之.

石魚湖, 似洞庭, 夏水欲滿君山青.
山爲樽, 水爲沼, 酒徒歷歷坐洲鳥.
長風連日作大浪, 不能廢人運酒舫.
我持長瓢坐巴丘, 酌飲四座以散愁.

【石魚湖】호수 이름. 지금의 湖南 道縣 동쪽에 있음. 元結의 〈石魚湖上作〉
序에 "漫泉南, 上有獨石在水中, 狀如游魚. 魚凹處, 修之可以貯酒. 水崖四匝,
多欹石相連, 石上堪人坐, 水能浮小舫載酒, 又能繞石魚洄流, 乃名湖曰石
魚湖"라 함.

【歌】詩體의 한 장르.《文體明辨》에 "其放情長言, 雜而無方者曰歌"라 함.

【漫叟】元結 자신의 號. 제멋대로 사는 늙은이라는 뜻.

【公田】원래 井田法에서 9분의 1의 납세용 田地. 그러나 唐代에는 州縣에
公廨田을 두어 그 수확물로써 官衙의 잡비와 비상용으로 사용할 수 있도록
하였음. 한편 이 公田의 곡물로 술을 빚는 고사는 陶淵明에서 시작되었음.
蕭統의 〈陶淵明傳〉에 "以爲彭澤令, ……公田悉以種秫, 曰:「吾嘗得醉於酒,
足矣.」妻子固請種粳. 乃使二頃五十畝種秫, 五十畝種粳"이라 함.

【休暇】당대 관리는 열흘에 한 번씩 휴가를 얻었으며 5월에는 給田假, 9월
에는 授衣假 등을 각각 15일씩 얻었음.

【舫】작은 배. 술을 실어오도록 하는 배.

【意疑】'내 의도는 그 아래의 상황을 흉내내고자 하는 것'이라는 뜻. '疑'는
'擬'와 같음. 즉 '석어호를 동정호에 비유하고, 군산을 독석에 비유하여

비록 석어호의 작은 곳에서 술을 마시지만 동정호에서 술을 마시는 것
으로 흥을 삼고자 함'을 말함.

【巴丘】 '巴邱'로도 표기하며 巴陵을 가리킴. 湖南 岳陽. 洞庭湖에 임해 있음.

【君山】 '湘山', '洞庭山'이라고 하며 파릉에서 40리 거리에 있음. 洞庭湖 동쪽에
있으며 岳陽樓에서 보임. 石魚湖의 獨石을 동정호의 君山에 비유한 것임.

【長】 助長과 같음. '흥을 돕고자 함.'

【沼】 여기서는 술 못을 뜻함.

【洲島】 물 가운데에 있는 작은 섬. 獨石을 말함.

참고 및 관련 자료

1. 이는 代宗 廣德(763~764) 연간 元結이 道州刺史(지금의 湖南 道縣)로
있을 때 지은 것으로 南方 民歌風이 농후함.

2. 韻脚은 庭·靑, 沼·島, 浪·舫, 丘·愁로 4번 換韻을 함.

陶靖節(淵明, 潛)《晩笑堂畫傳》

059

〈山石〉 ·· 韓愈

산석

산 돌은 울퉁불퉁 오솔길은 좁고 희미한데,
황혼녘에 절에 닿으니 박쥐들이 나는구나.
법당에 올라 섬돌에 앉으니 새로운 단비가 흡족하여,
파초 잎은 더 커지고 치자꽃은 살이 올랐네.
스님이 말하기를 묵은 벽에 불화가 좋다기에,
불을 밝혀 비춰보니 희미하게 보일 뿐일세.
자리 깔고 먼지 털어 국과 밥을 차렸는데,
현미밥에 거친 음식, 역시 족히 나의 주린 배를 채우네.
밤 깊어 조용히 누우니 온갖 벌레 소리 끊어지고,
맑은 달빛 산 위를 넘어 사립문에 비쳐드네.
아침 일찍 홀로 떠났더니 길을 찾지 못하고,
드나들며 오르내리기를 안개 그치도록 다하였네.
이윽고 만물이 드러나니 산은 붉고 개울은 푸르러 난만한데,
때때로 보이나니 소나무와 상수리나무 모두 다 열 아름도 넘는구나.
흐르는 물 마주하여 맨발로 개울 돌을 밟았더니,
물소리 콸콸하며 바람은 옷깃을 나부끼네.
사람 살기 이만하면 스스로 즐길 만한 것이려니
어찌 하필 남의 재갈에 묶여 얽매인 채 살아가리?

아서라! 우리 제자, 동료, 친구들이여,
어찌하여 늙어가며 귀거래할 줄 모르는고!

山石犖确行徑微, 黃昏到寺蝙蝠飛.
升堂坐階新雨足, 芭蕉葉大梔子肥.
僧言古壁佛畫好, 以火來照所見稀.
鋪床拂席置羹飯, 疎糲亦足飽我飢.
夜深靜臥百蟲絶, 淸月出嶺光入扉.
天明獨去無道路, 出入高下窮煙霏.
山紅澗碧紛爛漫, 時見松櫪皆十圍.
當流赤足蹋澗石, 水聲激激風吹衣.
人生如此自可樂, 豈必局促爲人鞿?
嗟哉吾黨二三子, 安得至老不更歸!

【山石】 산의 바윗돌. 이를 제목으로 삼아 세상살이가 힘듦을 상징한 것.
【犖确】 '락학'으로 읽으며 산에 돌이 많아 울퉁불퉁한 상태를 표현하는 疊韻
　連綿語.
【微】 길이 좁고 희미하여 잘 찾아갈 수 없음.
【蝙蝠】 박쥐. 雙聲連綿語의 物名.
【芭蕉】 잎이 넓으며 바나나(香蕉)와 같으나 그보다 작은 남방 과일 식물. 甘蕉,
　巴苴라고도 하며 多年生草本植物.《南方草木狀》에 "甘蕉望之如樹, 樹大者
　一圍餘, 葉長一丈或七八尺, 廣尺餘二尺許"라 함.
【梔子】 치자.《全唐詩》에 '支子'라 하였으나 원문에는 '梔子'로 되어 있음.
　茜草科의 常綠灌木으로 여름에 흰 꽃이 핌. 향내가 짙으며 '木丹', '越桃'등
　으로도 불림. 염료용으로도 쓰임. 꽃에 花肉이 있어 이렇게 표현한 것임.

【疎糲】糲는 현미. 거칠고 조악한 쌀로 지은 밥을 의미함.

【煙霏】부유하는 안개나 내, 雲氣 따위.

【松櫪】소나무와 '櫪'은 '櫟'과 같음. 상수리나무. 殼鬪科의 落葉喬木.

【蹋】'踏'과 같음.

【風吹衣】다른 판본에는 '風生衣'로 되어 있음.

【局促】'偋促'으로도 표기하며 구속당하여 제대로 운신하지 못하는 상황을 의미하는 疊韻連綿語. 일부 본에는 '局束'으로 되어 있으며 역시 같은 의미와 표기법의 어휘임.

【羇】말의 재갈. '기'로 읽음. 말의 입에 묶어 조종할 수 있도록 한 장치. 남에게 구속을 받음을 뜻함.

【吾黨二三子】나와 뜻을 같이 하여 따르는 제자들이나 동료를 뜻함.《論語》公冶長篇에 "子在陳, 曰:「歸與! 歸與! 吾黨之小子狂簡, 斐然成章, 不知所以裁之.」"라 하였고, 述而篇에는 "子曰:「二三子以我爲隱乎? 吾無隱乎爾. 吾無行而不與二三子者, 是丘也.」"라 함.

【不更歸】陶淵明의 "歸去來兮, 田園將蕪胡不歸? 旣自以心爲形役, 奚惆悵而獨悲"의 의미를 암시함.

참고 및 관련 자료

1. 이는 德宗 貞元 17년(781) 7월 洛陽 북쪽 惠林寺에서 지은 것임.

2. 淸 東方樹의 《昭昧詹言》에 "不事雕琢, 自見精彩, 眞大學手筆. ……只是一篇遊記, 而敍寫簡妙, 猶是古文手筆, 他人數語方能明者, 此須一句, 卽全現出, 而句法復如有餘地, 此爲筆力"이라 함.

3. 韻脚은 微·飛·肥·稀·飢·扉·霏·圍·衣·羇·歸.

❀ 한유(韓愈: 768~824)

1. 唐代 최고의 古文家. 자는 退之. 河南 南陽(지금의 河南 孟縣) 사람으로 어릴 때 고아로 형수 鄭氏에 의해 성장함. 貞元 8년(792) 진사에 올라 吏部侍郎을 역임하여 '韓吏部'라 불림. 아울러 그의 郡望 昌黎(지금의 河北 徐水)의 지명을 따 '韓昌黎'라 불리며 시호에 따라 '韓文公'으로도 불림. 中唐 고문

운동의 영수였으며 '文以載道'를 주창하였다. 柳宗元과 병칭하여 '韓柳'로, 그리고 시는 孟郊와 병칭되어 '韓孟'으로 불림. 憲宗 때 불교를 반대하다가 潮州刺史로 폄직되기도 하였으며, 만년에 국자좨주(國子祭主)를 지내기도 함. 시호는 文. 그의 시와 문장은 웅장한 기세를 즐겨 썼으며 유가적 사유에 밝았음.《昌黎先生集》이 있음.《新唐書》(藝文志, 4),《郡齋讀書志》(卷4, 上)에는 모두《韓愈集》40卷이 著錄되어 있으며《全唐詩》에는 그의 詩 10卷(336~345)이 編輯되어 있고《全唐詩外篇》및《全唐詩續拾》에 詩 12首가 補入되어 있음. 그의 文章은 주로《全唐文》(22卷)에 실려 있으며《唐詩紀事》(卷34)에 관련 記錄이 실려 있음.《舊唐書》(160)와《新唐書》(176)에 전이 있음.

2.《唐詩紀事》(34)

○ 謹按: 公生於代宗大曆三年戊申.

○ 德宗貞元八年壬申, 是歲公登第, 年二十五. (中略)

○ 三年, 罷京兆尹, 爲兵部侍郎, 尋拜吏部侍郎.

○ 四年甲辰, 有〈南溪始泛〉詩, 是歲公以病罷吏侍, 故有『餘年諒無幾, 休日愴已晚』;『自是病使然, 非由取高騫』. 又有『足弱不能步, 自宜收朝蹟』之句. 十二月二日, 卒於靖安里, 年五十七.

3.《全唐詩》(336)

韓愈, 字退之, 南陽人. 少孤, 刻苦爲學, 盡通六經百家, 貞元八年, 擢進士第. 才高, 又好直言, 累被黜貶. 初爲監察御使, 上疏極論時事, 貶陽山令. 元和中, 再爲博士, 改比部郎中・史館修撰. 轉考功・知制誥, 進中書舍人. 又改庶子, 裴度討淮西, 請爲行軍司馬, 以功遷刑部侍郎, 諫迎佛骨, 謫刺史潮州, 移袁州. 穆宗卽位, 召拜國子祭酒・兵部侍郎, 使王廷湊. 歸, 轉吏部. 爲時宰所搆, 罷爲兵部侍郎. 尋復吏部, 卒. 贈禮部尙書, 諡曰文. 愈自比孟軻, 闢佛老異端, 篤舊卹孤, 好誘進後學. 以之成名者甚衆, 文自魏晉來, 拘偶對, 體一衰. 至愈, 一返之古, 而爲詩豪放. 不避麤險, 格之變亦自愈始焉. 集四十卷, 內詩十卷, 外集遺文十卷, 內詩十八篇, 今合編爲十卷.

4.《唐才子傳》(5) 韓愈

愈, 字退之, 南陽人. 早孤依嫂讀書, 日記數千言, 通百家. 貞元八年, 擢第. 凡三詣光範上書, 始得調. 董晉表署宣武節度推官. 汴軍亂, 去依張建封, 辟府推官. 遷監察御史, 上疏論宮市, 德宗怒, 貶陽山令. 有善政, 改江陵法曹參軍. 元和中, 爲國子博士・河南令. 愈才高難容, 累下遷, 乃作〈進學解〉以自諭. 執政奇其才,轉考功, 知制誥, 進中書舍人. 裴度宣尉淮西, 奏爲行軍司馬. 賊平, 遷刑部侍郎. 憲宗遣使迎佛骨入禁中, 因上表極諫. 帝大怒, 欲殺裴度·催羣力救, 乃貶潮州刺史. 任後上表, 陳情哀切, 詔量移袁州刺史. 召拜國子祭酒, 轉兵部侍郎·京兆尹兼御史大夫. 長慶四年卒.

◎ 公英偉間生, 才名冠世. 繼道德之統, 明列聖之心, 獨濟狂瀾, 詞彩燦爛, 齊·梁綺豔毫髮都捐. 有冠冕珮玉之氣, 宮商金石之音, 爲一代文宗, 使頹綱復振, 豈易言也哉! 固無辭足以贊述云. 至若歌詩累百篇, 而驅駕氣勢, 若掀雷走電, 撑決於天地之垠, 詞鋒學浪, 先有定價也. 時功曹張署亦工詩, 與公同爲御史, 又同遷謫, 唱答見於集中. 有詩賦雜文等四十卷, 行於世.

韓愈(768~824)

060

〈八月十五夜贈張功曹〉 ·························· 韓愈
팔월 보름밤에 장공조에게 드림

엷고 섬세한 구름 사방에 말아오니 은하수가 사라지고,
맑은 바람 불어오니 빈 하늘에 달빛이 물결처럼 퍼져가네.
모래가 평평하니 강물도 소리를 죽이고 그림자도 끊겼는데,
한잔 술 권하노니 그대는 의당 노래라도 불러야지.
그대 노랫소리는 시고 가사 또한 괴롭구려,
끝까지 다 듣지 못한 채 눈물이 비 오듯.

"동정호는 하늘로 이어졌고 구의산은 높이 솟아,
 교룡이 출몰하고 성성이와 날다람쥐 울부짖네.
 구사일생 고생하여 임지에 다다르니,
 깊숙한 거처는 적막하여 마치 도망쳐 숨을 곳인 듯,
 침상 아래는 뱀이 무섭고 먹을 밥은 독약이 두렵도다.
 바다 기운 습기와 벌레에 비린 냄새 풍겨나네.
 사면령이 내렸다고 어제 주부州府의 문에 큰북이 울렸으니,
 새로 등극하신 황제께서 기와 고요 같은 어진 신하 임용하리라.
 사면의 문서는 하루에도 천리 길을 달려왔으니,
 대벽의 큰 죄인도 죽음에서 제외되었다네.
 좌천을 당한 자도 모두 유배지에서 되돌아가,

흠을 씻고 때를 벗은 채 조정의 깨끗한 반열에 서게 되리.
그러나 주부에서 올린 우리 명단 관찰사가 억제하여,
불우한 우리 신세 단지 강릉으로 이송될 뿐이라네.
우리 받은 판사 벼슬이 너무 낮다 말도 못한 채,
먼지 속에 태장이나 면하면 그나마 다행.
함께 귀양 왔던 동료들은 모두 서울로 돌아가는데,
서울 장안 가는 길이 험난하여 따라잡기 어렵구나."

그대 그만 노래 쉬고 내 노래 들어다오.
지금 부를 내 노래는 그대와 크게 다르도다.
일 년 중 밝은 달은 오늘 밤이 으뜸이라.
사람의 삶이란 명에 달린 것이지 다른 것이 아니로다.
술 있으니 마시지 않고 저 밝은 달을 어이하리!

纖雲四卷天無河, 淸風吹空月舒波.
沙平水息聲影絶, 一杯相屬君當歌.
君歌聲酸辭且苦, 不能聽終淚如雨.
「洞庭連天九疑高, 蛟龍出沒猩鼯號.
十生九死到官所, 幽居黙黙如藏逃.
下牀畏蛇食畏藥, 海氣濕蟄熏腥臊.
昨者州前槌大鼓, 嗣皇繼聖登夔皐.
赦書一日行千里, 罪從大辟皆除死.
遷者追廻流者還, 滌瑕蕩垢淸朝班.
州家申名使家抑, 坎軻只得移荊蠻.

判司卑官不堪說, 未免捶楚塵埃間.
同時輩流多上道, 天路幽險難追攀.」
君歌且休聽我歌, 我歌今與君殊科.
一年明月今宵多, 人生由命非由他,
有酒不飲奈明何!

【八月十五日】 貞元 21년, 즉 永貞 元年(805) 8월 보름날.

【張功曹】 張署. 한유, 李方叔과 함께 남방으로 귀양을 갔던 인물. 韓愈의
〈唐故河南令張君墓誌銘〉에 "君諱署, 字某, 河間人, 擧進士, 拜監察御使, 爲幸
臣所讒, 與同輩韓愈・李方叔三人俱爲縣令南方, 三年逢恩俱從掾江陵"이라 함.
功曹는 벼슬 이름. 州府의 屬吏로 江陵의 功曹 벼슬을 받았었음.

【纖雲】 섬세하게 퍼진 구름.

【天無河】 밤 하늘에 엷은 구름이 덮여 은하수가 보이지 않음.

【月舒波】 달빛이 파도처럼 펼쳐짐.

【屬】 술을 권하며 노래를 청함. '屬'은 '囑'과 같음. 부탁함. 蘇軾의 〈赤壁賦〉에
'擧酒屬客, 擧匏樽以相屬'이라 함.

【辭且苦】 일부 본에는 '辭正苦'로 되어 있음.

【洞庭】 洞庭湖. 彬州의 북쪽에 있음.

【九疑】 '九嶷'으로도 표기하며 산 이름. 彬州의 서쪽에 있음. '蒼梧山'을 가리
키며 아홉 개의 봉우리가 솟아 있고 《水經注》湘水에 "異嶺同勢, 遊者疑焉"
이라 하여 九疑山(九嶷山)이라는 이름이 지어졌다 함. 虞舜이 남쪽을 巡狩
하다가 이곳에 이르러 죽어 묻혔으며, 그 두 妃 娥皇과 女英이 이곳을 찾아
물에 몸을 던져 순절했다 함. 지금의 湖南省 寧遠縣에 있음.

【蛟龍】 용의 한 종류. 동정호에 이 용이 산다고 믿었음.

【猩鼯】 猩猩이와 黃鼠狼. 鼯는 덩치가 큰 날다람쥐의 일종이라 함.

【十生九死】 '九死一生'과 같음.

【官所】 貶職되어 配置를 받은 임지. 韓愈는 山陽令(지금의 廣東 山陽)으로,
張署는 臨武令(지금의 湖南 臨武)으로 폄직되는 등 모두가 고통당하고
있음을 말함. 高步瀛의 《唐宋詩擧要》에 "貞元十九年冬, 退之與署同貶,

退之貶連州山陽令, 署貶彬州臨武令. 山陽, 今廣東屬縣; 臨武, 今湖南屬縣, 此詩所云官所, 在張爲臨武, 在韓爲連山"이라 함.

【下牀畏蛇食畏藥】 자리에서 내려오면 뱀이 무섭고, 음식에는 毒藥이 두렵다는 뜻임. 남방에는 파충류가 많아 마구 땅을 밟을 수 없으며, 蠱毒(일종의 균, 바이러스)이 많아 음식물을 마음 놓고 먹을 수 없음. 高步瀛의《唐宋詩擧要》에 方扶南의 말을 인용하여 "南方多蛇, 人多畜蠱, 以毒殺人"이라 하였고, 《文選》鮑照의 〈苦熱行〉 주에 顧野王의《輿地志》를 인용하여 "江南數郡 有畜蠱者, 主人行之以殺人, 行食飮中, 人不覺也. 其家絶滅者, 則飛游妄走, 中之則斃"라 함.

【濕蟄】 습기에 숨어 있는 벌레들을 말함.《洛陽伽藍記》에 "地多濕蟄, 攢育 蟲蟻"라 함.

【槌大鼓】 憲宗(李純)이 등극하고 사면령을 내려 어진 이를 등용하고자 전국 州府에 명령을 전달함. 당나라 때는 사면령이 내리면 州府의 門樓에서 북을 크게 울려 그 사실을 알리고 백관을 소집하였음.《新唐書》百官志에 "少府 監中尙署令, 赦日擊枹鼓千聲集百官"이라 함.

【嗣皇】 順宗(李誦)이 채 1년이 되지 않아 그 뒤를 憲宗(李純)이 이어 황제가 됨.《舊唐書》順宗紀에 "貞元二十一年正月丙申卽位, 二月甲子大赦"라 함.

【夔皐】 기(夔)와 고요(皐陶). 모두 舜의 훌륭한 신하. 夔는 樂官, 고요는 사법관 이 되어 순임금을 보좌함. 여기서는 賢臣을 대신하여 말한 것.

【赦書一日行千里】 다른 판본에는 '千里'가 '萬里'로 되어 있음. 사면령을 알리는 문서가 하루에 천 리 먼 곳까지 도달하였음. 매우 신속함을 뜻함. 실제 사면령이 내려진 것은 8월 초이므로 이 시에서 말한 보름은 불과 10일 남짓 사이에 한유가 있던 빈주에 알려진 것임. 彬州는《舊唐書》地理志에 의하면 "서울로부터 동남쪽 3천3백 리"라 하였음.

【大辟】 고대 五刑 중에 死刑에 해당하는 형벌. 永貞 元年(805) 8월 5일 조칙에 "天下死罪降從流, 流以下遞减一等"이라 하여 형을 감해 주었음.

【滌瑕蕩垢】 흠을 말끔히 씻어내고 때를 닦아 없애듯이 전날의 죄목을 용서 받음. 班固의 〈東都賦〉에 "於是百姓滌瑕蕩穢"라 한 말에서 유래됨.

【淸朝班】 새롭게 짜인 조정의 내각 반열에 서게 됨. 사면되어 복직됨을 말함.

【州家申名使家抑】 州府에서 보고하는 명단에 관찰사가 그대로 방치해 눌러 둔 채 시간을 끌며 처리해 주지 않음. 州家는 州府의 衙門. 使家는 觀察使의 衙門. 楊憑이 관찰사로서 한유와 장서의 사면에 대해 방해를 놓고 저지한

사실을 말함. 沈文起의 《韓集補注》에 "是時楊憑爲湖南觀察使"라 함.

【坎軻】'轗軻'"坎坷'등으로도 표기하며 길이 험하여 고통을 당함을 뜻하는 疊韻連綿語. 아주 불우하게 자신들의 사면 대상에 들지 못하고 대신 江陵으로 이첩됨을 말함.

【荊蠻】江陵을 가리킴. 당시 荊州는 江陵府 관할이었으며, 고대 楚나라 도읍 영(郢)으로 그 때문에 荊蠻이라 부른 것.

【判司】文書 비준을 주관하는 관리.《唐會要》(69)에 "乾元二年勅: 錄事參軍, 宜升判司一秩"이라 함. 韓愈가 江陵府의 法曹參軍이 되고 張署가 功曹參軍이 되었음을 말함. 方扶南의 《韓詩編年箋注》에 "永貞元年, 公爲江陵府 法曹參軍, 署爲功曹參軍, 此時雖未之任而官已定矣"라 함.

【捶楚】笞杖을 뜻함. 功曹參軍은 낮은 지위로써 笞杖을 맞기까지 함. 杜甫의 〈送高書記〉에 "脫身薄尉中, 始與捶楚辭"라 하였고 宋 蔡夢弼의 주에 "唐制: 參軍薄尉, 有過卽受苔杖之刑"이라 하였음. '楚'역시 나무로써 '牡荊'이라고도 하며 가지와 줄기가 억세어 이로써 笞杖의 도구로 삼았었음.

【天路】서울, 즉 천자가 있는 長安으로 돌아가는 길을 비유함.

【我歌今與君殊科】혹 '我今與君豈殊科'로 되어 있음. '殊科'는 '不同'과 같음. 다름. 차이가 있음의 뜻.

【人生有命】사람의 일생은 모두가 운명에 달려 있는 것임.《論語》顏淵篇에 "死生有命, 富貴在天. 君子敬而無失, 與人恭而有禮. 四海之內, 皆兄弟也"라 함.

【明】《全唐詩》注에 '一作月'이라 하여 '明月'의 뜻으로 보았음.

참고 및 관련 자료

1. 德宗 貞元 19년(803) 韓愈가 張署와 함께 남쪽으로 유배되었다가 21년 順宗(李誦)이 등극하자, 그해 2월 24일 두 사람 모두 사면을 받아 침주(郴州, 지금의 湖南)에 이르러 명을 기다렸음. 그러다가 8월 다시 李純이 憲宗으로 오르면서 천하에 대사면령을 내려 두 사람은 희망을 품고 기다렸으나, 湖南 觀察使 楊憑의 방해로 서울로 돌아가지 못하고 江陵(지금의 湖北 江陵)으로 이송되어 한유는 法曹參軍, 장서는 功曹參軍이 되는 것에 그치고 말았음.

2. 앞의 제7구 '洞庭連天九疑高'부터 뒤의 '天路幽險難追攀'까지는 張署가 읊은 시를 그대로 인용한 것임.

3. 이 일이 있고 나서 韓愈는 〈赴江陵途中〉에 "前日遇恩赦, 私心喜還憂. 果然又羈繫, 不得歸鋤櫌. ……區區法曹掾, 何處事卑陬. ……懸知失事勢, 恐自罹罝罦"라 읊었음.

4. 淸 程學恂은 "此詩料峭悲涼, 源出楚騷"라 함.

《全唐詩》의 이 시 제목 아래에는 "張功曹, 署也, 愈與署以貞元二十一年二月二十四日赦自南方, 俱從掾江陵, 至是俟命於彬而作是詩"라 함.

5. 韻脚은 河·波·歌, 苦·雨, 高·號·逃·膔·臯, 里·死, 還·班·蠻·間·攀, 歌·科·多·他·何'등 6번 換韻함.

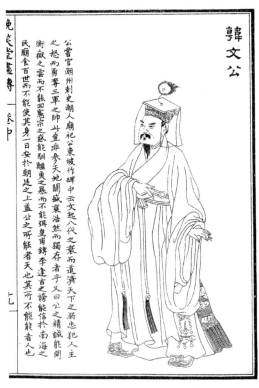

韓愈(768~824)《晚笑堂畫傳》

061

〈謁衡嶽廟遂宿嶽寺題門樓〉 .... 韓愈

형악 사당을 배알하고
드디어 악사에서 자며 문루에 글을 씀

오악에 오리는 제사, 삼공과 같은 등급의 대우로써,
사악은 네 방향에 자리 잡았고 숭산은 중앙에 우뚝하다.
남방 형악은 오행의 화火에 속한 산, 거친 땅 요괴스런 일도 많아
하늘이 그 산신에게 권한을 주어 이곳 전담하여 지키도록 하였네.
뿜어내는 구름과 쏟아내는 안개를 산허리 뱃속에 감추고 있어,
비록 최고봉이 있다지만 누가 능히 그 끝까지 다 가볼 수 있으랴?
내가 오던 이날 마침 가을비 오는 계절을 만나,
음산한 기운만 어둑어둑한 채 맑은 바람은 없구나.
마음 가다듬어 묵도를 드리니 마치 산신의 응험이 있는 듯,
신이 아니라면 어찌 능히 이렇게 감통할 수 있으랴?
잠깐 사이 고요히 구름을 쓸어내고 뭇 봉우리 드러내어
쳐다보니 우뚝 솟은 봉우리 푸른 하늘을 떠받치고 있네.
자개봉은 뻗어나가 천주봉에 이어졌고,
석름봉은 펄쩍 뛰어 축융봉을 내던져 뭉쳐 놓았네.
삼엄함에 혼백까지 놀라 말에 내려 경배하고,
송백 사이 오솔길로 영험한 사당으로 달려갔네.
분칠한 담장과 붉은 기둥은 광채를 드러내고,
불상과 벽화들은 울긋불긋 메워져 있네.

계단에 올라서서 몸을 구부려 포와 술을 바쳐 올리며,
조촐하나마 이로써 내 속마음을 밝히고자 하였네.
사당지기 노인은 신의 뜻을 알아채고,
눈을 부릅뜬 채 살피면서 허리 숙여 절을 하네.
그의 손에는 배교를 잡고 나를 도와 던진 다음,
점괘가 길하며 그 어느 것도 이에 비할 바 아니라 풀이해 주네.
남방 멀리 쫓겨온 몸 요행히도 살아남아,
의식도 겨우 해결되니 죽기까지 이렇게 삶을 마칠지라도 달게 여길 뿐.
왕후나 장상을 바라던 희망이야 오래전에 끊었으니,
신이 비록 날 위해 복을 빈다 해도 그런 공은 이루기 어려우리!
밤에 이 불사에 자기로 하고 높은 누각에 올라서니,
별도 달도 가려지고 구름만 몽롱하구나.
원숭이 울고 종소리 울리도록 새벽이 옴을 몰랐는데
밝고 밝게 동산에서 차가운 해가 떠오르네.

五嶽祭秩皆三公, 四方環鎭嵩當中.
火維地荒足妖怪, 天假神柄專其雄.
噴雲泄霧藏半腹, 雖有絶頂誰能窮?
我來正逢秋雨節, 陰氣晦昧無淸風.
潛心黙禱若有應, 豈非正直能感通?
須臾靜掃衆峰出, 仰見突兀撑靑空.
紫蓋連延接天柱, 石廩騰擲堆祝融.
森然魄動下馬拜, 松柏一徑趨靈宮.
粉牆丹柱動光彩, 鬼物圖畫塡靑紅.
升階傴僂薦脯酒, 欲以菲薄明其衷.

廟令老人識神意, 睢盱偵伺能鞠躬.

手持杯珓導我擲, 云此最吉餘難同.

竄逐蠻荒幸不死, 衣食纔足甘長終.

侯王將相望久絶, 神縱欲福難爲功!

夜投佛寺上高閣, 星月掩映雲瞳朧.

猿鳴鐘動不知曙, 杲杲寒日生於東.

【衡嶽】五嶽 중의 南嶽. 그 사당은 지금의 湖南 衡山縣 서쪽 30리 南嶽鎭에 있음.

【衡嶽廟】衡嶽의 산신을 모신 사당, 南嶽廟라고도 함.

【嶽寺】衡嶽廟를 말함.

【五嶽】동서남북과 중앙에 높고 영험한 산으로 고대 제왕이 숭배하여 제사를 지내던 곳. 漢宣帝 때에는 泰山을 東嶽, 華山(陝西省)을 西嶽, 天柱山(霍山, 安徽省)을 南嶽, 恒山(河北省)을 北嶽, 嵩山(河南省)을 中嶽으로 삼았었음. 그러나 隋代에는 衡山(湖南省)을 南嶽으로 고쳤으며 明代에는 恒山(山西省)을 北嶽으로하였음.《幼學瓊林》에 "東嶽泰山, 西嶽華山, 南嶽衡山, 北嶽恒山, 中嶽嵩山, 此爲天下之五嶽"라 함.

【祭秩】제사의 등급이나 규모. '秩'은 관직의 品等을 뜻함. 五嶽은 三公의 등급으로 간주하여 제사를 올렸음.

【三公】周나라 때의 관직으로 太師, 太傅, 太保였으며 漢나라 때는 大司馬, 大司徒, 大司空을 三公이라 하였음. 朝廷의 가장 높은 관직.《禮記》王制에 "天子祭天下名山大川, 五嶽視三公"이라 하였고, 唐나라 때는 五嶽에게 각기 王號를 주어 封하였으며 그중 南嶽 衡山은 司天王에 봉하였음.

【嵩】嵩山. 五嶽 중의 中嶽. 지금의 河南 登封縣 북쪽에 있으며 少林寺로 유명함.《史記》封禪書에 "昔三代之君, 皆在河洛之間, 故嵩高爲中嶽, 而四嶽各如其方"이라 함.

【火維】火는 五行의 남방을 뜻하며 색은 赤, 음은 치(徵), 五常으로는 禮에 해당하여 이렇게 부른 것. 유는 紀維, 綱維의 뜻. 기준과 벼리가 됨을 말함.

【地荒】 땅의 위치가 荒地임. 먼 남방, 蠻荒이라는 뜻.

【足妖怪】 족은 다의 뜻. 요괴한 일들이 많음. 많은 신화와 전설을 가지고 있으며 불가사의한 일이 많음을 비유함. 衡嶽의 신은 원래 祝融氏로 火神이며 제왕으로는 赤帝임.《南嶽記》에 "衡嶽下踞離宮, 攝位火鄕, 赤帝館其嶺, 祝融托其陽, 故號南嶽"이라 함.

【假】 빌려줌. 가탁함. 위임함. 위탁함.

【柄】 大權. 天帝가 남악의 신에게 그 곳의 영웅이 되어 전권을 행사할 수 있도록 함.

【噴雲】 구름을 내 뿜음. 운무가 산에서 피어오름을 말함.《春秋元命苞》에 "山者, 氣之包含所, 含精藏雲, 故觸石布山"이라 함.

【盡】 끝까지 다함. 산꼭대기까지 올라가 봄.

【節】 계절. 시절. 흔히 고대 24節期에 의해 때를 구분하여 節이라 함.

【正直】 신을 가리킴. 다른 해석에는 모두 한유의 품격이 정직함을 비유한 것이라 하였으나 이는 오류로 여김.《左傳》莊公 23년에 "神, 聰明正直而壹者也"라 함.

【靜掃】 맑은 바람이 소리 없이 운무를 거두어감.

【突兀】 갑자기 눈앞에 높은 산이나 건물 따위가 나타남을 표현하는 疊韻連綿語. 杜甫의 〈茅屋爲秋風所破歌〉에 "嗚呼何時眼前突兀見此屋, 吾廬獨破受凍死亦足"이라 함.

【紫蓋】 衡山의 봉우리 이름. 그 아래 부용, 石廩, 天柱, 祝融 등도 모두 형산의 높은 봉우리들임. 顧嗣立의 주에 인용된《長沙記》에 "衡山七十二峰, 最大者五: 芙蓉, 紫蓋, 石廩, 天柱, 祝融爲最高"라 함.

【騰擲】 펄쩍 뛰듯이, 혹은 냅다 던지듯이 산악이 펼쳐져 있음을 말함.

【魄動】 혼백이 놀라 요동침.

【鬼物】 사당 안에 그려진 벽화와 神像을 두고 한 말. 韓愈는 불교에 대한 부정적인 견해를 가지고 있었으므로 이렇게 말한 것임.

【傴僂】 허리가 굽어 구부정한 모습이나 곱사등이를 일컫는 疊韻連綿語. 여기서는 공경하는 태도를 보임을 말함.

【薦】 제물 따위를 바쳐 올림.

【非薄】 하찮은 물건. 제물이나 공물이 풍성하지 못함을 낮추어 하는 말. 雙聲連綿語.

【廟令】 사당지기. 唐나라 때는 五嶽과 四瀆(江, 河, 淮, 漢 네 개의 큰 강)의

사당에 각 묘령 1인을 두어 제사와 관리 등을 맡겼으며 正九品上에 해당함.
《新唐書》百官志에 "五嶽四瀆令各一人, 正九品上, 掌祭祠"라 함.

【睢盱】 눈을 반쯤 뜨고 어떤 일을 넌지시 살피는 상황을 표현하는 疊韻
連綿語.

【鞠躬】 허리를 굽혀 예를 표하는 것. 雙聲連綿語.

【杯珓】 盃珓, 玉珓라고도 함. 옥으로 만든 점치는 기구. 표주박을 반으로
가른 것처럼 만든 것으로 이를 공중에 던져 떨어져 엎어지거나 드러나는
모습을 보고 길흉을 판단함. 반쯤 보이도록 서면 가장 좋은 吉兆로 여겼다
함. 뒤에 土器, 玉, 큰 조개껍질(蚌殼), 혹 竹, 木 등으로 만들기도 함. 《演繁
露》에 "問卜於神, 有器名杯珓, 以兩蚌殼投空擲地, 觀其俯仰, 以斷休咎. 後人
或以竹, 或以木, 作如蛤形, 而中分爲二, 亦名杯珓"라 함.

【竄逐】 韓愈가 貞元 19년 올린 상소가 德宗의 비위를 건드려 陽山令으로
폄직되었으나 오히려 앞으로 좋은 결과를 얻게 될 것임을 점으로 풀이한
것임.

【幸不死】 사면령을 만나 江陵 法曹參軍으로 풀려남을 말함.

【夜投】 밤이 되어 衡嶽廟의 高閣 숙소에 듦.

【曈曨】 혹 '曈曨'으로 표기된 판본도 있으며 '朦朧'과 같음. 모두 아른아른
희미함을 뜻하는 疊韻連綿語.

【猿鳴鐘動】 새벽이 되어 원숭이가 울고 종소리가 울림. 잠을 제대로 이루지
못한 채 새벽을 맞았음을 말함.

【杲杲】 아침 해가 떠오른 밝은 모습을 말함.《詩》伯兮에 "其雨其雨, 杲杲
出日. 願言思伯, 甘心首疾"이라 함.

【寒日】 아직 아침이라 해가 떠도 매우 찬 기운이 돌고 있음을 말함.

┌─────────────────┐
│ 참고 및 관련 자료 │
└─────────────────┘

1. 順宗 永貞 원년(805) 韓愈가 침주(郴州)로부터 江陵 法曹參軍으로 부임
하면서 南嶽 衡山을 지날 때 지은 것으로 당시 한유 나이 38세 때임. 앞장을
참조할 것.

2. 方扶南《韓詩編年箋注》
公自郴至衡, 因謁南嶽, 故祭張署文云:「委舟湘流, 往觀南嶽.」

3. 清 劉熙載《藝概》

昌黎七古出於招隱士, 當於意思刻畫, 音節遒勁處求之.

4. 清 汪佑南《山涇草堂詩話》

首六句從五嶽落到衡嶽, 步驟從容, 是典制題開場大局面, 領起游意. '我來正逢'十二句是登衡嶽至廟寫景. '升階僂傴'六句敘事. '竄逐蠻荒'四句寫懷. '夜投佛寺'四句結宿意. 精警處在寫懷四句.

5. 清 潘德輿《養一齋詩話》

高心勁氣, 千古無兩

6. 韻脚은 公·中·雄·窮·風·通·空·融·宮·紅·衷·躬·同·終·功·朧·東임.

韓愈(768~824)《三才圖會》

062

〈石鼓歌〉 ·· 韓愈

석고를 노래함

장생이 직접 석고문 탁본을 가지고 와서,
나에게 〈석고가〉를 지어 보라 권하네.
두보도 죽고 이백도 가 버린 지금,
재주 없는 이 몸이 석고문을 어찌 지으리!
주나라 기강 서서히 허물어지고 사해가 들끓자,
선왕께서 분을 내어 천자의 무력을 휘둘렀네.
명당을 크게 열고 제후들의 조알을 받으시니,
복종한 제후들의 검과 패옥이 부딪혀 맑은 소리를 내었네.
기산 남쪽에서 가을사냥 열병에 웅준한 모습 드러내시니,
만리의 금수들이 한 그물에 막혀 걸려들었네.
이러한 공적과 성취를 새겨 만세에 전하고자,
돌을 파서 북 모양을 만들었으니 높은 산을 허물어 캐낸 돌일세.
선왕을 따르는 신하들 재주는 누구나 천하제일,
가리고 뽑아 글을 새겨 산기슭에 남겨두었네.
비에 젖고 볕에 쬐고 들불에 구워져도,
귀신이 수호하여 번거로움에 큰 소리로 버텨내었네.
장공 그대는 어디에서 탁본을 얻었는가?
털끝조차도 모두 다 갖추어 조금도 틀림이 없네.

글은 엄하고 뜻은 깊어 읽어도 알아보기 어려우며,
글씨체는 예서나 과두문도 닮지 않았네.
오랜 세월 어찌 능히 획 하나도 결락됨을 면했을까?
날카로운 칼날 아래 잘린 모습 교룡 같은 형체일세.
난새가 날고 봉황이 춤을 추어 뭇 신선들이 내려오듯,
산호와 벽옥의 나무가 서로 가지를 교차한 듯.
금으로 꼰 새끼줄이며 쇠로 만든 노끈에 무쇠 손잡이와 고리모습,
옛 구정이 물에서 솟아오르고 베틀 북이 용되어 날아가듯.
그러나 비루한 선비들이 《시경》을 편찬할 때 이를 싣지 못하여,
〈소아〉와 〈대아〉는 편이 좁아 제대로 수용하지도 못하였네.
공자께서 서쪽으로 행하실 때 진나라에는 이르지 못하셔서,
시경의 작품 중에 별들은 모아왔으나 해와 달 같은 이 작품은 놓쳤구나.
아, 나는 옛것을 좋아하되, 너무 늦게 태어난 것이 괴롭도다.
지금에야 이를 보니 두 눈에 펑펑 눈물이 쏟아지네.
지난날 생각하니 내 처음 박사가 되어 불려왔을 때,
그 해는 연호를 바꾸어 원화라 처음 불리던 첫해.
정여경께서는 종군하여 우부풍절도사가 되시어,
나를 위해 헤아리고는 북이 묻힌 곳 발굴하셨네.
그리하여 나는 관을 씻고 목욕하고 좨주 정여경에게 이렇게 아뢰었지.

"이와 같은 지극한 보물이 어찌 많을 수 있으리오!
두꺼운 털 담요를 깔고 감싼다면 가히 세울 수가 있을 것이며,
열 개의 돌북은 낙타 몇 마리면 실어 옮길 수 있으리니.
태묘에 이를 올려 바치면 옛날 고정郜鼎을 옮겼던 예에 비견되리니,
그 빛난 값이 어찌 차마 백 배 넘는 정도에 그치겠습니까?
임금께서 은혜를 내려 태학에 머무르도록 허락만 하신다면,
여러 선비 읽고 풀어 학문을 닦기에 그만일 것입니다.
옛날 홍도학사를 두고 석경을 세우자 구경꾼들이 길거리를 메웠으며
앉아서 온 나라의 인재들이 물결처럼 몰려듦을 볼 수 있었습니다.

이끼를 깎고 긁어내어 마디와 각도에 맞게 자획을 들어내고,
평탄한 곳에 안정되게 두어 기울어지지 않게 할지니.
큰 건물 깊은 처마에 덮개와 지붕을 씌우시면,
오랜 세월이 흘러도 별다른 문제가 없을 것입니다."

그런데도 조정의 대관들은 일에 능숙하건만,
어찌 감격하지도 긍정하지도 않은 채 한갓 망설이기만 하였는지?
만약 목동이 불을 놓고 소들이 뿔로 긁으면,
누가 다시 손을 대어 이를 만져 볼 수 있겠는가?
날로 삭고 달로 녹아 끝내 이것이 매몰된다면
육년 세월, 서쪽을 바라보며 소망한 것 헛된 신음되고 말리.
왕희지의 글씨는 예쁘다는 당시 유행을 타고,
종이 몇 장 쓰기만 해도 흰 거위와 바꿀 수 있었는데.
주나라를 이어 여덟 조대를 지나 이제 전쟁도 끝난 지금,
아무도 이 석고를 거두지 않는다면 천리가 어디에 있다는 말인가?
바야흐로 지금 천하가 태평하고 무사한 오늘에,
유교의 높은 교훈을 받들어 공자, 맹자를 숭상한다면서.
어찌 능히 이것으로써 거론의 반열에 올려놓고,
현하 같은 웅변을 빌려 논하기를 원하는가?
석고의 노래는 여기에서 그치지만,
아, 아무래도 내 뜻이 제대로 실행될 수 없을 것 같네!

張生手持石鼓文, 勸我試作石鼓歌.
少陵無人謫仙死, 才薄將奈石鼓何!
周綱陵遲四海沸, 宣王憤起揮天戈.
大開明堂受朝賀, 諸侯劍佩鳴相磨.

蒐于岐陽騁雄俊, 萬里禽獸皆遮羅.
鐫功勒成告萬世, 鑿石作鼓隳嵯峨.
從臣才藝咸第一, 揀選撰刻留山阿.
雨淋日炙野火燎, 鬼物守護煩撝呵.
公從何處得紙本? 毫髮盡備無差訛.
辭嚴義密讀難曉, 字體不類隸與蝌.
年深豈免有缺畫? 快劍斫斷生蛟鼉.
鸞翔鳳翥眾仙下, 珊瑚碧樹交枝柯.
金繩鐵索鎖鈕壯, 古鼎躍水龍騰梭.
陋儒編詩不收入, 二雅褊迫無委蛇.
孔子西行不到秦, 掎摭星宿遺羲娥.
嗟余好古生苦晚, 對此涕淚雙滂沱.
憶昔初蒙博士徵, 其年始改稱元和.
故人從軍在右輔, 爲我度量掘臼科.
濯冠沐浴告祭酒,「如此至寶存豈多!
氈包席裹可立致, 十鼓只載數駱駝.
薦諸太廟比郜鼎, 光價豈止百倍過!
聖恩若許留太學, 諸生講解得切磋.
觀經鴻都尚塡咽, 坐見舉國來奔波.
剜苔剔蘚露節角, 安置妥帖平不頗.」
大廈深簷與蓋覆, 經歷久遠期無佗.
中朝大官老於事, 詎肯感激徒嗟婀?
牧童敲火牛礪角, 誰復著手爲摩挲?

日銷月鑠就埋沒, 六年西顧空吟哦.

羲之俗書趁姿媚, 數紙尚可博白鵝.

繼周八代爭戰罷, 無人收拾理則那.

方今太平日無事, 柄任儒術崇丘軻.

安能以此上論列, 願借辯口如懸河?

石鼓之歌止於此, 嗚呼吾意其蹉跎!

【石鼓】 북처럼 생긴 石物의 고대 유물로 大篆
體의 글씨가 새겨져 있음. 唐나라 초 貞觀
연간 陝西 天興(지금의 鳳翔) 남쪽 20리에서
발견되었으며, 처음에는 '獵碣'이라 불렸으나
북처럼 생겨 韋應物, 韓愈가 각기 〈石鼓歌〉을
지음으로써 뒤에 비로소 '石鼓'라는 명칭으로
굳어지게 되었음. 모두 열 개이며 높이는 각기
1m 정도. 전혀 역사에 기록이 없어 구체적으로
알지 못하였음.《元和郡縣志》에 "關內道鳳翔府

石鼓

天興縣: 石鼓文在縣南二十里許, 石形如鼓, 其數有十. 蓋紀周宣王畋獵之事,
其文卽史籀之迹也. 貞觀中史部侍郎蘇勗紀其事云:「虞(世南)·褚(遂良)·歐陽
(詢)共稱古妙」라 함. 한편 歐陽修의《集古錄》(1) 〈石鼓文〉條에 "石鼓文在岐陽
(지금의 陝西 岐山 남쪽), 初不見稱於前世, 至唐人始盛稱之. 而韋應物以爲周
文王之鼓, 至宣王刻詩爾. 韓退之直以爲宣王之鼓, 在今鳳翔孔子廟. 鼓有十,
先時散棄於野, 鄭餘慶始置於廟, 而亡其一. 宋皇祐四年, 向傳師求於民間得之,
十鼓乃足. 其文可見者四百六十五, 磨滅不可識者過半, 然其可疑者三四"라 함.
이에 宋 王厚之의 〈石鼓文跋〉에도 역시 처음 발견 당시 교외에 방치되어
있었으며, 한유가 이를 太學으로 옮길 것을 청하였으나 조정에서 허락하지
않았으며, 뒤에 鄭餘慶이 鳳翔의 孔子廟로 옮겨 안치했으나 五代의 혼란
중에 다시 흩어졌다가 宋代 司馬池가 鳳翔府 知事가 되어 다시 이를 수습,
鳳翔府의 府學 처마에 옮겨놓았으며, 그때 이미 하나가 사라지고 없었다 함.

다시 宋 仁宗 皇祐 4년(1052) 向傳師가 사라졌던 하나를 민가에서 찾았으나
이미 훼멸된 채 절구로 사용하고 있었다 하였음. 이어서 北宋이 망하고
남쪽으로 옮겨간 뒤 金나라가 이를 燕京(北京)으로 옮겼으며, 元·明·淸을
거쳐 계속 북경의 國子監에 안치하였다가 지금은 北京故宮博物館에 소장
되어 있음. 10개의 石鼓는 각기 四言體의 詩가 大篆體(籀文)로 새겨져 있으며
全文은 약 700자가 넘으나 지금은 200여 자만 남아 있음. 내용은 "我車旣攻,
我馬旣同. ……我車旣好, 我馬旣駒. 君子負獵, 負獵負游. 麋鹿速速, 君子之求"
라 하여 주로 漁獵의 행사를 頌揚한 韻文임. 제작 연대에 대해서는 각기
이설이 있어 韓愈는 周 宣王이 새긴 것이라 하였고, 혹은 宣王의 신하인
史籀의 작이라 여기기도 하였으나, 宋代 鄭樵는 이미 秦 昭王(B.C.306~
B.C.251 재위) 때 제작된 것으로, 周 赧王 27년(B.C.288)부터 29년(B.C.286)
전이라 주장하였음. 그러나 지금 많은 학자들은 秦나라 때의 金石碑刻
文辭를 근거로 校閱한 결과 秦代의 문장이라 考證하였으며, 구체적으로
춘추시대 秦 襄公(B.C.777~B.C.766 재위) 前後로 보고 있으며 이에 따라
'秦鼓'라 부르기도 함. 글자는 南宋 때 이미
거의 마멸되어 알아볼 수 없을 정도이나,
北宋 때 〈先鋒〉·〈中權〉·〈後勁〉 등 세
탁본이 日本으로 건너갔으나 지금은 그
행방을 알 수 없다 함. 郭沫若의 〈石鼓文
硏究〉에 이 세 탁본의 사진이 실려 있으며
이것이 유일한 진본 사진임. 이는 文字學
의 古文字 대전 연구에 귀중한 자료이며,
동시에 書藝界에도 큰 영향을 미쳤음.

石鼓文(大篆) 拓本

【歌】詩體의 한 장르.《文體明辨》에 "其放情長言, 雜而無方者曰歌"라 함.

【張生】張籍(786~830). 자는 文昌, 和州 烏江(지금의 安徽 和縣) 사람. 혹 蘇州
사람이라고도 함. 唐 德宗 貞元 15년(799) 진사에 올라 元和 초에 西明寺
大祝이 되어 10년 동안 승진을 하지 못하였음. 50세에 이르자 안질이 생겨
고통을 겪기도 함. 孟郊의 소개로 韓愈를 알게 되었으며 한유의 추천으로
國子博士를 거쳐 水部員外郞에 오름. 唐 文宗 太和 2년(828)에는 國子司業을
역임하여 그를 張水部, 혹 張司業이라 부름. 그러나 다른 해석본에는 韓愈의
제자인 張徹이라 보기도 함.

【少陵】杜甫를 가리킴. 일찍이 長安의 少陵原에 살아 號가 되었음.

【謫仙】李白. 이백의 〈對酒憶賀監詩序〉에 "太子賓客賀公於長安紫極宮, 一見余, 號余爲謫仙人"이라 하여 賀知章이 처음 이백을 '謫仙人'이라 불렀음. 이 구절은 李白은 762년에, 杜甫는 770년에 삶을 마쳐 韓愈(768년 출생)가 이 시를 쓸 때는 李白과 杜甫는 모두 세상에 없었음을 말함.

【周綱】西周 말기 厲王의 실정으로 주나라 綱領이 쇠미하여 제구실을 못함.

【凌遲】'陵遲'와 같음. 衰落함. 원래의 뜻은 '천천히 흐르는 시간의 경과'를 의미하는 말이었음. 《說苑》政理篇에 "夫一仞之牆, 民不能踰, 百仞之山, 童子 升而遊焉, 陵遲故也! 今是仁義之陵遲, 久矣, 能謂民弗踰乎?"라 함. 여기서는 천하가 動蕩하여 周나라가 쇠미해짐을 말함. 鄭玄의 〈詩譜序〉에 "後王稍更 陵遲, 厲也・幽也, 政敎尤衰, 周室大壞"라 함.

【宣王】西周 말 厲王의 太子이며 이름은 姬靜. B.C.827~B.C.782년까지 46년 간 재위함. 厲王이 무도하게 굴어 백성의 난으로 彘로 도망하여 찾을 수 없게 되자, 14년간 共和政治를 거쳐 召公의 집에 은신하고 있던 姬靜을 찾아 왕으로 세웠으며 이가 宣王임. 《史記》周本紀에 "宣王卽位, 二相輔之, 修政, 法文武成康之遺風, 諸侯復宗周"라 하여 선왕은 중흥을 꾀했으나, 뒤를 이은 幽王이 다시 무도하게 굴다가 결국 西周가 망하였으며, 平王(姬宜曰)이 洛邑으로 도읍을 옮겨 東周로 이어짐.

【天戈】天子의 武威. 주나라는 종주국으로써 천하의 기강을 바로잡고자 하였음을 말함.

【明堂】고대 帝王이 政敎를 선포하거나 나라의 큰 儀典을 거행하기도 하고 제후를 접견하기 위한 건물로, 뒤에 宮室이 완비되고 나서도 서울 동남 교외에 明堂을 설치하여 옛 제도를 이어감. 《禮記》明堂位 참조.

【劍佩】제후들의 의전 복장. 칼을 차고 鳴玉을 다는 예복.

【蒐】蒐는 천자의 가을 사냥으로 熱病을 위한 것임. 《左傳》隱公 5년에 "故 春蒐・夏苗・秋獮・冬狩, 皆於農隙以講事也. 三年而治兵, 入而振旅. 歸而飮至, 以數軍實. 昭文章, 明貴賤, 辨等列, 順少長, 習威儀也"라 하였고, 《公羊傳》 桓公 4년에는 "公狩于郎, 狩者何? 田狩也. 春曰苗. 秋曰蒐. 冬曰狩"라 함. 《司馬法》人本篇에도 "故國雖大, 好戰必亡; 天下雖安, 忘戰必危. 天下旣平, 天下大愷, 春蒐秋獮; 諸侯春振旅, 秋治兵, 所以不忘戰也"라 함.

【岐陽】岐山에서 남쪽. '陽'은 山南江北曰陽이라 함. 지금의 陝西省 扶風縣 서북쪽으로 주나라의 發祥地. 그러나 《左傳》昭公 4년에 의하면 이는 成王의 일로 되어 있으며, 韓愈는 이를 宣王의 일로 여긴 것임. 《詩經》車攻의

"我車旣攻, 我馬旣同"은 〈석고문〉의 첫 구절과 같으나 〈攻車篇〉은 宣王이 畋獵을 노래한 것은 맞으나, 그 장소는 東都(洛邑)로써 여기서의 岐陽과는 맞지 않음.

【遮羅】가로막고 모두를 망라함.

【鐫功勒成】功績과 成就를 돌에 파고 새김. '勒'은 돌에 글씨를 새겨 기록함을 말함.

【隳(휴)】허물어짐. 파괴됨. 높은 산을 허물어 돌을 채취함.

【嵯峨】산이 높은 모습을 표현하는 疊韻連綿語. 여기서는 거대한 山石을 뜻함.

【撝呵】세차게 소리를 질러 떨쳐 일어남. '撝'는 '揮'와 같음.

【紙本】石鼓文의 拓本을 말함.

【隷與蝌】隷書와 蝌蚪文. 隷書는 秦나라에서 시작되어 漢나라 때 크게 통용된 글씨. 《漢書》藝文志에 "(秦)始造隷書矣. 起於官獄多事, 苟趨省易, 施之於徒隷也"라 하였고, 《說文解字敍》에는 "是時, 秦燒滅經書, 滌除舊典, 大發隷卒, 興役戍, 官獄職務繁, 初有隷書, 以趨約易"이라 하였으며, 張懷瓘《書斷》에는 "隷書者, 秦下邽人程邈所造也, 邈字元岑, 始爲衛吏, 得罪始皇, 幽繫雲陽獄中, 覃思十年, 益大小篆方圓而爲書三千字奏之. 始皇善之, 用爲御史, 以奏事繁多, 篆字難成, 乃用隷書以爲隷人佐書, 故名隷書"라 함. 대표적인 비문으로는 〈禮器碑〉·〈張遷碑〉·〈韓仁銘碑〉·〈石門頌〉·〈曹全碑〉·〈華山碑〉·〈乙瑛碑〉·〈熹平石經〉 등이 있음. 한편 蝌蚪文은 先秦시대 大篆體의 일종이며 먹·종이·붓 등 필기도구가 발달하지 않아 먹은 옻즙으로, 종이는 비단이나 대나무(죽간)로 붓은 대나무를 뾰족하게 깎아 사용하여 옻즙의 강한 점성과 竹筆의 경직성 때문에 획의 시작은 거칠고 끝은 가늘어 올챙이 모양이 되어 '과두문'이라 부르게 된 것이며, 옻즙으로 썼다 하여 '漆書'로도 불림. 특히 漢 武帝 때 魯 共王이 자신의 궁실을 넓히고자 孔子 舊宅을 허물다가 벽에서 나온 經書 및 張敞이 獻書한 책은 이 글씨로 되어 있어 '古文體'라 부르기도 함. 《後漢書》盧植傳의 "古文蝌蚪"注에 "古文, 謂孔子壁中書也, 形似蝌蚪, 因以爲名"이라 하였고 《晉書》束晢傳에는 "蝌蚪者, 周時古文也, 其頭粗尾細, 形似蝌蚪, 故名焉"이라 하였으며, 元吾衍은 "上古無筆墨, 以竹挺點漆書竹上, 竹硬漆膩, 書不能行, 故頭粗尾細, 似其形耳"라 하였고, 《水經注》에는 "古文出於黃帝之世, 倉頡本鳥迹爲字. 秦用篆書, 焚燒先典, 古文絶矣. 魯共王得孔子宅書, 不知有古文, 謂之蝌蚪"라 함.

【斫斷】뚝 잘라 버림. 이 때문에 석고문의 이러한 아름다움을 '截釘美'라고도
함. 일부 판본에는 '砍斷'으로 되어 있음.

【蛟鼉】모두 神異한 용의 일종. 타는 鰐魚의 일종으로 鼉龍·猪婆龍·揚子鰐
으로도 불림.

【鸞翔鳳翥】'鸞鳳이 춤을 추다'의 뜻으로 筆勢의 뛰어남을 표현한 것. '翥'는
'飛'와 같음. 章燮 注에 "其狀活潑也"라 함.

【珊瑚碧樹】진귀한 것을 다 모았음을 말함. 章燮 注에 "其狀珍重也"라 함.
《漢武故事》에 무제가 神屋을 지으면서 앞에 옥으로 나무 형상을 만들어
심고, 珊瑚로 가지를 만들었으며 碧玉으로 잎을 만들어 장식하였다 함.

【金繩鐵索】석고문의 기세가 굳고 강함을 뜻함.

【鎖鈕】鐘鼎의 고리 부분.

【古鼎躍水】《水經注》泗水에 周 顯王 42년 九鼎을 泗水에 빠뜨렸는데, 뒤에
秦始皇 때 이 구정이 드러나자 수천 명을 파견하여 철사줄로 이를 묶어
끌어올리자, 교룡이 나타나 그 줄을 끊어 버려 다시 가라앉았다는 고사를
원용한 것으로 보임. 章燮 注에 "狀其遒勁也"라 함.

【龍騰梭】'梭'(사)는 베를 짤 때 사용하는 북.《晉書》陶侃傳에 "侃少時漁於
雷澤, 網得一織梭, 掛於壁, 有頃, 雷雨化爲龍而去"라 함. 章燮 注에 "狀其剛
健也"라 함.

【二雅】《詩經》의 大雅와 小雅. 여기서는 범위가 좁아 宣王의 이〈石鼓文〉
시를 싣지 않았음을 말함.

【委蛇】'위이'로 읽음. 넓고 포용성이 있으며 自得한 모습을 표현하는 雙聲
連綿語. 그러나《詩經》召南〈羔羊〉의 '委蛇委蛇'에 대하여 顧炎武는
"委蛇之蛇, 音徒何反; 亦作佗"라 하여 도리어 '위타'로 읽도록 하였음.

【掎撫】채집하여 수습함. 공자가 서쪽 秦나라 지역까지 가지 않아《詩經》
을 정리할 때 이〈석고문〉을 미처 보지 못하였다는 뜻임.

【羲娥】羲는 羲和, 娥는 嫦娥(姮娥)를 가리킴. 羲和는 해를 관장하는 日神
이며, 姮娥는 달을 관장하는 月神. 자질구레한 별(《詩經》작품)은 주워
모으면서 가장 중요한 해와 달(石鼓文의 시)은 거두지 못하였음. 孔子가
《詩經》을 編定함에〈石鼓文〉을 빠뜨렸음을 말함.

【滂沱】'눈물을 펑펑 쏟아내다'의 連綿語.

【博士徵】憲宗 元和 원년(806) 6월 韓愈가 江陵法曹參軍에서 京兆의 國子
博士로 불려가게 되었음.《舊唐書》韓愈傳에 "元和 初, 召爲國子博士"라

하였으며, 唐나라 太學에서 國子監의 여러 博士들을 敎授하는 官吏가 되었음

【元和】唐 憲宗(李純)의 연호. 806~820년까지 15년간임.

【右輔】右扶風. 鳳翔府를 가리킴. 漢나라 때 서울 長安을 셋으로 나누어 京兆와 右扶風, 左馮翊으로 하여 三輔라 하였으며 당나라의 鳳翔은 바로 右扶風에 해당하는 지역이었음. 鄭餘慶이 鳳翔節度使가 되어 韓愈와 석고문의 문제를 해결하기 위하여 나섰음.

【臼科】石鼓가 발견된 구덩이. '臼'는 '窠'와 같으며 '科'는 물체가 차지하고 있던 공간을 뜻함. 여기서는 둘을 묶어 雙聲連綿語로 사용함과 아울러 韻을 맞춘 것임.

【濯冠沐浴】복장을 단정히 하고 몸을 깨끗이 씻음. 윗사람에게 보고하는 자세를 말함. 韓愈가 정중하게 鄭餘慶에게 石鼓의 문제를 보고함. 《禮記》 禮器篇에 "浣衣濯冠而朝"라 함.

【祭酒】'좨주'로 읽으며 관직 이름. 國子監의 우두머리. 여기서는 구체적으로 鄭餘慶을 가리킴. 《唐六典》에 "國子監祭酒一人, 從三品, 掌邦國儒學訓導之 政令. 按鄭餘慶於元和元年罷相, 九月任國子祭酒"라 함.

【諸】'之於', 혹 '之乎'의 合音字. '~에'의 용법.

【太廟】帝王의 先代 위패를 모신 사당.

【郜鼎】춘추시대 郜國의 鼎. 郜는 지금의 山東 祁縣 서쪽에 있던 제후국으로 周 文王의 庶子가 봉해졌던 나라이며 宋나라에게 망하였음. 《左傳》桓公 2年에 "四月, 取郜大鼎于宋, 戊申, 納于大廟"라 함.

【太學】나라의 최고 學府. 唐代에는 國子監 아래에 太學·國子學·西門學 등 七學을 두고 있었음.

【切磋】닦고 연마함. 《詩經》淇奧篇에 "如切如磋, 如琢如磨"라 하여 學問을 修行함이 옥기를 제작하는 과정과 같음을 말함.

【觀經】經은 漢나라 때 세운 熹平石經을 말함. 《後漢書》靈帝紀에 의하면 東漢 靈帝 熹平 4년(175) 蔡邕이 經書의 문자를 비문에 새겨 太學門 앞에 세우기를 청하여, 채옹이 붉은 글씨로 새겼으며 이것이 지금의 熹平石經임. 이는 古今文의 분쟁을 막기 위한 것이었으며 蔡邕이 古文, 小篆, 隷書 三體로 太學門 밖에 돌에 五經의 經文을 새긴 것이며 경문의 통일은 물론, 正統 漢隷를 완성한 서예작품이기도 함. 한말 董卓의 난과 서진 永嘉之亂 때에 많이 소실되었다가, 그 후 洛陽에서 鄴縣으로 다시 洛陽, 長安 등

으로 옮겼으며 民國 이후에 殘片이 출토됨.《水經》穀水注에 "蔡邕等奏求
正定六經文字, 靈帝許之. 邑乃自丹書於碑, 使工鐫刻, 立於太學門外. 及碑始立,
其觀視及筆寫者, 車乘日千餘輛, 塡塞街陌矣"라 함.

【鴻都】鴻都門.《後漢書》靈帝紀에 "光和元年二, 始置鴻都門學士"라 하여
鴻都門學士를 두었던 것과 熹平石經을 세운 일이 연관이 있음을 말함.
홍도문은 동한 洛陽의 北宮門이며 太學과 書庫가 그 안에 있었음.

【塡咽】목구멍을 메우듯이 熹平石經을 구경하러온 사람들이 모여들어 길을
메움.

【來奔波】나라의 인재들이 학문에 뜻을 두어 물결처럼 몰려들어옴.

【剜苔剔蘚】苔와 蘚은 모두 石鼓에 긴 이끼와 잡티. 剜과 剔은 긁어내어
말끔하게 함.

【節角】石鼓文字의 筆畫이 方正하고 뾰족한 모퉁이와 구부러진 부분.

【無佗】無他와 같음. 틀림이 없음.

【六年西顧】이 일을 하느라 정여경이 세월을 보냄. 여기서는 鄭餘慶의 활동을
칭송한 것. 그는 元和 원년 5월 太子賓客으로부터 9월 國子祭酒, 이듬해
河南尹을 거쳐 원화 9년 宰相職에서 물러나 鳳翔節度使가 되어 석고를
孔廟로 옮기는 등 노력을 아끼지 않음. 西顧는 鳳翔이 長安 서쪽에 있음을
말한 것.

【婑婀】의심하여 망설이며 결정하지 못하는 모습을 표현하는 雙聲連綿語.

【摩挲】손으로 어루만지며 사랑하여 차마 손을 떼지 못함. 疊韻連綿語.

【羲之】王羲之. 생졸 연대는 각각의 주장이 달라 321~379, 혹 303~361,
혹 309~365로 보고 있음. 자는 逸少. 琅琊 臨沂(지금의 山東省) 사람으로
주로 會稽 山陰(지금의 浙江省 紹興)에 살았으며 벼슬이 右軍將軍, 會稽
內史 등을 역임하여, 흔히 "王右軍"으로 불림. 어린 나이에 衛夫人에게
글씨를 배웠으며 뒤에 前代 각가의 墨跡을 두루 섭렵하였으며, 특히 張芝와
鍾繇의 글씨를 정밀히 익혀 漢魏의 樸實한 서풍을 근거로 다시 姸美하고
流便한 今體를 창조하였음. 그리하여 草書, 正書(楷書), 行書 등에 고르게
뛰어난 재질을 발휘하여 書藝史上「繼往開來」의 공헌을 한 것으로 널리
평가받고 있음. 그의 서법은 역대 서학의 전형으로 지금도 칭송되고 있으며
『書聖』으로 추앙됨. 지금 전하는 墨跡 摹本으로는 〈蘭亭序〉·〈快雪時晴〉·
〈喪亂〉·〈孔侍中〉·〈奉橘〉·〈二謝〉 등의 帖이 있으며, 刻本으로는 〈樂毅論〉·
〈蘭亭序〉·〈十七帖〉 등이 유명함.《晉書》권80에 傳이 있으며, 그 외에

그에 관한 評傳으로는 朱傑勤의《王羲之評傳》(1948)이 널리 알려져 있음. 여기서는 그의 글자는 當世에 통행하는 俗體로 勢가 빼어나게 예쁘지만, 그 글자는 흰 거위 한 마리와 바꿀 수 있다는 말.《晉書》王羲之傳에 "羲之性愛鵝, 山陰有一道士, 養好鵝. 羲之往觀焉, 意甚悅, 固求市之. 道士云: 「如寫《道德經》, 當擧群相贈耳.」 羲之欣然, 寫畢, 籠鵝而歸"라 함.

【俗書趁姿媚】"왕희지의 글씨는 이 석고문의 글씨에 비하면 俗體에 불과하지만 그래도 그 글씨가 예쁘다는 당시 시세를 타고"의 뜻임.

【八代】秦·漢·魏·晉·北魏·北周·隋·唐을 가리킴. 혹 秦, 漢, 晉, 宋, 齊, 梁, 陳, 隋를 가리키기도 함.

【理則那】'那'는 '哪'와 같으며 '何'의 뜻. '天理가 어디에 있다는 것인가?'의 뜻.

【丘軻】孔丘와 孟軻. 유가의 대표적 성인.

【懸河】懸河之辯. 벼랑에서 물을 쏟아 붓듯이 시원하게 끝없이 말을 잘함을 비유함.《世說新語》言語篇에 "郭子玄語如懸河瀉水, 注而不竭"이라 하였고, 《晉書》郭象傳에는 "太尉王衍每云:「聽象語如懸河瀉水, 注而不竭.」"이라 하여 당시의 '懸河瀉水'의 성어로 널리 쓰였으며 '卷霧懸河'등의 고사가 생겨남. 이 구절은 "석고를 안치하는 문제는 거론할 필요조차 없는데도 말을 잘하면 되는 것처럼 되었는가?"하는 탄식의 뜻이 들어 있음.

【蹉跎】넘어짐. 찔뚝거림을 표현하는 疊韻連綿語. 좌절하거나 실현해 내지 못함을 말함.

> ### 참고 및 관련 자료

1. 韓愈는 이 시를 통해 石鼓의 유래를 고증함과 아울러 石鼓文의 학술적 가치와 예술성을 밝히고자 한 것임.

2. 淸 東方樹의《昭昧詹言》에 "一段來歷, 一段寫字, 一段敍初年已事, 抵一篇傳記, 來敍夾議, 容易解. 但其字句老練, 不易及耳"라 함.

3. 淸 趙翼의《甌北詩話》에는 "河嘗有一語奧澀, 而磊落豪橫, 自然挫籠萬有. ……昌黎自有本色, 仍在文從字順中, 自然雄厚博大, 不可捉摸, 不專以奇險見長, 恐昌黎亦不自知, 後人平日讀之自見, 若徒以奇險求昌黎, 轉失之矣"라 함.

4. 韻脚은 歌·何·戈·磨·羅·峨·阿·呵·訛·蝸·鼉·柯·梭·蛇·娥·沱·和·科·多·駝·過·磋·波·頗·佗·婀·撾·哦·鵝·那·軻·河·跎.

吳昌碩 石鼓文 臨本

063
〈漁翁〉 ································· 柳宗元

어옹

늘은 어부 밤이 되자 상강 서산 바위 곁에서 잠을 자더니,
새벽이 되자 상강 맑은 물 길어다 초 땅 대나무로 불을 지피네.
연기 사라지고 해가 떠오르자 사람은 보이지 않고,
영차 하고 노 젓는 한마디 소리에 산과 물이 푸르러지네.
머리 돌려 아득히 하늘 끝 바라보며 중류로 내려가고 나니,
그가 자고 간 서산 바위 위에는 흰 구름만 무심히 서로를 좇네.

漁翁夜傍西巖宿, 曉汲淸湘燃楚竹.
煙銷日出不見人, 欸乃一聲山水綠.
廻看天際下中流, 巖上無心雲相逐.

【西巖】西山. 永州城(지금의 湖南 零陵)의 湘江 서쪽 언덕에 있음. 柳宗元의
〈始得西山宴遊記〉가 있음.
【淸湘】맑은 湘江이라는 뜻. 《湘中記》에 "湘水至淸, 水深五六丈, 見底"라 함.
零陵(永州)은 湘水과 瀟水가 합류하는 곳임.
【楚竹】영릉은 남방 고대 초나라 지역이었으므로 이렇게 표현한 것.

【欸乃】원래 노 저을 때 힘을 내며 내는 소리를 音寫한 것으로 '曖迺', '靄迺', '襖欸'등으로도 표기함. '아이나이'의 疊韻連綿語로 우리의 '영차', '으랏차'와 같음. 唐代 상중의 民歌로 〈欸乃曲〉이 있음. 《全唐詩》와 章燮 注本에는 모두 '款乃'로 잘못 표기되어 있음. 《御製詞譜》에 "欸乃之聲, 或如唐人唱歌和聲, 所謂號頭者, 蓋逆流而上, 棹船勸力之聲也. 今江南棹船有棹歌, 每歌一句, 則群和一聲, 猶見遺意, 欸乃二字, 乃人聲, 或注作船聲者非"라 하였으며, 吳見思의 《歷代詩話》(庚集, 四)에는 "升庵(楊愼)以爲欸音靄, 乃音襖, 是也"라 함.

【廻看】'回看'으로도 표기하며 배가 중류에 이르렀을 때, 西巖을 돌아보면 마치 하늘 끝 저쪽에 있는 것과 같음.

【無心】陶淵明의 〈歸去來辭〉에 "雲無心而出岫, 鳥倦飛而知還"라 함.

☐ 참고 및 관련 자료

1. 永貞(順宗 李誦. 805) 개혁에 1년도 되지 않아 실패하고 憲宗(李純)이 즉위하자, 柳宗元은 永州司馬(永州는 지금의 湖南 零陵)로 폄직되고 말았음. 이는 이때에 영주에서 지은 것임.

2. 宋 蘇東坡는 "詩以奇趣爲宗, 反常合道爲趣, 熟味此詩有奇趣"라 함.

3. 明 王文祿은 "氣淸而飄逸"이라 함.

4. 韻脚은 宿·竹·綠·逐.

柳柳州(宗元) 《晩笑堂畫傳》

064

〈長恨歌〉 ·· 白居易

장한가

한나라 황제 색을 중히 여겨 경국지색을 만났으면 하되,
천하를 다스린 지 여러 해가 되도록 찾아내지 못하였네.
양씨 집안에 딸이 있어 이제 막 자라 어른이 되었으나,
깊은 규방에서 길러지느라 남들이 알아보지 못하였네.
하늘이 내린 아름다운 바탕은 스스로도 버리기가 어렵나니,
하루아침에 뽑혀 임금 곁에 있게 되었네.
눈웃음 한번 치면 백 가지 교태로움이 생겨나니,
후궁의 분바르고 눈썹 칠한 미녀들 얼굴 드러낼 자 더 이상 없네.
봄 날 쌀쌀할 때 임금께서 화청지 온천에 목욕함을 내려주니,
온천물 매끄러워 굳기름같이 흰 살을 씻겨주네.
시녀 어린 계집이 부축하여 일으키자 교태 때문에 힘이 없는 듯,
이로부터 비로소 임금의 새로운 은총을 입을 때로다.
구름모습 트레머리 꽃 같은 얼굴에 머리에는 금보요로,
부용 장막 따뜻한 속에 봄밤을 보내노라.
봄밤 괴롭도록 짧아 해가 높아야 일어나니,
이로부터 임금님은 아침 조회를 일찍 열지 못한다네.
임금에게 기쁨 받아주고 잔치 모시기에 한가할 틈이 없어,
봄이면 봄놀이요, 밤이면 오직 밤을 따라 모시네.

후궁의 아름다운 미녀들 삼천 명이나 되건만,
삼천 명이 받을 총애 그 한 몸에 다 있더라.
금옥에선 화장하고 교태로써 밤을 모시고,
옥루에선 잔치는 끝나고 화창한 봄기운에 취하도다.
형제자매 모두가 땅을 얻어 봉을 받으니,
어여쁜 광채가 온 집안에 빛나도다.
드디어 천하의 부모들 마음으로 하여금,
아들 낳는 것을 중히 여기지 아니하고 딸 낳는 것을 중히 여기도록 하였네.
여산 화청궁은 높아서 푸른 구름을 뚫고 솟아 있고,
신선들 노랫소리는 바람을 타고 곳곳에서 들리네.
느린 노래에 느린 춤이 관현악에 응집되니,
임금께선 해가 지도록 보아도 다 보아낼 수가 없을 정도.
그런데 어양 땅 안록산의 반란 북소리 땅을 울리며 다가오자,
예상우의곡이 놀라서 깨어지네.
구중궁궐까지 전쟁의 연기와 먼지가 자욱하자,
어쩔 수 없어 황제의 천승만기가 서남쪽으로 피난가네.
이들 수레와 깃발이 흔들흔들 가다가는 다시 서며
도성문으로부터 서쪽으로 백여 리 마외파에 이르렀을 때,
육군의 군대가 가기를 거부하니 임금이라도 어쩔 수가 없었네.
아름다운 양귀비도 그 예쁜 얼굴이 말 앞에서 죽는구나.
꽃 모양 금을 박은 양귀비 소지품 땅에 나뒹굴어도 거두는 사람 없으니,
머리에 꽂았던 취교와 금작, 옥소두 등일러라.
현종이 얼굴을 감싸며 구제하려도 해낼 수가 없는 상황.
돌아보며 피눈물이 두 볼에 뒤섞여 뒤범벅이 되었네.
누른 먼지는 산만히 흩어지며 바람은 쓸쓸한데,
구름사다리 길 구불구불 검문산에 오르도다.
아미산 아래에는 다니는 사람도 적은데다가
황제의 깃발이건만 빛을 잃고 햇빛조차 희미하네.
촉 땅 강물은 푸르고 촉 땅 산들도 푸르기만 한데,

거룩하신 임금님 아침이고 밤이고 귀비 생각에 젖을 뿐,
행궁에서 달을 보니 가슴 아픈 달빛이요,
비 오는 밤 들리는 풍령소리는 창자가 끊어지는 소리일세.
하늘이 돌고 땅이 돌아 전쟁 끝나고 귀환하나,
귀비 죽은 이곳에 이르러 머뭇거리며 지나가지 못하누나.
마외파 언덕 아래 진흙 속에,
옥안은 보이지 않고 죽은 한갓 장소만 쓸쓸히 남아 있구나.
임금과 신하들 서로 보며 옷깃에 모두가 눈물 가득,
동쪽으로 도성문이 보이건만 말 가는 대로 몸을 맡길 뿐.
옛 궁궐로 돌아오니 연못과 꽃밭 옛날대로 여전하니,
태액지의 부용이며 미앙궁의 버들이더라.
부용꽃은 귀비의 얼굴이요 버들잎은 눈썹으로 보이네.
이를 마주하고 어찌 눈물을 떨어뜨리지 않을 수 있으리오!
봄바람 불고 복사꽃 오얏꽃 피는 날이나,
가을비에 오동잎이 뚝뚝 지는 때로다.
서궁과 흥경궁에는 가을 풀도 많아서,
낙엽이 계단 가득 붉게 덮여도 쓸어내지 않고 있네.
이원의 자제들은 백발이 새롭고
초방의 태감도 곱던 청춘이 다 늙었네.
저녁 궁전에 나는 반딧불로 그리움에 사무쳐,
홀로 지키는 등불 심지를 다 돋우도록 잠을 이루지 못한다네.
느리고 느린 종소리 북소리는 일찍부터 긴 밤이 될 것임을 예고하고,
가물가물 별과 은하수는 벌써 새벽을 불러오려 하는구나.
원앙 기와 냉기 돌아 서리꽃에 무겁고,
비취 이불 차가우니 누구와 함께 할꼬?
아득하다, 살고 죽음의 이별이 벌써 한 해가 되어가건만,
귀비의 혼백조차 일찍이 꿈에라도 들어오지 않네.
임공 땅 도사 하나 나그네로서 서울의 홍도문에 있었는데,
능히 정신을 집중하여 혼백을 불러낼 수 있는 능력을 가졌다네.

임금님의 뒤척거리며 잠 못 듦에 감동하여,

드디어 방사로 하여금 은근히 양귀비 혼을 찾아보도록 하였네.

공중을 밀치고 공기를 조종하여 번개처럼 분주히 돌아다녔으며,

하늘에 올라보고 땅속을 들어가 두루두루 찾았고,

위로는 벽락까지 다가보고 아래로 황천까지 다 하였으나,

두 곳 모두 망망할 뿐 아무것도 보이지 않았네.

홀연히 들건대 바다 가운데 신선 사는 산이 있으니,

그 산은 아무것도 없는 아득하고 가물가물한 곳에 있었네.

누각은 영롱하여 오색구름 일어나고,

그 가운데 아리따운 많은 신선들이 있었다네.

그중에 한 사람 자가 바로 태진이라,

눈 같은 흰 살갗에 꽃 같은 얼굴이 양귀비와 같았더라.

황금 궁궐 서쪽 건물에 옥 문고리를 두드리니,

소옥을 거쳐 쌍성에게 보고하되,

한나라 천자의 사신이란 말을 듣고,

구화 장막 깊은 속에 꿈꾸던 양귀비 혼이 놀라.

옷을 부여잡고 베개 밀치며 일어나 배회터니,

주렴 발과 은 병풍이 드르륵 열리누나.

구름 같은 머리가 반쯤은 기울어 새 잠에 깨어나서,

화관도 바르게 쓰지 못한 채 당에 내려서는구나.

바람이 불어와 신선의 소매를 나풀나풀 들어 올리니,

그 모습은 마치 예상우의무 춤을 추는 것 같구나.

옥 같은 얼굴엔 적막함이 감돌며 눈물은 주룩주룩.

배나무 한 가지에 봄비 방울 매달린 배꽃이로다.

정을 머금고 응시하며 임금님 보낸 사신에게 감사하다며,

"한번 이별함에 음성도 얼굴도 모두가 아득한데,

 지난날 소양전에서 받던 그 은총과 사랑은 이미 끊어졌고,

 이곳 봉래궁에 온 지도 세월만 길었다오.

 고개 돌려 아래로 인간 세상 내려다보니,

장안은 보이지 않고 티끌, 안개만 보입디다.
오직 옛날 약속한 물건으로 깊은 그리움을 표하려고,
전합과 황금 비녀를 증거물로 보냅니다.
황금 비녀 한 부분, 전합도 한 조각만은 남기고자,
비녀는 황금 부분을 손으로 자르고 전합은 새긴 부분을 둘로 나눕니다.
다만 임금님의 마음으로 하여금 황금과 새긴 부분만큼 굳세기만 하다면
하늘 세계와 인간 세상에 헤어져 있어도 만날 수가 있을 것입니다.”
이별에 임하여 은근히 거듭 전할 말을 일러주되,
“이 전할 말 속에 서로 맹세한 내용이 있어 두 마음을 알 수 있을 지니.
 칠월 칠석 장생전에서,
 한밤중에 아무도 없을 때에 사사롭게 하던 말씀.
 ‘하늘에 태어나면 우리 비익조로 태어나고,
 우리 다시 땅에서는 태어나면 연리지가 되자꾸나’라고 한 것이라오.”
끝없는 하늘, 영원한 땅이라 해도 다할 날이 있겠지만,
이들의 이 한이야 면면히 이어져 끝날 날이 없으리라!

〈長恨歌詩意圖〉 淸 袁江(畫)

漢皇重色思傾國，御宇多年求不得。
楊家有女初長成，養在深閨人未識。
天生麗質難自棄，一朝選在君王側。
廻眸一笑百媚生，六宮粉黛無顏色。
春寒賜浴華清池，溫泉水滑洗凝脂。
侍兒扶起嬌無力，始是新承恩澤時。
雲鬢花顏金步搖，芙蓉帳暖度春宵。
春宵苦短日高起，從此君王不早朝。
承歡侍宴無閑暇，春從春游夜專夜。
後宮佳麗三千人，三千寵愛在一身。
金屋妝成嬌侍夜，玉樓宴罷醉和春。
姊妹弟兄皆列土，可憐光彩生門戶。
遂令天下父母心，不重生男重生女。
驪宮高處入青雲，仙樂風飄處處聞。
緩歌慢舞凝絲竹，盡日君王看不足。
漁陽鼙鼓動地來，驚破霓裳羽衣曲。
九重城闕煙塵生，千乘萬騎西南行。
翠華搖搖行復止，西出都門百餘里。
六軍不發無奈何，宛轉蛾眉馬前死。
花鈿委地無人收，翠翹金雀玉搔頭。
君王掩面救不得，回看血淚相和流。
黃埃散漫風蕭索，雲棧縈紆登劍閣。
峨嵋山下少人行，旌旗無光日色薄。

蜀江水碧蜀山青, 聖主朝朝暮暮情.
行宮見月傷心色, 夜雨聞鈴腸斷聲.
天旋地轉廻龍馭, 到此躊躇不能去.
馬嵬坡下泥土中, 不見玉顏空死處.
君臣相顧盡沾衣, 東望都門信馬歸.
歸來池苑皆依舊, 太液芙蓉未央柳.
芙蓉如面柳如眉, 對此如何不淚垂!
春風桃李花開日, 秋雨梧桐葉落時.
西宮南內多秋草, 落葉滿階紅不掃.
梨園子弟白髮新, 椒房阿監青娥老.
夕殿螢飛思悄然, 孤燈挑盡未成眠.
遲遲鐘鼓初長夜, 耿耿星河欲曙天.
鴛鴦瓦冷霜華重, 翡翠衾寒誰與共?
悠悠生死別經年, 魂魄不曾來入夢.
臨邛道士鴻都客, 能以精誠致魂魄.
爲感君王輾轉思, 遂教方士殷勤覓.
排空馭氣奔如電, 升天入地求之遍.
上窮碧落下黃泉, 兩處茫茫皆不見.
忽聞海上有仙山, 山在虛無縹緲間.
樓閣玲瓏五雲起, 其中綽約多仙子.
中有一人字太眞, 雪膚花貌參差是.
金闕西廂叩玉扃, 轉教小玉報雙成.
聞道漢家天子使, 九華帳裏夢魂驚.

攬衣推枕起徘徊, 珠箔銀屏迤邐開.
雲鬢半偏新睡覺, 花冠不整下堂來.
風吹仙袂飄飄擧, 猶似霓裳羽衣舞.
玉容寂寞淚闌干, 梨花一枝春帶雨.
含情凝睇謝君王, 「一別音容兩渺茫.
昭陽殿裏恩愛絶, 蓬萊宮中日月長.
回頭下望人寰處, 不見長安見塵霧.
唯將舊物表深情, 鈿合金釵寄將去.
釵留一股合一扇, 釵擘黃金合分鈿.
但教心似金鈿堅, 天上人間會相見.」
臨別殷勤重寄詞:「詞中有誓兩心知.
七月七日長生殿, 夜半無人私語時.
'在天願作比翼鳥, 在地願爲連理枝'.」
天長地久有時盡, 此恨綿綿無絶期!

〈明皇納涼圖〉唐 張萱(그림)

【長恨】길고 긴 한. 이는 맨 끝 구절 "天長地久有時盡, 此恨綿綿無絶期"의 '長'자와 '恨'자를 취하여 제목으로 삼은 것임.

【歌】詩體의 한 장르. 《文體明辨》에 "其放情長言, 雜而無方者曰歌"라 함.

【漢皇】당나라 때 시구나 문장에서는 當代를 직접 거론할 수 없어 거의가 漢代를 빗대어 말함. 한 문제와 이부인의 일인 것으로 말머리를 시작한 것이며 실제 唐 玄宗(李隆基)을 가리킴.

【重色】색을 중히 여김. 예쁜 여자를 구하는 일을 중시함.

【傾國】절세미인. 《漢書》外戚傳에 "李延年善歌, 侍武帝, 歌曰:「北方有佳人, 絶世而獨立. 一顧傾人城, 再顧傾人國. 寧不知傾城與傾國, 佳人難再得!」上嘆息曰:「善! 世豈有此人乎?」平陽主因言延年有女弟, 上乃召見之. 實妙麗善舞, 由是得幸"이라 하여 자신의 여동생을 무제에게 추천한 말에서 비롯됨.

【御宇】宇宙(天下)를 다스림. 御는 '어거하다, 다스리다, 통치하다'의 뜻. 현종 이융기가 황제의 지위에 있음을 말함.

【楊家】楊貴妃는 蜀司戶 벼슬의 楊玄琰의 딸로써 隋나라 때 梁郡通守 楊汪의 4세손으로 蜀에서 태어나 일찍 고아가 되어 蒲州(지금의 山西) 永樂에서 숙부 楊玄珪의 집에서 성장하였으며 양현규는 당시 河南府의 士曹라는 낮은 직책이었음. 어릴 때 이름은 玉環. 《新唐書》楊貴妃傳에 "幼孤, 養叔父家, 始爲壽王妃. 開元 二十四年武惠妃薨, 後廷無當帝意者. 或言妃姿質天挺, 宜 允掖廷. 遂召內禁中, 異之, 卽爲自出妃意者, 丐籍女冠, 號 太眞, 更爲壽王聘韋昭訓女, 而太眞得幸"이라 하여 원래는 開元 22년(734) 16살의 나이로 壽王 李瑁(玄宗의 18번째 아들) 의 妃가 되었으나 玄宗의 황후 武惠皇后가 죽고, 開元 28년(740) 10월 현종이 華淸宮에 나갔다가 그의 미모를 보고 그를 맞아들여, 남의 이목을 피하기 위하여 우선 道敎의 女道士로 삼아 호를 太眞이라

〈楊貴妃像〉

하고 太眞宮(궁중의 도교 사원)에 거하도록 하였음. 이때 양귀비는 22세 였으며 현종은 57세였음. 한편 壽王에게는 韋昭訓의 딸을 주어 비를 삼도록 하였음. 이어서 天寶 4년(745) 8월 정식으로 貴妃로 세움.

【天生麗質】하늘이 내린 아름다운 본바탕.

【廻眸】눈동자를 돌림. 눈짓의 아름다운 표정을 말함. '回眸'로도 표기함.

【六宮】고대 천자는 여섯 후궁을 두게 되어 있으며, 흔히 三千宮女라 하여

많은 妃嬪을 둠. 여기서는 후궁의 수없이 많은 아름다운 여인들을 말함.

【粉黛】粉은 화장용 흰 가루분. 黛는 여인들의 눈썹을 그리는 검은색 안료. 여기서는 화장하고 눈썹을 칠하여 임금의 사랑을 받고자 경쟁하던 수많은 비빈들을 말함.

【華淸池】溫泉의 浴池. 지금의 昭應(陝西 臨潼縣) 동남쪽 驪山 北麓에 있으며, 開元 11년(723) 초 溫泉宮을 짓고 天寶 6년(747) 華淸宮이라고 고쳤으며, 현종이 자주 추위를 피하기 위하여 다녀오던 곳임.

【凝脂】여자의 희고 매끄러운 피부. 원래는 쇠기름 등이 굳어 희게 응고된 상태를 말함.《詩經》衛風 碩人에 "膚如凝脂"라 함.

【侍兒】貴妃를 모시는 궁녀.

【雲鬢】고대 여인들의 머리 모습. 구름처럼 틀어 올린 트레머리.

【金步搖】걸음을 걸을 때 흔들리도록 하는 여자의 머리 장식물. 금실로 구부려 꽃가지를 만들어 이를 묶어 구슬을 달아 쪽 밑에 꽂으며, 느릿느릿 걸음에 따라 움직이도록 되어 있음.《釋名》釋首飾에 "步搖, 上有金珠, 步則搖也"라 함.《新唐書》五行志에 "天寶初, ……婦人則簪步搖釵, 衿袖窄小"라 하여 유행하였음을 알 수 있으며, 樂史의《楊太眞外傳》에 "是夕, 授金釵鈿合. 上又自執麗水鎭庫紫磨金琢成步搖至妝閣, 親與揷鬢"이라 함.

【專夜】밤이면 오로지 황제와 함께 밤을 보냄.

【三千人】천자 후궁의 비빈이 많음을 뜻함. 陳鴻의〈長恨哥傳〉에 "三夫人, 九嬪, 二十七世婦, 八十一御妻曁後宮才人"이라 함.

【金屋】화려한 宮室. 사랑하는 여인을 위해 특별히 금을 장식하여 맞아들이는 집.《漢武故事》에 "漢陳嬰曾孫女名阿嬌, 其母爲武帝姑館陶長公主, 武帝爲膠東王, 數歲, 長公主抱置膝上, 問曰:「兒欲得婦否?」曰:「欲得.」長公主指左右長御百餘人, 皆云不用. 指其女曰:「阿嬌好否?」帝笑對曰:「好! 若得阿嬌作婦, 當作金屋貯之.」主大悅, 遂因要求成婚, 帝旣卽位, 立爲皇后"라 함.

【玉樓】東方朔의《海內十洲記》에 "昆侖山有玉樓十二所"라 하여 신선들이 사는 옥으로 만든 아름다운 누각. 당 현종이 양귀비를 위해 잔치를 벌였던 궁궐을 말함.

【姉妹弟兄】楊貴妃 집안의 죽은 부모 및 세 언니와 두 오빠, 심지어 친척까지 모두 冊封을 받음. 天寶 7년(748) 이미 죽은 아버지 楊玄琰은 太尉와 齊國公에 추증하고, 어머니는 凉國夫人에 追封하였으며, 숙부 楊玄珪는 光祿勳으로, 宗兄 楊銛은 鴻臚卿으로, 楊錡는 侍御史로 하여 심지어 태화

공주를 아내로 맞도록 하였고, 從祖兄 楊釗에게는 이름을 바꾸어 楊國忠으로 하고, 天寶 11년(752) 右丞相에 임명하였으며, 큰언니는 韓國夫人, 셋째 언니는 虢國夫人, 여덟째 여동생은 秦國夫人에 封하는 등 집안이 모두 현달하여 마음대로 궁중을 드나들며 그 위세가 천하에 진동함. 《新唐書》楊貴妃傳에 "天寶初, 注冊貴妃. 追贈父玄琰太尉·齊國公, 擢叔玄珪光祿勳, 宗兄銛鴻臚卿, 錡侍御史, 尙太和公主, ……而釗亦浸顯. 釗, 國忠也. 三姊皆美劭, 帝號爲姨, 封韓·虢·秦三國夫人. 出入宮掖, 恩寵聲焰震天下"라 함.

【列土】 천하 토지에 줄을 설 정도로 차지함. 혹 일부 본에는 '裂土'로 되어 있으며 '땅을 찢어서 모두 이 양씨 집안에서 가지다'의 뜻으로 보았음.

【不重生男重生女】 〈長恨歌傳〉에 "故當時謠詠有云:『生女勿悲酸, 生男勿喜歡』又曰:『男不封侯女作妃, 看女卻爲門上楣』其爲人心羨慕如此"라 하였고, 秦나라 때 이미 "生男愼勿擧, 生女哺用脯"라 하였으며, 漢나라 때는 "生男無喜, 生女無怒, 獨不見衛子夫, 霸天下"라는 노래가 있어 唐代 이 내용이 演化된 것으로 봄.

【驪宮】 驪山의 華淸宮.

【仙樂】 신선 세계에나 있을 아름다운 음악.

【緩歌慢舞】 곡조가 느리고 춤이 느림. 한껏 시간적 여유를 부리며 연회를 즐김을 말함.

【凝絲竹】 管樂과 絃樂이 혼성으로 合奏하여 춤과 음악에 맞춤.

【漁陽】 天寶 14년(755) 11월 安祿山이 范陽節度使의 직책을 이용하여 군사를 일으켜 반기를 들고 長安으로 밀고 들어옴. 漁陽은 范陽. 지금의 北京 大興, 宛平, 昌平, 房山縣 일대의 당대 范陽節度使 관할 지역. 漁陽은 고대 薊縣으로 秦나라 때의 군 이름이며, 天寶 연간에 漁陽郡으로 고쳐 范陽節度使 관할의 8郡 중의 하나. '范陽'이라 하지 않고 '漁陽'이라 한 이유에 대해 《唐宋詩擧要》에 "唐薊州, 天寶時改漁陽郡, 隷范陽節度. 安祿山據范陽反唐, 如彭寵據漁陽反漢, 故不擧范陽而擧漁陽"이라 함.

【鼙鼓】 전쟁의 북소리.

【霓裳羽衣曲】 본래 이름은 〈婆羅門〉으로 지금의 인도, 서역 지역에서 성행하던 樂曲. 무지갯빛의 의상에 새 깃의 옷을 입고 추는 춤.《唐會要》(33)와 《白氏長慶集》自注에 의하면 開元 연간에 新疆, 甘肅을 거쳐 中原으로 전해졌으며, 이에 西涼節度使 陽敬述이 玄宗에게 바치자 현종이 이를 개편하여 연습시킨 다음 양귀비를 맞이할 때 그를 위해 이 춤을 추게 하였다 함.

小說家들은 "唐 明皇이 月宮에서 노닐 때에 그 音譜를 默記했다"라 하였음.

【九重城闕】皇城. 장안 천자의 궁궐.《楚辭》九辯에 "君之門兮九重"이라 함.

【煙塵生】戰亂으로 인해 도처에 연기와 불, 먼지가 일어남.

【西南行】唐 玄宗이 安祿山의 난을 피하여 蜀으로 蒙塵함. 蜀(지금의 成都)은 장안에서 방위로 보아 서남쪽에 해당함.

【翠華】皇帝의 儀仗 깃발.《文選》司馬相如〈上林賦〉에 "建翠華之旗"라 하고 주에 "以翠羽爲葆也"라 함.

【百餘里】馬嵬驛을 말함. 옛날 晉나라 때 馬嵬라는 사람이 이곳에 성을 쌓아 이름이 전해졌다 함. 興平縣(지금의 陝西) 서북 23리에 있으며 長安 延秋門으로부터 90리가 됨. 天寶 15年(756)에 安祿山이 潼關을 깨뜨리자, 현종이 촉으로 피난하면서 이곳을 지날 때 병사들이 난의 책임을 楊貴妃와 楊國忠에게 있다고 하며 변란을 일으킬 조짐을 보이자, 양귀비를 목매어 죽도록 한 곳임. 그 뒤 蕭宗 至德 2年(757) 9월 장안이 수복되었고, 그해 12월 현종은 장안으로 돌아오는 길에 馬嵬佛寺를 지어 주었음.

【六軍】皇帝의 護衛軍. 구체적으로 羽林軍을 말함.

【宛轉】아름답고 완곡하게 굽은 모습을 말하는 疊韻連綿語. 그러나 일부 해석에는 '양귀비가 죽지 않겠다고 버티는 형상'으로 풀이하였음.

【蛾眉】나방의 날개에 있는 무늬와 눈썹을 대칭하여 미인의 아름다운 눈썹을 이르는 말. 楊貴妃를 가리킴.《詩經》衛風 碩人에 "螓首蛾眉"라 함.

【馬前死】현종이 탄 말 앞에서 죽음. 현종이 양귀비의 죽음을 그대로 볼 수밖에 없음.〈長恨歌傳〉의 표현을 참조할 것.

【花鈿委地】花鈿은 부녀자의 머리 수식용 물품으로 금으로 象嵌한 장식품. 委地는 땅을 맡겨둠. 거두는 사람이 없음을 말함.

【翠翹金雀玉搔頭】翠翹와 金雀은 모두 비녀 이름. 玉搔頭는 옥으로 만든 머리 긁는 부녀자의 수식품. 모두 양귀비의 화려한 장식품을 말함.

【散漫】어지럽게 널려 있음. 疊韻連綿語.

【蕭索】바람 등이 쓸쓸함. '蕭瑟'과 같음. 雙聲連綿語.

【雲棧】구름사다리. 棧道. 雲梯. 두 산의 공중에 줄을 매고 나무판자를 설치하여 건널 수 있도록 한 구름다리. 蜀으로 가는 길에 劍閣山이 험하여 그 길은 棧道로 되어 있음. 張良이 漢王(劉邦)을 위해 項羽를 안심시키고자 불태웠던 고사로도 유명한 곳임.《史記》留侯世家에 "漢元年正月, 沛公爲漢王, 王巴蜀. 漢王賜良金百溢, 珠二斗, 良具以獻項伯. 漢王亦因令良厚遺項伯,

使請漢中地. 項王乃許之, 遂得漢中地. 漢王之國, 良送至褒中, 遣良歸韓. 良因
說漢王曰:「王何不燒絶所過棧道, 示天下無還心, 以固項王意.」乃使良還. 行,
燒絶棧道. 良至韓, 韓王成以良從漢王故, 項王不遣成之國, 從與俱東. 良說項王
曰:「漢王燒絶棧道, 無還心矣.」乃以齊王田榮反書告項王. 項王以此無西憂漢心,
而發兵北擊齊"라 함.

【縈紆】 이리저리 구불구불 얽히고설킨 모습을 표현하는 雙聲連綿語.

【劍閣】 劍閣山. 지금 四川 劍閣縣 북쪽에 있으며 蜀과 長安이 통하는 유일한
길이며 험하기로 유명한 곳임. 李白의 〈蜀道難〉은 이 길을 노래한 것임.

【峨嵋山】 成都의 서남쪽에 있으며 四川의 名山. 실제 長安에서 蜀으로 가는
길에는 이 산을 경유하지 않으나 사천의 산을 대신하여 지칭한 것임.

【行宮】 황제가 다른 지방을 순행할 때 잠깐 거처하는 곳이다.

【夜雨聞鈴】 집의 처마에 달아놓은 風鈴, 風磬. 玄宗이 이 소리를 듣고 〈雨
淋鈴〉이라는 곡을 지었다 함. 鄭處誨의 《明皇雜錄》에 "明皇既幸蜀, 西南行,
初入斜谷, 霖雨涉旬, 於棧道雨中聞鈴音, 與山相應. 上既悼念貴妃, 采其聲爲
〈雨淋鈴曲〉以寄恨焉"이라 함.

【腸斷】 애(창자)를 끊어내는 듯이 슬프고 안타까움.

【天旋地轉】 하늘이 돌고 땅이 바뀌어 국면이 변함. 전쟁이 끝났음을 말함.
玄宗의 태자 李亨이 肅宗으로 즉위한 이듬해, 즉 至德 2년(757) 10월, 郭子
儀가 長安을 수복하자 肅宗이 太子太師 韋見素를 蜀郡으로 보내 현종을
맞아오도록 하였으며, 12월 현종은 드디어 장안으로 되돌아올 수 있었음.

【龍馭】 龍馭는 皇帝의 御駕. 현종이 장안으로 돌아옴.

【躊躇】 머뭇거리며 돌아서지 못하는 상황을 표현하는 雙聲連綿語.《新唐書》
楊貴妃傳에 "妃縊祠下, 瘞道側. ……帝至自蜀, 道過其所, 使祭之"라 함.

【馬嵬坡】 지금의 山西 興平縣 서쪽 23里에 있는 驛.

【信馬歸】 자신의 의사에 관계없이 말이 가는 대로 따라감. 전쟁이 끝나고
장안으로 돌아오는 즐거움보다는 양귀비에 대한 그리움에 더욱 애가 끊어
짐을 표현한 것으로 본 〈장한가〉에서 '嬌無力'과 함께 두 개의 눈동자에
해당하는 구절이라 함.

【太液】 太液池. 원래 漢 武帝가 建章宮 북쪽에 만든 못으로 그 안에 三神山
(蓬萊, 方丈, 瀛洲)을 만드는 등 신선 세계를 즐기고자 하였던 곳임. 당나라
때도 大明宮 안에 이를 그대로 두었으며 지금의 長安 북쪽에 있음.

【芙蓉】 꽃 이름. 원래 연꽃과는 다른 식물이나 흔히 연꽃으로 해석함.

【未央】역시 漢나라 때의 궁궐. 漢 高祖 劉邦이 한나라를 건국하고 장안을 도읍으로 하면서 蕭何로 하여금 지금의 陝西 長安縣 서북쪽에 세우도록 한 正宮.

【西宮南內】西宮은 西內이며 太極宮이라고도 함. 지금 長安縣 서북에 있음. 興慶宮은 東內의 남쪽에 있어 이렇게 부른 것이며, 玄宗이 蜀으로부터 돌아와 太上皇이 되었을 때 처음 南內(興慶宮)에 거처하였으나 대로변에 너무 가깝다 하여 숙종이 西內 甘露殿으로 옮기도록 하여 거처하였음.

【梨園子弟】梨園은 唐 明皇이 伶人(藝人)들을 훈련시키던 곳이며 지금의 長安 서북의 古宮 안에 있음. 子弟는 演藝를 가르치고 배우는 徒弟들을 말함.

【椒房】원래 한나라 때 皇后가 거처하던 곳. 未央宮에 있었으며 산초나무와 진흙으로 벽을 칠하여 온기와 향기, 그리고 다산을 상징하였다 함. 뒤에는 后妃가 거하는 방, 혹은 후비를 椒房이라 불렀음.《漢書》車千秋傳 및 주를 볼 것.

【阿監】太監. 舍監. 궁중의 女官으로 궁중의 제자와 후비를 감독하고 관리함.《宋書》后妃傳에 "紫極中監女史一人, 光興中監女史一人, 官品第三"이라 함.

【靑娥】청춘 시기의 아름다운 나이의 여자. 궁녀를 말함.

【挑盡】고대 등불은 심지를 가장자리로 내어 이 심지로 삼투된 기름이 타도록 한 것이며, 심지가 타면 이를 돋우어 주어야 함. 그처럼 '돋우기를 다하여 심지가 다 타다'의 의미로 잠을 이루지 못한 채 밤을 새움을 뜻함.《邵氏見聞續錄》(19)에 "寧有興慶宮中夜不燒蠟油, 明皇自挑燈者乎? 書生之見可笑矣"라 하였으나 이는 詩作의 한 방법일 뿐임.

【耿耿】별이나 불빛이 가물거리는 모습.

【鴛鴦瓦】기와의 막새를 원앙형태로 만들어 부부의 사랑을 상징한 건축물.《三國志》魏志 方伎 周宣傳에 "文帝問宣曰:「吾夢殿屋兩瓦墮地, 化爲雙鴛鴦。」"이라 함.

【翡翠衾】翡翠를 수로 놓아 문채가 아름다운 이불.《楚辭》招魂에 "翡翠珠被, 爛齊光些"라 함.

【臨邛】지명. 지금의 四川 邛崍縣. 고래로 사천 지역에는 점복과 방술이 발달하였으며, 도교도 유행하여 이를 원용한 것. 이하의 이야기는 당대 흥했던 傳奇의 서술방법을 동원하여 창작한 것임.

【道士】도술로 귀신을 불러오고 저승과 통하며 신선 세계를 드나드는 등 기이한 일을 해낼 수 있는 사람.

【鴻都客】鴻都는 洛陽의 궁문 이름. 여기서는 長安을 대신하여 쓴 것. 臨邛
도사가 여객으로써 홍도에 묵고 있었음을 말함.

【精誠】정신을 집중하고 성의를 다함. 도사가 혼백을 부르기 위한 방법.

【輾轉】잠을 이루지 못하여 뒤척이는 상태를 표현하는 雙聲連綿語.

【方士】방술을 하는 사람. 홍도객이 자신의 부하를 부려 직접 찾아보도록
한 것임. 여기서는 도사의 명령을 수행하는 자.

【殷勤】'慇懃'으로도 표기하며 疊韻連綿語.

【排空馭氣】공중을 밀치고 공기를 조정하며 사람이 다닐 수 없는 곳까지
사방을 두루 다님.

【碧落】하늘 세계. 원래 도교에서 말하는 天上界.《度人經》에 "昔于始靑天
中碧落高歌"라 하였고, 주에 "如靑天乃東方第一天, 有碧霞遍滿, 是云碧落"
이라 함.

【黃泉】지하 세계. 九泉.

【縹緲】아득하고 가물가물함을 표현하는 疊韻連綿語.

【玲瓏】반짝반짝하는 모습을 표현하는 雙聲連綿語.

【五雲】다섯 색깔의 구름.《雲笈七籤》에 "元洲有絶空之宮, 在五雲之中"이라
하여 신선이 사는 세계를 말함.

【綽約】부드럽고 아름다우며 빼어난 모습을 뜻하는 疊韻連綿語.《莊子》逍
遙遊에 "邈姑射山, 有神人居焉. 肌膚若冰雪, 淖約若處子"라 함.

【太眞】楊玉環의 도교식 號로써 지어주고 太眞宮에 거하게 하였음.《舊唐書》
楊貴妃傳에 "時妃衣道士服, 號曰太眞"이라 함. 여기서는 그가 양귀비임이
확인되었음을 말한 것임.

【參差】'참치'로 읽으며, 원래는 올망졸망한 모습을 뜻하는 雙聲連綿語.《詩經》
關雎에 "參差荇菜, 左右流之"라 함. 여기서는 髣髴(비슷함)의 의미에 가까움.

【金闕】황금 궁궐. 신선 세계의 궁궐을 말함.

【西廂】본궁 서쪽에 딸린 건물.

【玉扃】玉으로 만든 문고리 손잡이. 이를 잡고 문을 여닫기도 하며 또는
두드려 사람이 왔음을 신호하기도 함.

【小玉】선녀의 이름. 양귀비의 몸종. 원래는 吳王 夫差의 딸 이름임.

【雙成】역시 선녀의 이름. 원래 이름은 董雙成이며 서왕모의 시녀였음. 양귀비가
신선이 된 후에 부리던 시녀 둘을 임의로 이름 지어 붙인 것.

【九華帳】여러 가지 화려한 주옥으로 장식한 寶帳.《博物志》(3)에 "漢武帝好

仙道, 時西王母遣使乘白鹿告帝當來, 乃供帳九華殿以待之"라 함.

【珠箔銀屛】 구슬을 엮어 만든 箔簾과 은으로 장식한 병풍.

【池邐】 '이리'로 읽으며 '드르륵'문이나 발이 열리는 소리와 형상을 표현하는 疊韻連綿語.

【欄干】 눈물이 마구 흐르는 모습을 표현하는 疊韻連綿語.

【昭陽殿】 漢나라 때 後宮의 內殿으로 趙飛燕이 거처하는 곳. 여기서는 楊貴妃가 생전에 거처하였던 곳을 뜻함.

【蓬萊宮】 전설 속의 道敎 三神山의 하나인 蓬萊山에 있는 궁궐. 양귀비가 죽은 후 신선이 되어 자신이 살고 있는 궁궐을 말함.

【鈿合金釵】 鈿合은 금을 새겨 넣은 상자이며, 金釵는 금으로 된 비녀.

【釵留一股合一扇】 金釵는 두 부분을 잘라 하나씩, 그리고 전합도 역시 반으로 잘라 하나씩 나누어 남겨둠.

【擘】 손으로 분질러 둘로 나눔.

【七月七日】 칠월칠석. 견우직녀가 만나는 날.《續齊諧記》에 "天河之東有織女, 天帝之孫也. 勤習女工, 容貌不暇整理, 帝憐其獨處, 許嫁河西牽牛郎. 嫁後, 竟廢女工. 帝怒, 令仍歸河東, 惟七夕一相會"라 함. 중국에서는 '戀人節'로 여김.

【長生殿】 당나라 때 후비가 거처하던 齋殿으로 양귀비를 위해 集靈臺를 짓고 도교식의 재(齋)를 올리며 사사롭게 둘이 사랑을 나누던 곳.《唐會要》에 "天寶元年十月造長生殿, 名爲集靈臺以祠神"이라 함. 그러나《唐詩紀事》〈津陽門 詩〉 주에 "飛霜殿, 卽寢殿, 而白傅〈長恨〉以長生殿, 殊誤矣"라 함.

【比翼鳥】 암수가 날개를 가지런히 하여 날아가는 전설 속의 새. 恩愛가 분리되지 않음을 비유함.《爾雅》釋地에 "南方有比翼鳥焉, 不比不飛, 其名謂之鶼鶼"이라 하였고,《山海經》〈西次三經〉 崇吾山에는 "有鳥焉, 其狀如鳧, 而一翼一目, 相得乃飛, 名曰蠻蠻, 見則天下大水"라 함.

【連理枝】 두 개의 가지가 서로 이어져 한 몸으로 되어 있는 나무. 부부가 한 몸처럼 분리될 수 없음을 비유함.

【天長地久】 天(시간)과 地(공간)는 영원히 존속하여 끝날 수가 없음.《老子》 7장에 "天長地久. 天地所以能長且久者, 以其不自生, 故能長生"이라 함.

【綿綿】 길고 멀어 끊이지 않은 모습.

1. 이는 白居易 35세 때 주질위(蓋屋尉, 蓋屋은 陝西 蓋屋縣이며 지금은 周至로 표기함)의 벼슬로 있을 때 지은 것이며, 陳鴻이 동시에 唐 傳奇體의 〈長恨歌傳〉을 지어 사람들 입에 膾炙하게 되었음.

2. 唐 宣宗의 〈吊白居易〉시에 "童子解吟長恨曲, 胡兒能唱琵琶篇"이라 할 정도로 널리 전송되었음.

3. 〈장한가〉는 모두 120행, 840자로 이루어졌으며 시간은 20여 년의 역사, 공간은 長安으로부터 蜀, 仙界에 이르기까지 두루 엮은 大敍事詩이며 愛情詩로써 구성이 치밀하고 표현이 절묘하여 그의 〈琵琶行〉과 더불어 대표적 명작으로 흔히 거론됨.

4. 그 외 元稹의 〈連昌宮詞〉와 鄭嵎의 〈津陽門詩〉 역시 양귀비와 현종의 고사를 노래한 것이며, 특히 白樸의 〈梧桐雨〉와 洪昇의 〈長生殿〉은 이를 題材로 한 유명한 元曲으로 천하에 그 명성을 떨쳤음.

5. 〈長恨歌傳〉에 "樂天因爲〈長恨歌〉. 意者不但感其事, 亦浴懲尤物, 窒亂階, 垂誠於將來者也. 歌旣成, 使鴻傳焉. 世所不聞者, 予非開元遺民, 不得知; 世所知者, 有「玄宗本紀」在; 今但傳〈長恨歌〉云爾"라 하여 그 목적을 밝히고 있음.

6. 趙翼의 《甌北詩話》에 "〈長恨歌〉一篇, 其事本易傳, 以易傳之事, 爲絶妙之辭, 有聲有情, 可歌可泣, 文人學士, 旣嘆爲不可及, 婦人女子, 亦喜聞而樂誦之. 是以不脛而走, 傳遍天下"라 함.

7. 韻脚은 國·得·識·側·色, 池·脂·時·搖·宵·朝, 暇·夜, 人·身·春, 土·戶, 女, 雲·聞, 竹·足·曲, 生·行, 止·里·死, 收·頭·流, 索·閣·薄, 淸, 情·聲, 馭·去·處, 衣·歸, 舊·柳, 眉·垂·時, 草·掃·老, 然·眠·天, 重·共·夢, 客·魄·覓, 電·徧·見, 山·間, 起·子·是, 扃·成·驚, 徊·開·來, 擧·舞·雨, 王·茫·長, 霧·去, 扇·鈿·見, 詞·知·時·枝·期로 되어 있음.

8. 陳鴻〈長恨歌傳〉

開元中, 泰階平, 四海無事. 玄宗在位歲久, 倦於旰食宵衣, 政無大小, 始委於右丞相, 稍深居游宴, 以聲色自娛. 先是元獻皇后, 武淑妃皆有寵, 相次卽世. 宮中雖良家子千數, 無可悅目者. 上心忽忽不樂. 時每歲十月, 駕幸華淸宮. 內外命婦, 熠耀景從; 浴日餘波, 賜以湯沐. 春風靈液, 澹蕩其間. 上心油然, 若有所遇, 顧左右前後, 粉色如土. 詔高力士潛搜外宮, 得弘農楊玄琰女於壽邸, 旣笄矣. 鬢髮膩理, 纖穠中度, 擧止閑冶, 如漢武帝李夫人. 別疏湯泉, 詔賜藻瑩. 旣出水,體弱力微, 若不任羅綺. 光彩煥發, 轉動照人. 上甚悅. 進見之日, 奏霓裳羽衣曲以導之; 定情之夕, 授金釵·鈿合以固之; 又命戴步搖, 垂金璫. 明年, 冊爲貴妃, 半后服用. 由是冶其容, 敏其詞, 婉變萬態, 以中上意. 上益嬖焉. 時省風九州, 泥金五嶽, 驪山雪夜, 上陽春朝, 與上行同輦, 居同室, 宴專席, 寢專房. 雖有三夫人·九嬪·二十七世婦·八十一御妻, 暨後宮才人, 樂府妓女, 使天子無顧盼意. 自是六宮無復進幸者. 非徒殊豔尤態致是, 蓋才智明慧, 善巧便佞, 先意希旨, 有不可形容者. 叔父昆弟皆列位清貴, 爵爲通侯. 姊妹封國夫人, 富埒王宮, 車服邸第與大長公主侔矣. 而恩澤勢力, 則又過之. 出入禁門不問. 京師長吏爲之側目. 故當時謠詠有云: 『生女勿悲酸, 生男勿喜歡.』又曰: 『男不封侯女作妃, 看女卻爲門上楣.』其爲人心羨慕如此.

天寶末, 兄國忠盜丞相位, 愚弄國柄. 及安祿山引兵嚮闕, 以討楊氏爲詞. 潼關不守, 翠華南幸, 出咸陽, 道次馬嵬亭, 六軍徘徊, 持戟不進, 從官郎吏伏上馬前, 請誅錯以謝天下. 國忠奉氂纓盤水, 死於道周. 左右之意未快, 上問之, 當時敢言者, 請以貴妃塞天下怨. 上知不免, 而不忍見其死, 反袂掩面, 使牽之而去. 倉皇輾轉, 竟就絕於尺組之下. 既而玄宗狩成都, 肅宗受禪靈武. 明年, 大赦改元. 大駕還都, 尊玄宗爲太上皇, 就養南宮, 自南宮遷於西內. 時移事去, 樂盡悲來. 每至春之日, 冬之夜, 池蓮荷開, 宮槐秋落, 梨園弟子, 玉琯發音, 聞霓裳羽衣一聲, 則天顏不怡, 左右歔欷. 三載一意, 其念不衰. 求之夢魂, 杳不能得. 適有道士自蜀來, 知上皇心念楊妃如是, 自言有李少君之術. 玄宗大喜, 命致其神, 方士乃竭其術以索之, 不至. 又能游神馭氣, 出天界, 沒地府以求之, 不見. 又旁求四虛上下, 東極大海, 跨蓬壺, 見最高仙酸, 上多樓闕. 西廂下有洞戶, 東嚮, 闔其門, 署曰「玉妃太眞院」. 方士抽簪叩扉, 有雙鬟童女, 出應其門. 方士造次未及言, 而雙鬟復入. 俄有碧衣侍女又至, 詰其所從. 方士因稱唐天子使者, 且致其命. 碧衣云: 「玉妃方寢, 請少待之.」於是雲海沉沉, 洞天日曉, 瓊戶重闔, 悄然無聲. 方士屛息斂足, 拱手門下. 久之, 而碧衣延入, 且曰: 「玉妃出.」見一人冠金蓮, 披紫綃, 珮紅玉, 曳鳳舄, 左右侍者七八人. 揖方士, 問皇帝安否; 次問天寶十四載以還事, 言訖憫然. 指碧衣, 取金釵·鈿合, 各折其半, 授使者曰: 「爲我謝太上皇, 謹獻是物, 尋舊好也.」方士受辭與信, 將行, 色有不足. 玉妃固徵其意. 復前跪致詞: 「請當時一事, 不爲他人聞者, 驗於太上皇. 不然恐鈿合·金釵負新垣平之詐也.」玉妃茫然退立, 若有所思, 徐而言曰: 「昔天寶十載, 侍輦避暑於驪山宮; 秋七月, 牽牛織女相見之夕, 秦人風俗, 是夜張錦繡, 陳飲食, 樹瓜果, 焚香於庭, 號爲乞巧, 宮掖間尤尙之. 是夜殆半, 休侍衛於東西廂,獨侍上. 上凭肩而立, 因仰天感牛女事, 密相誓心, 願世世爲夫婦; 言畢, 執手各嗚咽, 此獨君王知之耳.」因自悲曰:「由此一念, 又不得居此, 復墮下界, 且結後緣. 或爲天, 或爲人, 決再相見, 好合如舊」因言:「太上皇亦不久人間, 幸惟自安, 無自苦耳!」使者還奏太上皇; 皇心震悼, 日日不豫, 其年夏四月, 南宮晏駕. 元和元年冬十二月, 太原白樂天自校書郎, 尉於盩厔, 鴻與琅邪王質夫家於是邑, 暇日相攜遊仙遊寺, 話及此事, 相與感歎. 質夫擧酒於樂天前曰:「夫稀代之事, 非遇出世之才潤色之, 則與時消沒, 不聞於世. 樂天深於詩, 多於情者也; 試爲歌之, 如何?」樂天因爲〈長恨歌〉. 意者不但感其事, 亦欲懲尤物, 窒亂階, 垂誡於將來者也. 歌旣成, 使鴻傳焉. 世所不聞者, 予非開元遺民, 不得知; 世所知者, 有「玄宗本紀」在; 今但傳〈長恨歌〉云爾.

❀ 백거이(白居易: 772~846)

1. 자는 樂天, 만년에는 호를 香山居士라 하였음. 太原(지금의 山西 太原)사람으로 德宗 貞元 16년(800) 진사에 올라 元和 초에 贊善大夫, 翰林學士, 左拾遺 등을 거침. 그러나 지나친 간언으로 江州司馬(지금의 江西 九江)로 좌천되자, 그곳 廬山 香爐峰 아래 초당을 짓고 승려들과 교유하면서 한거하기도 함. 뒤에 충주자사를 거쳐 元和 15년(820) 서울로 불려왔으나, 李宗閔과 李德裕의 정권 쟁탈을 목격하고 다시 외직을 요청, 杭州太守로 부임함. 杭州에서 水理 사업을 일으켜 지금의 西湖 白堤는 그가 수축한 것이라 함. 그는 다시 蘇州刺史로 옮겨 德政을 베풀기도 함. 뒤에 서울로 와서 太子少傅, 河南尹, 刑部尚書 등을 역임함. 그리고 洛陽 履道里에서 〈醉吟先生傳〉을 지어 '醉吟先生'이라 하기도 하며, 香山寺에서 도를 닦기도 하여 '香山居士'라 하기도 함. 이에 따라 그는 白香山, 白少傅, 白尚書 등으로 불리며 元稹과 이름을 함께하여 '元白'이라 불리기도 함. 그는 新樂府運動을 주창하여 諷諭와 민간 고통을 대변, 그의 문체를 '白體'라 부르기도 함. 한편 劉禹錫과 교유가 깊어 '劉白'이라고도 칭하며 당시 元稹·張籍·劉禹錫과 함께 '元和體'라는 시풍을 일으키기도 함. 당시 일반인들은 모두 백거이의 시를 다투어 외웠으며, 특히 鷄林(新羅) 재상이 당나라에서 온 상인에게 황금으로써 백거이의 시를 샀다는 고사도 있음. 그러나 蘇東坡는 원진과 백거이의 시를 "元輕白俗"이라 하여 가볍고 속된 시풍을 드러내었다고 평하였음. 그의 文集은 《新唐書》(藝文志, 4)에 《白氏長慶集》75卷이 著錄되어 있으나 《崇文總目》

에는 '白氏文集七十卷'이라 하였고, 《郡齋讀書志》·《直齋書錄解題》에는 모두 71卷이라 하였음. 한편 《新唐書》(藝文志, 3)에 《白氏經史事類》30卷이 著錄되어 있고, 그 注에 '白居易, 一名《六帖》'이라 함. 이에 대해 淸 周中孚는 《鄭堂讀書記》(卷60)에서 "偶閱唐制, 其時取士凡六科, 列其所試條件, 每一事名一帖, 其多者明經試至十帖, 而《說文》極於六帖. 白之書爲因科擧設, 則以帖爲名, 其取此矣"라 하였음. 그의 《白氏金針集》은 兩《唐書》의 經籍志·藝文志 등에 모두 기록이 없고, 《直齋書錄解題》(卷22)에 "《金針詩格》一卷, 白居易撰" 이라 하였음. 그의 詩는 《全唐詩》에 모두 39卷(424~462)이 편집되어 있고. 《全唐詩外編》 및 《全唐詩續拾》에 詩 38首, 斷句 44句가 실려 있음. 《舊唐書》 (166) 및 《新唐書》(119)에 전이 실려 있음.

2.《唐詩紀事》
(1) 卷38에 《主客圖》·《序洛詩序》·元稹 《白氏長慶集序》·《與元九書》 등이 수록되어 있음.
(2) 卷39: 白居易 年譜가 실려 있음.
(3) 卷49: 《九老會》·《九老圖》 등이 실려 있음.

3.《全唐詩》(424)
白居易, 字樂天, 下邽人. 貞元中, 擢進士第, 補校書郎. 元和初, 對制策, 入等. 調盩厔尉·集賢校理. 尋召爲翰林學士·左拾遺, 拜贊善大夫, 以言事貶江州司馬, 徙忠州刺史. 穆宗初, 徵爲主客郎中·知制誥. 復乞外, 歷杭·蘇二州刺史. 文宗立, 以祕書監召, 遷刑部侍郎. 俄移病, 除太子賓客分司東都, 拜河南尹. 開成初, 起爲同州刺史, 不拜, 改太子少傅. 會昌初, 以刑部尙書致仕, 卒贈尙書右僕射, 諡曰文. 自號『醉吟先生』, 亦稱『香山居士』. 與同年元稹酬詠, 號『元白』. 與劉禹錫酬詠, 號『劉白』.《長慶集》詩二十卷,《後集》詩十七卷,《別集補遺》二卷. 今編詩三十九卷.

4.《唐才子傳》(6) 白居易
居易, 字樂天, 太原下邽人. 弱冠名未振, 觀光上國, 謁顧況. 況, 吳人, 恃才, 少所推可, 因謔之曰:「長安百物皆貴, 居太不易!」及覽詩卷, 至「離離原上草, 一歲一枯榮. 野火燒不盡, 春風吹又生.」乃歎曰:「有句如此, 居天下亦不難. 老夫前言戲之爾.」貞元十六年, 中書舍人高郢下進士, 拔萃皆中, 補校書郎. 元和元年, 作樂府及詩百餘篇, 規諷時事, 流聞禁中, 上悅之, 召拜翰林學士, 歷左拾遺. 時盜殺宰相, 京師洶洶, 居易首上疏, 請亟捕賊. 權臣有嫌其出位, 怒, 俄有言居易母墮井死而賦〈新井篇〉, 言旣浮華, 行不可用, 貶江州司馬. 初, 以勳庸暴露不宜, 實無他腸, 怫怒姦黨, 遂失志. 亦能順適所遇, 託浮屠死生說, 忘形骸者.
久之, 轉中書舍人, 知制誥. 河朔亂, 兵出無功, 又言事不見聽, 乞外除爲杭州
刺史. 文宗立, 召遷刑部侍郎. 會昌初, 致仕. 卒. 居易累以忠鯁遭擯, 乃放縱詩酒.
旣復用, 又皆幼君, 仕情頓爾索寞. 卜居履道里, 與香山僧如滿等結淨社, 疎沼
種樹, 構石樓, 鑿八節灘, 爲游賞之樂, 茶鐺酒杓不相離. 嘗科頭箕踞, 談禪詠古,
晏如也. 自號「醉吟先生」, 作傳, 酷好佛, 亦經月不葷, 稱「香山居士」. 與胡杲·
吉旼·鄭據·劉眞·盧貞·張渾·如滿·李文爽燕集, 皆高年不事, 日相招致, 時人
慕之, 繪〈九老圖〉. 公詩以六義爲主, 不尙艱難. 每成篇, 必令其家老嫗讀之,
問解則錄. 後人評白詩如「山東父老課農桑, 言言皆實」者也. 鷄林國行賈售於
其國相, 率篇一金, 僞者卽能辨之. 與元積極善膠漆, 音韻亦同, 天下曰「元白」.
元卒, 與劉賓客齊名, 曰「劉白」云. 公好神仙, 自製「飛雲履」, 焚香振足, 如撥
煙霧, 冉冉生雲. 初來九江, 居廬阜峰下, 作草堂燒丹, 今尙存. 有《白氏長慶集》
七十五卷, 及所撰古今事實爲《六帖》, 及述作詩格法, 欲自除其病, 名《白氏金
針集》三卷, 幷行於世.

당 현종과 양귀비의 애정 고사가 어린 華淸池

〈明皇幸蜀圖〉당 현종이 안록산의 난으로 촉으로 피난가는 모습을 그린 것

065

〈琵琶行〉幷序 ⋯⋯⋯⋯⋯⋯⋯⋯⋯⋯⋯⋯⋯⋯⋯⋯⋯⋯ 白居易

비파를 노래함

　원화 10년 나는 구강군 사마로 좌천되었다. 이듬해 가을 분포의 나루에서 손님을 보내게 되었을 때, 배 안에서 밤중에 비파 타는 소리를 듣게 되었다. 그 소리를 들었더니 쟁쟁하게 울리는 음이 서울에 유행하는 음악이었다. 이에 그 사람을 물었더니 본래 장안의 가녀로서 일찍이 목선재와 조선재 두 사람에게 비파를 배웠는데, 늙고 얼굴이 쇠하여 장사꾼에게 몸을 맡겨 그의 아내가 되었다는 것이었다. 드디어 술을 차리도록 명하고 그에게 몇 수 빠른 곡을 연주하도록 부탁하였다. 연주가 끝나자 그는 슬픈 듯한 표정을 짓고는 자신이 젊고 어렸을 때 즐거웠던 일과 지금 이렇게 초췌하게 강호 사이에 흘러 떠돌게 된 이야기를 술회하는 것이었다. 나는 조정에서 물러나 이렇게 좌천되어 온 지 2년이 되도록 그저 편안한 마음에 스스로 안위를 삼았었는데 이 여인이 들려준 이야기에 많은 느낌을 갖게 되었으니 이날 밤 비로소 좌천된 뜻을 깨닫게 된 것이다. 이로 인해 장구의 노래로써 그에게 주었으니 무릇 612 글자이며 이름하여 〈비파행〉이라 하였다.

　심양강 가에서 밤에 손님을 보내노니,
　붉은 단풍에 흰 갈대, 가을은 푸른색이로구나.
　주인은 말에서 내려서고 손님은 배에 오르면서,

술 잔 들어 이별하고자 하나 음악이 없었노라.
취해도 기쁨은 없고 아픈 마음으로 막 헤어지려는데,
헤어지는 그 순간 망망히 강에 달이 잠기고 있었네.
홀연히 들려오는 강 위의 비파소리,
주인은 돌아가기를 잊고 나그네는 출발할 줄 모른 채.
소리 찾아 타는 사람 누구냐고 몰래 물었더니,
비파소리 그치더니 하는 말이 멈칫멈칫.
배를 옮겨 타고 다가가서 직접 마주하여 얼굴을 보고는,
술상 다시 차리고 등에 기름을 부어 잔치를 거듭 열었네.
천 번을 외치고 만 번을 불러서야 비로소 나오는데,
그래도 비파를 안은 채 얼굴은 가리더라.
비파 줄 줄을 맞춰 두세 번 튕기더니,
곡조도 타기 전에 한 먼저 드러내네.
현마다 눌러 앉히며 소리마다 슬픔으로,
일생의 불우함에 하소연을 하는 듯.
눈썹을 내리고서 손닿는 대로 이어가며 튕기는데,
가슴속 맺힌 한을 끝없이 풀어내네.
가볍게 당기다가 느리게 눌렀다가 지웠다 돋우면서,
처음에는 〈예상우의곡〉을, 뒤에는 〈육요곡〉을.
큰 줄은 텅텅하여 마치 급한 비를 쏟는 듯,
가는 줄은 절절하여 마치 귓속말을 하는 듯.
텅텅하는 소리와 절절하는 소리를 뒤섞어 연주하니,
큰 구슬 작은 구슬이 옥쟁반에 떨어지듯.
꾀꼴꾀꼴 꾀꼴 소리 꽃 아래로 미끄러지듯,
졸졸 하는 샘물소리 여울 아래로 흘러가듯.
샘물 차갑고 시려 줄이 멈추어 끊어질 듯,
끊어질 듯 엉킨 소리 서로 통하지 못해 점점 사그라지는구나.
그와 달리 그윽한 슬픔 몰래 한이 생겨나니,
이때야말로 소리 없는 것이 소리 있음보다 더 낫구나.

그러다가 은병이 갑자기 깨어져 물을 와락 쏟아나듯,
철마가 돌출하고 칼과 창이 부딪쳐 소리내듯.
연주곡을 마치고는 줄을 모아 가운데에 한 획을 그으니,
네 개의 줄이 한 소리를 내어 비단을 찢는구나.
동쪽 배나 서쪽 배나 초연하여 말이 없고,
오로지 강 가운데 가을 달만 밝았구나.
잠긴 듯이 읊조리며 거두어 줄 가운데에 꽂고서,
옷깃을 마무리하고 일어서서 얼굴을 다듬더니.
스스로 하는 말이 "저는 본디 서울 여자로,
장안의 하마릉 아래에 살았답니다.
열세 살에 비파 배우기를 마치고 나서,
교방의 제일부에 제 이름이 속했다오.
한 곡조 연주하면 가르치던 선재들도 탄복했고,
화장하고 나설 때면 다른 가녀들이 질투하고.
오릉의 젊은이들 다투어 비단 상 내렸으며,
곡조마다 붉은 명주 비단 셀 수 없이 많았다오.
구경꾼의 전두와 은비녀는 박자 치다 부서질 지경에,
붉은색 비단 치마 술을 엎어 더럽힐 정도.
금년에도 즐거움에 웃음이요 이듬해도 그리하여,
가을 달 봄바람을 언제나 그렇게 보냈다오.
그러나 남동생은 군대 가고 자매는 죽어가고,
저녁 가고 아침 오니 얼굴색도 그를 따라 늙어가네.
대문 앞은 냉랭하고 찾는 수레 드물더니,
이윽고 몸이 늙어 장사꾼의 아내가 되고 말았다오.
장사꾼이란 이익은 중시하나 이별 따윈 가볍게 여기는 것,
지난달 부량으로 차를 사러 떠났다오.
강나루 오고 가며 빈 배만 지키는데,
뱃전을 도는 달은 밝고 강물은 차기만 하구려.
깊은 밤 홀연히 젊은 시절 꿈을 꾸니,

꿈속에서 울고 울어 화장한 얼굴에 붉은 눈물만 줄줄."
비파 소리 듣고 나서 이미 탄식하였는데,
다시 이 이야기 듣고 나니 거듭 울음이 울컥하네.
우리는 하늘 끝 이 먼 곳에 영락한 같은 처지,
서로 만남이 꼭 일찍이 알았어야 할 사람이어야만 하리오!
이 몸은 지난해 임금 계신 서울을 떠난 이후,
이곳 심양성에 귀양와서 병들어 누웠다오.
심양 땅 외진 땅이라 음악이란 없는 곳,
한 해가 다 가도록 음악이란 듣지도 못하였지.
집 근처 분강 땅은 낮고도 습한 곳,
누른 갈대 마른 대나무만 집을 둘러 자라 있네.
그 가운데 아침저녁 무슨 소리 듣겠는가?
그저 두견새 피울음과 원숭이 슬픈 울음뿐.
봄날 꽃피는 강가 아침이나 가을 산 달 뜨는 저녁,
가끔씩 술 가지고 돌아가 혼자서 기울였네.
어찌 산노래며 촌사람 피리조차 없다고 말할까만,
주절주절, 시끌시끌 들어줄 수가 없는 음악!
오늘 밤 그대의 비파소리 듣고 나니,
신선 음악을 들은 듯 귀가 잠시 밝아졌네.
다시 앉아 한 곡조 더 타 주시기를 사양하지 말아주오,
그대 위해 악보 따라 〈비파행〉 가사를 지으리다.
내 말 듣고 감격하여 오래도록 서 있더니,
제자리 돌아가 앉아 현을 당기니 현이 점점 급해지네.
처량하고 슬프기가 방금 전 소리와 같지 않아,
앉아서 듣던 모든 이들 다시 듣고 얼굴 가려 울음 우네.
좌중에 흘린 눈물 누가 가장 많겠는가?
강주사마 이 사람의 푸른 적삼 눈물로 범벅일세!

元和十年, 余左遷九江郡司馬. 明年秋, 送客湓浦口, 聞船中夜彈琵琶者, 聽其音, 錚錚然有京都聲; 問其人, 本長安倡女, 嘗學琵琶於穆曹二善才. 年長色衰, 委身爲賈人婦. 遂命酒, 使快彈數曲. 曲罷憫然, 自敍少小時歡樂事, 今漂淪憔悴, 轉徙於江湖間. 余出官二年, 恬然自安; 感斯人言, 是夕, 始覺有遷謫意. 因爲長句歌以贈之, 凡六百一十二言, 命曰〈琵琶行〉.

潯陽江頭夜送客, 楓葉荻花秋瑟瑟.
主人下馬客在船, 擧酒欲飮無管弦.
醉不成歡慘將別, 別時茫茫江浸月.
忽聞水上琵琶聲, 主人忘歸客不發.
尋聲暗問彈者誰, 琵琶聲停欲語遲.
移船相近邀相見, 添酒回燈重開宴.
千呼萬喚始出來, 猶抱琵琶半遮面.
轉軸撥弦三兩聲, 未成曲調先有情.
弦弦掩抑聲聲思, 似訴平生不得志.
低眉信手續續彈, 說盡心中無限事.
輕攏慢撚抹復挑, 初爲霓裳後六么.
大弦嘈嘈如急雨, 小弦切切如私語.
嘈嘈切切錯雜彈, 大珠小珠落玉盤.
間關鶯語花底滑, 幽咽泉流水下灘.

水泉冷澀弦凝絕, 凝絕不通聲漸歇.
別有幽愁暗恨生, 此時無聲勝有聲.
銀瓶乍破水漿迸, 鐵騎突出刀槍鳴.
曲終收撥當心畫, 四弦一聲如裂帛.
東船西舫悄無言, 唯見江心秋月白.
沈吟放撥插弦中, 整頓衣裳起斂容.
自言「本是京城女, 家在蝦蟆陵下住.
十三學得琵琶成, 名屬教坊第一部.
曲罷常教善才服, 妝成每被秋娘妒.
五陵年少爭纏頭, 一曲紅綃不知數.
鈿頭銀篦擊節碎, 血色羅裙翻酒污.
今年歡笑復明年, 秋月春風等閑度.
弟走從軍阿姨死, 暮去朝來顏色故.
門前冷落車馬稀, 老大嫁作商人婦.
商人重利輕別離, 前月浮梁買茶去.
去來江口守空船, 繞船月明江水寒.
夜深忽夢少年事, 夢啼妝淚紅闌干.」
我聞琵琶已嘆息, 又聞此語重唧唧.
同是天涯淪落人, 相逢何必曾相識!
我從去年辭帝京, 謫居臥病潯陽城.
潯陽地僻無音樂, 終歲不聞絲竹聲.
住近湓江地低濕, 黃蘆苦竹繞宅生.
其間旦暮聞何物, 杜鵑啼血猿哀鳴.

春江花朝秋月夜, 往往取酒還獨傾.

豈無山歌與村笛, 嘔啞嘲哳難爲聽!

今夜聞君琵琶語, 如聽仙樂耳暫明.

莫辭更坐彈一曲, 爲君翻作〈琵琶行〉.

感我此言良久立, 卻坐促弦弦轉急.

淒淒不似向前聲, 滿座重聞皆掩泣.

座中泣下誰最多, 江州司馬青衫濕!

【琵琶】 현악기의 일종으로 西域에서 전래되었으며 모양이 과실 枇杷와 같아 같은 음을 취하되 글자를 달리한 것. 雙聲連綿語의 物名.

【行】 歌曲의 한 장르이며 문체의 이름. 《文體明辨》에 "步驟馳騁, 疎而不滯 者曰行"이라 함.

【元和】 唐 憲宗 李純의 연호. 10년은 815년.

【九江郡】 지금의 江西 九江市. 고대 隋나라 때 九江郡이라 불렀음. 唐 玄宗 때 潯陽郡, 혹 江州로 불렀음.

【司馬】 州郡의 刺史에 속한 屬官으로 낮은 직책임. 당대에 이미 閑職이었음. 白居易가 40歲 되던(元和 10년), 자신의 직책인 太子左贊善大夫로서 武元衡의 죽음을 상소한 것이 越權이라 하여 江州司馬로 좌천되었음. 참고란을 볼 것.

【湓浦口】 湓江이 흘러 長江으로 들어가는 포구. 湓口라고도 하며 지금의 九江縣 서쪽에 있음.

【京都聲】 서울에서 유행하는 음악. 그 지역 강주의 음악이 아님을 알아차린 것.

【穆曹二善才】 당시 비파에 뛰어난 연주자이거나 혹은 스승 두 사람. 善才는 악사를 일컫는 칭호. 穆善才는 구체적으로 알 수 없으나 曹善才는 曹保保의 아들을 가리킴. 《樂府雜錄》琵琶條에 "貞元中有王芬·曹保保, 其子善才, 其孫 曹綱, 皆襲所藝"라 하였으며 元稹의 〈琵琶歌〉에도 역시 曹善才와 穆善才를 거론하고 있어, 당시 대단한 명성을 가졌던 것으로 보임.

【憫然】 슬픔과 안타까움으로 말을 하지 못함.

【六百一十二言】 전체 시의 글자 수는 六百一十六字임.

【尋陽江】 九江縣 북쪽 一段의 장강을 '潯陽江'이라 함.

【楓葉荻花秋瑟瑟】荻花는 갈대꽃. 明라 楊愼의《升菴詩話》에 "白樂天〈瑟瑟行〉: '楓葉荻花秋瑟瑟', 此句絶妙, 楓葉紅, 荻花白, 映秋色碧也. 瑟瑟, 珍寶名, 其色碧, 故以瑟瑟影指碧字, 讀者草草, 不知其解也"라 함. '瑟瑟'은 푸른색의 벽옥으로 여기서는 푸른색을 의미함.

【回燈】 철거하려다 등에 다시 기름을 부어 불을 밝힘.

【轉軸】 비파를 연주하기 전 음을 조율하는 것.

【掩抑】 비파 줄을 낮추어 누름. 낮은 소리로 시작함을 말함.

【信手】 손 가는 대로 능숙하게 연주함. 혹은 '信'은 '伸'과 같으며 '손을 펴다'의 뜻으로 봄.

【攏·撚·抹·挑】 모두 비파를 타는 彈指法. 오른손으로 당기고 누르는 것과 왼손으로 잡아당기고 들어 올리고 하는 여러 가지 주법.

【霓裳】〈霓裳羽衣曲〉. 앞의〈長恨歌〉를 참조할 것.

【六么】〈錄要(綠腰)〉라고 하며 唐代에 유행하던 악곡 이름. '六么', '錄要', '綠腰' 등은 모두 그 음을 취한 것임.

【大弦】 비파 줄은 4현 혹 5현이며 차례대로 그 굵기가 가늘어짐.

【嘈嘈】 대현은 침중하고 무거우며, 느리고 둔탁한 음을 냄.

【切切】 소현은 가볍게 휘날리며 날카로운 음을 냄.

【間關】 아름다운 새 소리 등을 나타내는 疊韻連綿語. 婉轉과 같음.

【幽咽】 목구멍에서 그윽하게 나는 소리를 나타내는 雙聲連綿語.

【泉流水下灘】 샘물이 솟아 아래로 흐르면서 내는 소리. 그러나 段玉裁의 《經韻樓集》(8)〈與阮藝臺書〉에 "「泉流下水灘」, 不成語. 此何以與上句屬對? 昔年曾謂當作'泉流冰下難', 故下文接以'冰泉冷澀'. '難'與'滑'對, '難者', '滑'之反也. 鶯語花底, 泉流冰下, 形容澀滑二境, 可謂工絶"이라 하여 '冰下難'이어야 한다고 보았음.

【水漿迸】 물이나 액체가 솟구쳐 나옴. '迸'은 '병'으로 읽음.

【收撥】 연주를 마무리할 때 마지막 한 번 튕김.

【當心畫】 '畫'은 '劃'과 같음. 비파의 네 개 현을 모두 모아 중심을 향해 한 번 그어 내림.

【裂帛】 비단 찢을 때 나는 음과 같음을 말함. 강렬하고 맑은 마무리를 뜻함.

【蝦蟆陵】 蝦蠊陵으로도 표기함. 蝦蟆는 두꺼비. 長安城 남쪽 曲江 지금의 西安市 和平門 안쪽에 있던 마을 이름. 당시 가무에 종사하던 일들이 모여 살던 곳. 본래 董仲舒의 묘가 있던 곳으로 下馬陵이라 불렸으나 뒤에 발음이

비슷하여 표기의 오류가 생긴 곳임. 李肇의 《國史補》(下)에 "舊說董仲舒墓, 門人過皆下馬, 故謂之下馬陵, 後人語訛爲蝦蟆"라 함.

【敎坊】 당나라 때 歌妓를 훈련시키던 곳. 《敎坊記》에 "西京右敎坊在光宅坊, 左敎坊在延政坊. 右多善歌, 左多工舞"라 함.

【秋娘】 당나라 때 가무로 이름을 날렸던 杜秋娘. 金陵(지금의 南京)의 歌女였으며 15세에 鎭海節度使 李錡의 侍妾이 되었으나 憲宗 때 李錡가 죄를 얻어 파면되자 그는 入宮하게 되었음. 이에 穆宗이 즉위하자 그를 皇子의 傅姆로 삼음. 그러나 자신이 기른 漳王이 폐위되자 고향으로 돌아와 만년을 보냄. 본 《唐詩三百首》맨 끝 〈金縷衣〉을 참조할 것.

【五陵】 지금의 長安城 북쪽 漢나라 때 다섯 임금의 무덤이 있던 곳. 즉 渭水의 북안의 漢 高帝(長陵), 惠帝(安陵), 景帝(陽陵), 武帝(茂陵), 昭帝(平陵)를 말함. 그곳에는 모두 귀족자제들이 살고 있었음.

【纏頭】 당시의 풍속으로 歌女들의 음악과 춤이 끝나면 다투어 비단 수건이나 목도리 등을 던져 인기를 표시하는 것. 뒤의 '紅綃'(붉은빛의 명주와 비단)는 바로 그러한 선물을 말함.

【鈿頭銀篦】 鈿頭와 銀篦는 모두 부녀자들의 머리 장식품. 鈿은 金花를 象嵌 技法으로 장식한 것이며, 피(篦)는 비녀의 일종.

【擊節碎】 노래 부를 때의 박자 치느라 전두와 은피가 떨어져 부서질 정도임. 인기가 절정이었음을 말함.

【血色羅裙】 붉은색의 고운 비단치마.

【浮梁】 당나라 때 饒州에 속하였으며 지금의 江西 鄱陽縣 東北 景德鎭. 茶와 도자기로 유명하여 부유한 곳이며 그곳에 장사를 하러 다녔음을 말함. 《元和郡縣志》에 "每歲出茶七百萬馱, 稅十五餘萬貫"이라 함.

【蘭干】 눈물이 마구 흐름을 표현하는 疊韻連綿語.

【唧唧】 탄식하는 소리.

【天涯淪落人】 하늘 가 멀리 江湖에 전락하여 옛 명성을 잃은 사람.

【杜鵑啼血】 杜鵑은 소쩍새·子規·杜宇·謝豹라고도 하며, 고대 蜀王 望帝 杜宇가 죽어 새가 되었다 함. 《禽經》에 "江左曰子規, 蜀右曰杜鵑"이라 하였고, 《蜀王本紀》에 "鼈靈死, 其屍逆江而流至蜀, 王杜宇以爲相, 宇自以德不及靈, 傳位而去, 其魄化爲鳥, 因名此, 亦曰杜鵑, 卽望帝也"라 함. 우는 소리가 '不如歸去'(돌아감만 못하다)라는 음을 내며 별령에게 나라를 빼앗긴 것을 원통해 한다고 믿었음. 그곳 남방 江州 땅에는 두견이 많아 이렇게 거론한 것.

【猿哀鳴】《水經注》江水注의 〈巴東三峽歌〉에 "巴東三峽巫峽長, 猿鳴三聲淚沾裳. 巴東三峽猿鳴悲, 猿鳴三聲淚沾衣"라 함.

【嘔啞嘲哳】잡란하여 들어 주기 어려운 소리들.

【翻作】비파 연주를 듣고 이를 바탕으로 歌詞를 지어냄..

【卻坐】본래 앉았던 자리로 되돌아옴.

【靑衫濕】靑衫은 당나라 때 문관으로써 가장 낮은 직위(8, 9품)의 복장 색깔이며, 자신의 江州司馬는 從九品으로 낮은 지위였음을 말함.

참고 및 관련 자료

1. 元和 10년(815) 6월 재상 武元衡이 藩鎭의 자객에 의해 죽음을 당하자, 백거이는 당시 太子左贊善大夫로써 자객을 잡아 사건을 규명할 것을 강하게 주장하였음. 이것이 도리어 집정자의 미움을 사서 '詩禍'등 다른 죄명을 쓰고 江州司馬로 좌천되고 말았음. 백거이는 원화 원년부터 盩厔尉를 거쳐 벼슬길이 순탄하였으나, 이 일로 좌천의 억울함을 당하자 분함을 품고 이듬해(816) 가을 나이 45세 때, 강주사마로 부임하여 이 글을 지은 것임.

白樂天(居易)《三才圖會》

2. 이는 感傷詩의 일종으로 비파를 연주하는 여인의 유랑이 자신의 처지와 같다고 여겨 그 심정을 토로한 것임.

3. 《舊唐書》白居易傳에 "元和九年, 授太子左贊善大夫. 十年七月, 盜殺宰相武元衡, 居易首上疏論其寃, 急請捕賊, 以雪國恥. 宰相以爲宮官非諫職, 不當先諫官言. 事會有素惡居易者, 掎摭居易言浮華無行, 其母因看花墮井而死, 而居易作〈賞花〉及〈新井〉詩, 甚傷名敎. 執政奏貶爲江表刺史. 詔出, 中書舍人王涯上疏論之, 言居易所犯狀迹, 不宜治郡, 追詔授江州司馬"라 함.

4. 韻脚은 客, 瑟, 船, 弦, 別·月·發, 誰·遲, 見·宴·面, 聲·情, 思·志·事, 挑·么, 雨, 語, 彈·盤·灘, 絕·歇, 生·聲·迸·鳴, 晝·帛·白, 中·容, 女·住·部·妒·頭·數·汚·度·故·婦, 離·去, 船, 寒, 息·唧·識, 京·城·聲·生·鳴·傾·聽·明·行, 急·泣·濕.

066

〈韓碑〉 ··· 李商隱

한유의 평회서비

헌종의 신무한 모습이여,
그는 어떤 분이신가? 헌원씨, 복희씨와 같은 분.
앞선 임금들이 당한 치욕을 장차 씻기를 맹세하시어,
조정에 앉아서 사이의 조회를 받으시도다.
회서 지역 도적이 오십 년을 버팀에,
이리가 너구리를 낳고 너구리가 곰을 낳은 형상.
산이나 강을 거점으로 하지 않고 평지에 웅거하여,
긴 창 날카로운 창으로 제멋대로 해를 휘젓네.
황제께서 어진 재상 얻으니 그 재상은 바로 배도,
도적들이 그를 죽이려 해도 죽지 않았으니 신의 도움이로다.
허리에 재상 도장을 차고 도통이 되시어,
추운 바람 참담한데 천왕의 깃발을 휘날렸네.
이소, 한공무, 이도고, 이문통 네 장수가 보필이 되고,
의조랑도 원외랑도 붓을 들고 수행했네.
행군사마 한유 지혜 있고 게다가 용맹하며,
십사만 많은 군사들은 호랑이 사자같이 뛰어났네.
채주 땅 들어가서 적을 잡아 태묘에 바쳐 올리니,
이룬 공을 인정하든 양보하든 황제의 은혜 한량없었네.

황제께서 하신 말씀 "그대 배도의 공이 제일이니,
　너의 이룬 업적을 종사 한유로 하여금 마땅히 글로 바치도록 하라"
하셨네.
　한유는 머리 숙여 재배하고 뛰면서 춤을 추며,
　"금석에 새길 문장과 글씨 제가 능히 하오리다.
　옛날에 이른 바 문장에 대수필이 있었으니,
　이 일이란 직위의 고하에 관계된 일도 아니리니.
　어진 일이란 자고로 스승에게도 양보함이 없다 하였습니다."
　말씀 마치자 천자께서는 여러 차례 고개를 끄떡끄떡.
　한유께서는 물러나 목욕재계하고 작은 방에 앉아서
　큰 붓을 듬뿍 먹에 찍어 써 가니 어찌 그리도 시원한가!
　〈요전〉과 〈순전〉의 문자도 고쳐서 써야 할 것이며,
　〈청묘〉와 〈생민〉의 시도 이 시로 대신 바꾸어야 하리라.
　문장과 글씨는 파체로써 다른 종이에 베껴 써서
　맑은 새벽 재배하고 섬돌 위에 펴 놓았네.
　표를 올려 아뢰되 "신 한유는 우매하여 죽어 마땅하옵니다."
　황제의 성스러운 공적을 읊어 비석에 새기네.
　비석 높이는 석 자요 글씨는 말만한 크기,
　영험한 거북이 비를 업고 서린 용무늬를 조각했네.
　구절구절 기이하고 뜻은 심오하여 깨닫는 자 적었네만,
　그런데 이소가 천자께 참소하여 사사롭게 아뢰고 나서.
　백 척 긴 새끼줄로 비를 당겨 넘어뜨리고,
　거친 모래와 큰 돌로 그 비문을 갈아 지워버렸네.
　한유의 이 문장 원기가 있는 듯,
　이미 벌써 일찍이 남의 가슴 들어가 있었네.
　성탕의 〈반명〉과 공씨의 〈정명〉은 다 명문이 있었으니,
　그 반과 정은 지금 사라지고 없지만 그 문장만은 남아 있듯이.
　아! 옛날의 거룩한 황제들이나 훌륭한 재상들,
　서로 문장으로 빛을 내어 후대까지 그 교화가 비추고 있네.

한유의 이 문장을 후세에 보여주지 못한다면,
어떻게 네다섯 친구들과 추후에 뒤쫓아 선양할 수 있겠는가?
사람마다 일만 장을 베끼고 만 천 번을 외우기 원하여,
입가에는 침이 마르고, 오른손은 덧살이 생길 정도.
이 문장은 천대 만대 전해져서 이어져 갈 것이니,
개국 군주 봉선 올릴 때 제문되고 명당 터전 삼는 문장으로 삼게 되리라.

元和天子神武姿, 彼何人哉軒與羲.
誓將上雪列聖恥, 坐法宮中朝四夷.
淮西有賊五十載, 封狼生貙貙生羆.
不據山河據平地, 長戈利矛日可麾.
帝得聖相相曰度, 賊斫不死神扶持.
腰懸相印作都統, 陰風慘澹天王旗.
愬武古通作牙爪, 儀曹外郎載筆隨.
行軍司馬智且勇, 十四萬衆猶虎貔.
入蔡縛賊獻太廟, 功無與讓恩不訾.
帝曰「汝度功第一, 汝從事愈宜爲辭.」
愈拜稽首蹈且舞:「金石刻畫臣能爲.
古者世稱大手筆, 此事不係於職司.
當仁自古有不讓.」言訖屢頷天子頤.
公退齋戒坐小閣, 濡染大筆何淋漓!
點竄堯典舜典字, 塗改淸廟生民詩.
文成破體書在紙, 淸晨再拜鋪丹墀.

表曰「臣愈昧死上.」詠神聖功書之碑.

碑高三丈字如斗, 負以靈鼇蟠以螭.

句奇語重喩者少, 讒之天子言其私.

長繩百尺拽碑倒, 麤砂大石相磨治.

公之斯文若元氣, 先時已入人肝脾.

湯盤孔鼎有述作, 今無其器存其辭.

嗚呼聖皇及聖相, 相與烜赫流淳熙.

公之斯文不示後, 曷與三五相攀追?

願書萬本誦萬過, 口角流沫右手胝.

傳之七十有二代, 以爲封禪玉檢明堂基.

【韓碑】 韓愈의 〈平淮西碑〉를 가리킴. 이는 李商隱이 韓愈를 추종하여 그
비의 내력과 중간에 段文昌이 다시 짓게 된 내용 등을 다루고 있음. 〈평회
서비〉는 東漢 班固의 〈燕然山銘〉과 병칭될 정도로 널리 알려진 문장이며,
裴度가 淮西지역의 반란군을 평정한 내용을 담고 있음. 참고란을 볼 것.
【元和】 唐 憲宗 李純의 연호. 806~820년까지 15년. 여기서는 헌종을 대신
하여 쓴 말임.
【軒與羲】 黃帝 軒轅氏와 太昊 伏羲氏. 모두 고대 聖王. 여기에서는 憲宗을
비유함.
【誓將上雪列聖恥】 唐 肅宗·代宗·德宗·順宗을 이어오면서 藩鎭이 강해지자,
李希烈·朱滔·田悅·李納·王武俊·李錡·吳元濟 등 여러 節度使들이 중앙
조정에 맞서 난을 일으켰으며, 그중 安史의 난을 평정한 것 외에는 수십
차례 골머리를 앓고 있었음. 특히 建中 3년(782) 朱滔와 李希烈의 난은
德宗이 奉天으로 피난을 가야 하였으며, 朱滔는 한 때 帝를 칭하기도
하였음. 그리하여 헌종이 즉위하자 차례로 西川節度史 劉辟, 鎭海節度使
李錡, 淮西節度使 吳元濟의 난을 평정함. 이를 역사에서는 '憲宗中興'이라고

칭함. 따라서 본 구절은 "장차 上代 여러 聖君의 치욕을 씻겠다고 맹세함"
의 뜻.

【法宮】 皇宮의 正殿. 임금이 政務를 처리하는 곳.《漢書》鼂錯傳에 "五帝神聖,
處法宮之中, 明堂之上"이라 함.

【四夷】 사방의 이민족. 韓愈〈平淮西碑〉에 "旣定淮蔡, 四夷畢來. 遂開明堂,
坐而朝之"라 함.

【淮西】 淮水의 서쪽. 당시 申州, 光州, 蔡州. 지금의 河南 信陽, 潢川, 汝南
일대. 이곳에 淮西節度使를 두어 다스리도록 하였음.

【五十載】 淮西節度使가 蔡州를 다스리면서 申州·光州·蔡州 등 三州로
나누어 버티자, 肅宗 寶應(762) 초에 李忠臣이 淮西十一州節度使가 되어
蔡州를 진압하였으나, 大曆(766~779) 말에 軍中에서 쫓겨나고 말았음. 이로
부터 이 李希烈·陳仙奇·吳少誠·吳少陽, 吳元濟 등을 거치면서, 淮西에 웅거
하여 조정의 명을 듣지 아니한 채 50여 년이 흘렀음. 元和 9년(793)에 彰義
軍節度使 吳小陽이 죽었지만, 그의 아들 吳元濟는 이를 보고하지 않은 채
자신이 군무를 장악하고 10년 正月에 드디어 반기를 들자, 5월에 御史中丞
裴度를 파견 淮西를 평정토록 한 것임. 韓愈의〈平淮西碑〉서에 "蔡帥之
不廷授也, 於今五十年"이라 함.《新唐書》藩鎭傳 참조.

【封狼】 큰 이리.《後漢書》張衡傳에 "射嶓冡之封狼"이라는 말이 있음.

【貙】 삵의 일종이며 그중 큰 것을 貙虎라 함.

【羆】 아주 큰 羆의 일종.

【不據山河】《舊唐書》吳元濟傳에 "自少誠阻兵, 王師未嘗及其城下. 城池重固,
陂浸阻回, 地少馬, 廣畜騾, 乘之敎戰, 謂之'騾子軍', 又勇悍, 蔡人堅爲賊用,
乃至搜閱天下豪銳, 三年而後屈"이라 하여, 그곳 반군들은 말이 적어 당나귀
를 훈련시켜 '나자군'(騾子軍)이라 하였으며, 채주 지역 사람들을 구속하여
대항하였음.

【日可麾】 전투 중에 해가 져 시간을 얻을 수 없게 되자, 창으로 지는 해를
다시 끌어당겨 낮 시간을 늘여 전투에 승리하였다는 고사.《博物志》(7)에
"魯陽公與韓戰酣而日暮, 援戈麾之, 日反三舍"라 하였고,《淮南子》覽冥訓에도
"魯陽公與韓構難, 戰酣日暮, 援戈而撝之, 日爲之反三舍"라 함. 여기서는
吳元濟 등이 跋扈하여 조정의 명령을 듣지 않고 있음을 말함.

【聖相】 어진 재상 裴度를 가리킴. 元和 15년 正月, 吳元濟가 반기를 들자,
당시 재상 武元衡과 御史中丞 裴度가 淮西 토벌을 준비함. 그러자 節度使

王承宗과 李師道가 이에 고의로 군대의 출격을 늦추며 吳元濟를 풀어 줄 것을 청하였으나 여의치 않자, 6월 이사도는 자객을 보내어 무원형을 살해하고 배도에게 상처를 입힘. 이에 憲宗은 裴度만이라도 살아난 것이 하늘의 뜻이라 여기며, 즉시 배도를 재상으로 삼았음.

【賊斫不死神扶持】王承宗·李師道가 蔡州로 가는 병사들을 고의로 지연시키면서, 자객으로 하여금 武元衡을 죽이고, 裴度를 습격하였으나, 배도는 가죽신과 털모자 때문에 겨우 살아남.《舊唐書》裴度傳 참조. 이는 신의 도움이라 여긴 것임.

【都統】唐 天寶 이후에 대신을 都統으로 삼아 여러 도를 감찰하며 총괄하도록 하였음. 元和 12년(817) 배도가 스스로 吳元濟를 토벌할 것을 청하자, 임금이 허락하면서 배도를 淮西宣慰招討處置使 임무를 주었음. 그러나 韓弘(宏)이 이미 淮西行營都統이 되어 있었으므로, 招討使의 이름을 피하고 대신 宣尉處置使라는 이름으로 가게 되었음. 그러나 실제는 都統의 임무를 실행한 것이므로 시에서 이렇게 말한 것.

【陰風】배도가 출발한 것은 8월 3일로 이미 가을바람이 불어올 때였음.

【天王旗】배도가 淮西로 갈 때 憲宗은 천자의 禁軍인 神策軍 3백 騎를 주어 따르게 하면서 친히 通化門까지 나와서 배웅하였음. 따라서 天王旗는 神策軍의 깃발을 뜻함.

【愬武古通】李愬(鄧隨節度使), 韓公武(淮西都統 韓弘의 아들), 李道古(鄂岳觀察使), 李文通(壽州團練使) 등 네 장군. 이들은 모두 배도 지휘 아래 장군들이었음.

【牙爪】'爪牙'와 같음. 아주 중요한 보좌. 보필.《詩經》小兒 祈父에 "祈父予王之爪牙"라 함.

【儀曹外郎】儀曹郎이나 員外郎 모두 같은 官職 이름.《新唐書》百官志에 의하면 武德 3년 儀曹郎을 禮部郎中으로 바꾸었다 함. 儀曹는 禮部, 外郎은 員外郎.

【載筆隨】'書記가 되어 따라가다'의 뜻. 당시 禮部員外郎 李宗閔은 侍御史를 겸하면서 判官書記로써 배도의 진압군을 따라감.

【行軍司馬】韓愈가 右庶子兼御史中丞으로 彰義軍行軍司馬를 맡아 자문 역할을 하게 되었음을 말함.

【智且勇】지혜롭게 게다가 용맹함. 이 전투에서 한유는 먼저 변주로 가서 韓弘에게 협력을 다짐받고 다시 裴度에게 청하여 3천 군사를 이끌고 지름길로 蔡州로 들어가 吳元濟를 사로잡고자 하였으나, 떠나기 전 李愬가 이미

唐州로부터 文城壘에 이르러 밤에 기습 작전으로 蔡州의 吳元濟를 사로 잡음. 이는 모두 韓愈의 獻策으로 삼군이 한유를 지혜롭다 여겼음.

【虎貅】맹수. 貅는 豼貅, 貔貅라고도 하며 호랑이, 사자 혹은 곰의 일종이라고도 함.《尙書》牧誓에 "如虎如貅"라 함. 여기서는 날랜 군사들을 뜻함.

【入蔡縛賊獻太廟】元和 12년 10월 보름날 李愬가 눈 내린 밤에 蔡州를 습격하여 이틀 뒤 吳元濟를 사로잡아 長安으로 보내자, 황제가 興安門에서 이를 접수하여 태묘에 바쳐 조상에게 보고한 다음 獨柳樹에서 참수함. 여기서의 문장은 이러한 일련의 승리가 모두 裴度의 공이었음을 밝히기 위한 것임.

【恩不訾】聖恩이 한량없음을 말함. '訾'는 '貲'와 같으며 이는 다시 '資'와 같음. 임금이 은사를 내린 재물이 매우 많았음을 말함.《舊唐書》裴度傳에 의하면 배도가 淮西에서 개선하자, 나라에서는 金紫光祿大夫, 弘文館大學士, 上柱國의 직을 내리고 晉國公에 봉하였음.

【汝從事愈宜爲辭】"너를 따라 갔던 韓愈는 의당 그대를 위해 이번 일을 문장으로 지어야 할 것"이라는 뜻.《舊唐書》韓愈傳에 "淮蔡平, 十二月, 隨度還朝, 以功授刑部侍郎, 仍詔撰平淮西碑"라 함.

【大手筆】문장을 잘 쓰는 사람.《晉書》(65) 王珣傳에 "王珣字元琳, 弱冠與陳郡 謝玄爲溫掾, 俱爲溫所敬重, 溫嘗謂之曰:「謝掾年四十, 必擁旄杖節. 王掾當 作黑頭公. 皆未易才也.」……時帝雅好典籍, 珣與殷仲堪・徐邈・王恭・郗恢等 並以才學文章見昵於帝. ……珣夢人以大筆如椽與之, 既覺, 語人云:「此當有 大手筆事.」俄而帝崩. 哀冊謚議, 皆珣所草"라 함.

【當仁自古有不讓】《論語》衛靈公篇에 "子曰:「當仁, 不讓於師.」"라 함.

【頷頤】턱을 끄덕여 긍정함.

【齋戒】몸을 깨끗이 하여 경건한 태도를 지님.

【濡染】먹을 갈아 붓을 적심. 글을 지을 준비를 마침.

【淋漓】흐드러지게 문장이 시원하고 활달함을 뜻하는 雙聲連綿語.

【點竄】그 문장의 典故를 활용하되 문구를 그대로 사용하지는 않음을 말함.

【堯典・舜典】《尙書》의 두 편명.

【塗改】덧칠을 하여 고침.

【淸廟・生民】《詩經》의 篇名. 이상 두 구절은 憲宗의 공이 堯・舜에 대등하기에 碑文은 堯典・舜典의 文章을 고쳐서 지어야 하며, 碑頌은 淸廟와 生民의 구절을 지워버리고 그 위에 이 공적을 대신 넣어야 할 것이라는 뜻임. 韓愈의 〈進撰平淮西碑文表〉에 "竊惟自古神聖之君, 既立殊功. ……其

載於《書》則〈堯舜〉二典, 夏之〈禹貢〉, 殷之〈盤庚〉, 周之〈五誥〉. 於詩則〈玄鳥〉, 〈長發〉, 〈歸美〉, 〈殷宗〉, 〈淸廟〉"라 함.

【文成破體】 文章(혹 글씨)이 破體를 이루었음. 여기서는 한유의 문체, 혹은 글씨체 두 가지를 모두 뜻하는 것으로 봄. 破體는 書藝 용어. 전대의 서체를 깨뜨려 새로운 서체로 쓰는 것임. 唐 徐浩의 《書論》에 "鍾善眞書, 石軍行法, 小令破體, 皆一時之妙"라 함.

【丹墀】 궁전의 섬돌. 붉은색을 칠하였음. 비문을 궁전 붉은 계단에 펼쳐 놓았음을 말함.

【靈鼇】 영험한 거북 모습. '鼇'는 '鰲'로도 표기하며 四靈의 하나. 비석의 基壇部(碑座)를 말함. 석비를 짊어지고 있는 靈龜.

【蟠以螭】 틀어 올라가는 용의 모습을 조각한 것.

【讒之天子】 吳元濟를 잡은 것은 배도가 아니라 李愬 자신이 잡은 공이라 사사롭게 천자에게 말함. 마침 李愬의 아내는 唐安公主의 딸로서 마음대로 궁중을 드나들 수 있었으며, 이를 직접 憲宗에게 말하자 헌종은 그 말에 넘어가 段文昌에게 다시 비문을 짓도록 하였음.《全唐詩》注에 "碑辭多敍 裴度事, 時入蔡擒吳元濟, 李愬功第一, 愬不平之, 愬妻, 唐安公主女也, 出入 禁中, 因訴碑辭不實, 詔令磨去愈文, 命翰文學士段文昌重撰文勒石"이라 함.

【麤沙大石相磨治】 거친 모래로 비문의 글자를 갈아 없앰. '麤'는 '粗'와 같으며 '砂'는 '沙'로도 표기되어 있음.

【湯盤】 殷나라 成湯이 세수하는 盤에다가 새긴 銘文.《禮記》大學에 "湯之 盤銘曰:「苟日新, 日日新, 又日新.」"이라 함.

【孔鼎】 孔子의 선조 정고보(正考父)가 솥에 새긴 銘文.《左傳》昭公 7년에 "禮, 人之幹也. 無禮, 無以立. 吾聞將有達者曰孔丘, 聖人之後也, 而滅於宋. 其祖弗父何以有宋而授厲公. 及正考父, 佐戴·武·宣, 三命玆益共, 故其鼎銘 云:「一命而僂, 再命而傴, 三命而俯, 循牆而走, 亦莫余敢侮. 饘於是, 鬻於是, 以餬余口.」"라 함. 이상 구절은 成湯의 盤銘, 正考父의 鼎銘은 세상에 없지만 그 銘文은 당시까지 전해지고 있음을 말한 것임.

【烜赫】 빛나고 밝으며 불이 성한 모습을 뜻하는 雙聲連綿語.

【淳熙】 역시 크게 밝아 '교화를 널리 펴다'의 뜻임.

【攀追】 '부여잡고 따라가고 쫓아가서 드날리다'의 뜻.

【口角流沫】 이 문장을 입으로 이를 외우느라 입에 거품이 날 정도임.

【右手胝】 이 문장을 베끼느라 오른손이 부르틀 정도임. 胝는 굳은살. 꾸덕살,

路繭이라고도 함.《韓詩外傳》(3)에 "陶叔狐謂咎犯曰:「吾從而亡, 十有一年, 顔色黯黑, 手足胼胝. 今反國, 三行賞, 而我不與焉, 君其忘我乎? 其有大過乎? 子試爲我言之.」"라 함.

【七十有二代】만세토록 이어감을 말함.《史記》封禪書에 "管仲曰:「古者封泰山, 禪梁父者七十二家.」而夷吾所記者十有二焉"이라 함.

【封禪】封은 하늘에 제사지내는 것, 禪은 땅에다 제사지내는 것. 옛날 君王이 帝位에 오르면 반드시 泰山에서 封을 지내고 梁父山에서 禪을 지냄.

【玉檢】봉선을 하고 나서 그 내용과 제문을 玉板에 새기는 것을 '玉牒'이라 하며, 옥으로 函을 만들어 보관하는 것을 '玉檢'이라 함.《史記》封禪書에 "封泰山下東方, 其下則有玉牒書"라 하였고《後漢書》祭祀志에는 "牒厚五寸, 長尺三寸, 廣五寸. 有玉檢, 檢用金縷五周, 以水銀和金爲泥"라 함. 한편《漢書》에 武帝가 원봉 원년 태산에 올라 봉선을 한 내용의 孟康 주에 "往者功成治定, 告成功於天, 刻石記號, 有金策, 石函, 金泥, 玉檢之封"이라 함.

【明堂基】明堂의 기초를 삼음. 원래 '明堂'은 고대 帝王이 政敎를 선포하거나 나라의 큰 儀典을 거행하기도 하고, 제후를 접견하기 위한 건물로, 뒤에 宮室이 완비되고 나서도 서울 동남 교외에 明堂을 설치하여 옛 제도를 이어감.《禮記》明堂位 참조. 그 외 泰山 아래에 明堂이 있으며 이는 周나라 때 천자가 東方을 巡狩하여 泰山에 封祭를 올리고 梁父에 禪祭를 행할 때 제후들의 朝見을 받던 곳이었음.

참고 및 관련 자료

1. 元和 12년(817) 10월 憲宗이 재상 裴度로 하여금 군사를 거느리고 淮西節度使 吳元濟를 토벌하도록 하였으며, 당시 韓愈는 裴度의 幕府 行軍司馬

裴度(中立)《三才圖會》

였음. 진압이 끝나자 한유로 하여금 〈平淮西碑〉를 짓도록 하였고, 한유가 배도의 공적을 추앙하자, 李愬가 눈 오는 밤에 찾아와 불만을 토로하였음. 李愬의 처는 마침 德宗의 唐安公主의 딸이었으며, 궁중을 드나들며 자신의 남편 이소의 말을 듣고 憲宗에게 비문의 내용이 사실이 아니라 호소하여,

헌종이 그 비를 철거토록 하고 조서를 내려 段文昌으로 하여금 다시 지어 새기도록 하였음. 그러나 李商隱은 韓愈의 원작 〈평회서비〉는 天地의 元氣와 같은 것이라 하여 적극 追崇하며 이 시를 짓게 된 것이며 대략 文宗 開成 4년(839) 배도가 죽은 뒤라 보고 있음.

2. 그러나 지어진 연대에 대해 張爾田의 《玉谿先生年譜會箋》에 "未定何年, 雖力學韓愈, 變化未純, 恐是少作"이라 함.

3. 宋 葛立方의 《韻語陽秋》(3)에 "裴度平淮西, 絶世之功也; 韓愈〈平淮西碑〉, 絶世之文也. 非度之功, 不足以當愈之文, 非愈之文, 不足以發度之功, 碑成, 李愬之子乃謂沒父之功, 訟之於朝. 憲宗使段文昌別作, 此與舍周鼎而寶康瓠何異哉! 李義山詩云:『碑高三丈字如斗, 負以靈鼇蟠以螭. 句奇語重喩者少, 讒之天子言其私. 長繩百尺拽碑倒, 麤沙大石相磨治. 公之斯文若元氣, 先時已入人肝脾.』愈書愬曰:「十月壬申, 愬用所得賊將, 自文城因天大雪, 疾馳百二十里, 到蔡, 取元濟以獻.」與文昌所謂「郊雲晦冥, 寒可墮指, 一夕捲旆, 凌晨破關」等語, 豈不相萬萬哉! 東坡先生謫官過舊驛, 壁間見有人題一詩云:『淮西功業冠吾唐, 吏部文章日月光; 千古斷碑人膾炙, 世間誰數段文昌?』坡喜而誦之"라 함.

4. 〈平淮西碑〉韓退之

天以唐克肖其德, 聖子神孫, 繼繼承承, 於千萬年, 敬戒不息, 全付所覆; 四海九州, 罔有內外, 悉主悉臣. 高祖太宗, 旣除旣治; 高宗中睿, 休養生息, 至于玄宗, 受報收功, 極熾而豐. 物衆地大, 蘗牙其間, 肅宗代宗, 德祖順考, 以勤以容, 大慝適去, 稂莠不薅, 相臣將臣, 文恬武嬉, 習熟見聞, 以爲當然. 睿聖文武皇帝, 旣受群臣朝, 乃考圖數貢, 曰:「嗚呼! 天旣全付予有家, 今傳次在予, 予不能事事, 其何以見于郊廟?」群臣震懾, 奔走率職. 明年平夏, 又明年平蜀, 又明年平江東, 又明年平澤潞, 遂定易定, 致魏博貝衛澶相, 無不從志. 皇帝曰:「不可究武, 予其少息.」九年蔡將死, 蔡人立其子元濟以請, 不許. 遂燒舞陽, 犯葉襄城, 以動東都, 放兵四劫. 皇帝歷問于朝, 一二臣外, 皆曰:「蔡帥之不庭授, 于今五十年. 傳三姓四將, 其樹本堅, 兵利卒頑, 不與他等, 因撫而有, 順且無事.」大官臆決唱聲, 萬口和附, 幷爲一談, 牢不可破. 皇帝曰:「惟天惟祖宗, 所以付任予者, 庶其在此, 予何敢不力? 況一二臣同, 不爲無助」曰光顔, 汝爲陳許帥, 維是東魏博部陽三軍之在行者, 汝皆將之. 曰重胤, 汝故有河陽懷, 今益以汝, 維是朔方義成陜益鳳翔延慶七軍之在行者, 汝皆將之. 曰弘, 汝以卒萬二千, 屬而子公武, 往討之. 曰文通, 汝守壽, 維是宣武淮南宣歙浙西四軍之行于壽者, 汝皆將之. 曰道古,汝其觀察鄂岳. 曰愬, 汝帥唐鄧隨, 各以其兵, 進戰. 曰度, 汝長御史, 其往視師.
曰度, 惟汝予同, 汝遂相予, 以賞罰用命不用命. 曰弘, 汝其以節度, 都統諸軍.
曰守謙, 汝出入左右, 汝惟近臣, 其往撫師. 曰度, 汝其往, 衣服飲食予士, 無寒
無飢, 以旣厥事, 遂生蔡人. 賜汝節斧, 通天御帶, 衛卒三百, 凡玆廷臣, 汝擇自從,
惟其賢能, 無憚大吏. 庚申予其臨門送汝. 曰御史, 予閔士大夫戰甚苦, 自今以往,
非郊廟祭祀, 其無用樂.」顏胤武, 合攻其北, 大戰十六, 得柵城縣二十三, 降人卒
四萬; 道古攻其東南, 八戰降卒萬三千, 再入申, 破其外城; 文通戰其東, 十餘
遇, 降萬二千; 愬入其西, 得賊將, 輒釋不殺, 用其策, 戰比有功. 十二年八月,
丞相度至師, 都統弘, 責戰益急. 顏胤武, 合戰益用命, 元濟盡幷其衆, 洄曲以備.
十月壬申, 愬用所得賊將, 自文城, 因天大雪, 疾馳百二十里, 用夜半到蔡, 破其門,
取元濟以獻, 盡得其屬人卒. 辛巳, 丞相度入蔡, 以皇帝命, 赦其人, 淮西平. 大饗
賚功, 師還之日, 因以其食, 賜蔡人. 凡蔡卒三萬五千, 其不樂爲兵, 願歸爲農者
十九, 悉縱之, 斬元濟於京師. 冊功, 弘加侍中, 愬爲左僕射, 帥山南東道; 顏胤
皆加司空, 公武以散騎常侍, 帥鄜坊舟延; 道古進大夫, 文通加散騎常侍. 丞相
度朝京師, 進封晉國公, 進階金紫光祿大夫, 以舊官相, 而以其副撼, 爲工部
尚書, 領蔡任. 旣還奏, 群臣請紀聖功, 被之金石. 皇帝以命臣愈, 臣愈 再拜
稽首而獻文. 曰:

『唐承天命, 遂臣萬方, 孰居根土, 襲盜以狂?
　往在玄宗, 崇極而圮. 河北悍驕, 河南附起,
　四聖不宥, 屢興師征, 有不能克, 益戍以兵.
　夫耕不食, 婦織不裳, 輸之以車, 爲卒賜糧.
　外多失朝, 曠不嶽狩, 百隷怠官, 事亡其舊.
　帝時繼位, 顧膽咨嗟, 惟汝文武, 孰恤予家?
　旣斬吳蜀, 旋取山東, 魏將首義, 六州降從.
　淮蔡不順, 自以爲彊. 提兵叫讙, 欲事故常,
　始命討之, 遂連姦鄰, 陰遣刺客, 來賊相臣.
　方戰未利, 內驚京師, 群公上言, 莫若惠來.
　帝爲不聞, 與神爲謀, 乃相同德, 以訖天誅.
　乃勅顏胤, 愬武古通, 咸統於弘, 各奏汝功.
　三方分攻, 五萬其師, 大軍北乘, 厥數倍之.
　嘗兵洄曲, 軍士蠢蠢. 旣翦陵雲, 蔡卒大窘,
　勝之邵陵, 郾城來降. 自夏及秋, 複屯相望,

兵頓不勵, 告功不時, 帝哀征夫, 命相往釐,
士飽而歌, 馬騰於槽. 試之新城, 賊遇敗逃.
盡抽其有, 聚以防我, 西師躍入, 道無留者.
頜頜蔡城, 其疆千里, 旣入而有, 莫不順俟.
帝有恩言, 相度來宣, 誅止其魁, 釋其下人.
蔡人卒夫, 投甲呼舞, 蔡之婦女, 迎門笑語.
蔡人告飢, 船粟往哺, 蔡人告寒, 賜以繒布.
始時蔡人, 禁不往來, 今相從戲, 里門夜開,
始時蔡人, 進戰退戮, 今旰而起, 左餐右粥.
爲之擇人, 以收餘憊. 選吏賜牛, 教而不稅.
蔡人有言:「始迷不知, 今乃大覺, 羞前之爲.」
蔡人有言:「天子明聖, 不順族誅, 順保性命.」
「汝不吾信, 視此蔡方, 孰爲不順, 往斧其吭.
凡叛有數, 聲勢相倚. 吾强不支, 汝弱奚恃.
其告而長, 而父而兄, 奔走偕來, 同我太平!」
淮蔡爲亂, 天子伐之, 旣伐而飢, 天子活之.
始議伐蔡, 卿士莫隨, 旣伐四年, 小大并疑.
不赦不疑, 由天子明. 凡此蔡功, 惟斷乃成.
旣定淮蔡, 四夷畢來. 遂開明堂, 坐以治之!』

🏵 이상은(李商隱: 812~858?)

1. 자는 義山. 호는 玉谿生. 懷州 河內(지금의 河南 沁陽) 사람으로 開成 2년 (837) 진사에 올랐으나 '牛李黨爭'(牛僧孺와 李德裕의 권력다툼)에 휘말려 제대로 벼슬길을 누리지 못하고 일찍 죽음. 騈文과 시에 능하였으며, 杜牧과 병칭되어 晚唐의 '李杜'라 칭함. 유미주의와 豔情詩에 뛰어났으며 구성이 치밀하고 내용이 婉折한 시를 잘 썼음. 그러나 그 지나치게 晦澁하여 그 末流가 宋初의 西崑體로 이어짐. 그의 문집은 《新唐書》(藝文志, 4)에 《樊南甲集》 20卷·《乙集》 20卷·《玉谿生詩》 3卷·《賦》 1卷·《文》 1卷이 著錄되어 있으며 《全唐詩外編》 및 《全唐詩續拾》에 詩 4首, 斷句 5句, 그리고 《全唐文》에 그의 文章 12卷, 《唐文拾遺》에 文章 1편이 실려 있음. 《舊唐書》(190, 下)와 《新唐書》(203)에 전이 있음.

2.《唐詩紀事》(53)

商隱, 字義山, 懷州人, 英國公世勣裔孫. 令狐楚帥河陽, 奇其文, 使與諸子游. 楚歷鎮, 表爲巡官, 卒於工部侍郎. (商隱累佐王茂元·鄭亞·柳仲郢, 故《樊南甲乙》之集作焉.) 溫庭筠·段成式俱以儷偶相誇, 號『三十六體』.

3.《全唐詩》(539)

李商隱, 字義山, 懷州河內人. 令狐楚帥河陽, 奇其文, 使與諸子游. 楚徙天平·宣武, 皆表署巡官. 開成二年, 高鍇知貢舉. 令狐綯雅善鍇, 獎譽甚力, 故擢進士第. 調弘農尉, 以忤觀察使, 罷去. 尋復官, 又試拔萃中選, 王茂元鎮河陽, 愛其才, 表掌書記, 以子妻之, 得侍御史. 茂元死, 來游京師. 久不調, 更依桂管觀察御使鄭亞府爲判官, 亞謫循州, 商隱從之. 凡三年乃歸, 茂元與亞皆李德裕所善, 綯以商隱爲忘家恩, 謝不通. 京兆尹盧弘正表爲府參軍, 典箋奏, 綯當國, 商隱歸. 窮自解, 綯憾不置, 弘正鎮徐州. 表爲掌書記. 久之, 還朝, 復干綯, 乃補太學博士. 柳仲郢節度劍南東川, 辟判官·檢校工部員外郎, 府罷, 客榮陽卒. 商隱初爲文, 瑰邁奇古, 及在令狐楚府, 慕本工章奏, 因授其學. 商隱儷偶長短而繁縟過之, 時溫筠·段成式俱用是相誇, 號『三十六體』.《樊南甲集》二十卷·《乙集》二十卷,《玉溪生詩》三卷, 今合篇詩三卷.

4.《唐才子傳》(7) 李商隱

商隱, 字義山, 懷州人也. 令狐楚奇其才, 使遊門下, 授以文法, 遇之甚厚. 開成二年, 高鍇知貢舉, 楚善於鍇, 獎譽甚力, 遂擢進士. 又中拔萃. 楚又奏爲集賢校理. 楚出, 王茂元鎮興元, 素愛其才, 表掌書記, 以子妻之. 除侍御史. 茂元爲李德裕黨, 士流嗤謫商隱, 以爲詭薄無行, 共排擯之. 來京都, 久不調. 更依桂林總管鄭亞府爲判官, 後隨亞謫循州, 三年始回. 歸窮於宰相綯, 綯惡其忘家恩, 放利偷合, 從小人之辟, 謝絕, 殊不展分. 重陽日, 因詣廳事, 留題云:「十年泉下無消息, 九日樽前有所思.」又云:「郎君官貴施行馬, 東閣無因許再窺.」綯見之, 惻然, 迺補太學博士. 柳仲郢節度中州, 辟爲判官. 商隱兼介可畏, 出爲廣州都督, 人或袖金以贈, 商隱曰:「吾自性分不可易, 非畏人知也.」未幾, 入拜檢校吏部員外郎. 罷, 客榮陽卒. 商隱工詩, 爲交瑰邁其古, 辭難事隱. 及從楚學, 儷偶長短, 而繁縟過之. 每屬綴, 多檢閱書冊, 左右鱗次, 號「獺祭魚」. 而旨能感人, 人謂其橫絕前後. 時溫庭筠·段成式各以穠縟相夸, 號「三十六體」. 後評者謂其詩:「如百寶流蘇, 千絲鐵網, 綺密瑰妍, 要非適用之具.」斯言信哉! 初得大名, 薄遊長安, 尚希識面, 因投宿逆旅. 有衆客方酺飲, 賦〈木蘭花〉詩, 就呼與坐, 不知爲商隱也. 後成一篇云:「洞庭波冷曉侵雲, 日日征帆送遠人. 幾度木蘭船上望,

不知元是此花身.」客問姓名, 大驚稱罪. 時白樂天老退, 極喜商隱文章, 曰:
「我死後, 得爲爾兒足矣.」白死數年, 生子, 遂以「白老」名之. 既長, 殊鄙鈍, 溫飛
卿戲曰:「以爾爲侍郎後身, 不亦忝乎?」後更生子, 名「袞師」, 聰俊. 商隱詩云:
「袞師, 我嬌兒, 英秀乃無匹.」此或其後身也. 商隱文自成一格, 後學者重之,
謂「西昆體」也. 有《樊南甲集》二十卷,《乙集》二十卷,《玉溪生詩》三卷. 初自號
「玉溪子」. 又賦一卷, 文一卷, 竝傳於世.

임동석(茁浦 林東錫)

慶北 榮州 上茁에서 출생. 忠北 丹陽 德尙골에서 성장. 丹陽初中 졸업. 京東高 서울
敎大 國際大 建國大 대학원 졸업. 雨田 辛鎬烈 선생에게 漢學 배움. 臺灣 國立臺灣師範
大學 國文硏究所(大學院) 博士班 졸업. 中華民國 國家文學博士(1983). 建國大學校
敎授. 文科大學長 역임. 成均館大 延世大 高麗大 外國語大 서울대 등 大學院 강의.
韓國中國言語學會 中國語文學硏究會 韓國中語中文學會 會長 역임. 저서에《朝鮮
譯學考》(中文)《中國學術槪論》《中韓對比語文論》. 편역서에《수레를 밀기 위해 내린
사람들》《栗谷先生詩文選》. 역서에《漢語音韻學講義》《廣開土王碑硏究》《東北
民族源流》《龍鳳文化源流》《論語心得》〈漢語雙聲疊韻研究〉 등 학술 논문 50여 편.

임동석중국사상100

당시삼백수 唐詩三百首

孫洙 編 / 林東錫 譯註
1판 1쇄 발행/2010년 12월 12일
2쇄 발행/2016년 3월 1일
발행인 고정일
발행처 동서문화사
창업 1956. 12. 12. 등록 16-3799
서울중구다산로12길6(신당동,4층) ☎546-0331~6 (FAX)545-0331
www.dongsuhbook.com
잘못 만들어진 책은 바꾸어 드립니다.

＊

＊
사업자등록번호 211-87-75330
ISBN 978-89-497-0637-5 04080
ISBN 978-89-497-0542-2 (세트)